REFA-Kompendium Arbeitsorganisation
Band 1

REFA-Institut

**Arbeitsorganisation erfolgreicher Unternehmen –
Wandel in der Arbeitswelt**

REFA-Kompendium Arbeitsorganisation
Band 1

REFA-Institut

Arbeitsorganisation erfolgreicher Unternehmen – Wandel in der Arbeitswelt

Die Deutsche Bibliothek – CIP-Einheitsaufnahme

Ein Titelsatz für diese Publikation
ist bei der Deutschen Bibliothek erhältlich.

PRINT   ISBN 978-3-446-44833-9
E-PDF   ISBN 978-3-446-44834-6

1. Auflage, Februar 2016

Printed in Germany.

Druck: Beltz Bad Langensalza GmbH, Bad Langensalza

Management Summary

Erfolgreiche Unternehmen richten sich an den Erfolgskriterien Produktivität und Humanorientierung zur Sicherung des kurz- und langfristigen Unternehmenserfolgs aus. Sie messen an diesen Kriterien ihren Erfolg und sichern diesen durch die Ausgestaltung passender Erfolgsfaktoren, die sie unternehmensindividuell und konsequent umsetzen.

Das **Humanorientierte Produktivitätsmanagement** ist der systematische REFA-Gestaltungsansatz, der die relevanten Erfolgsfaktoren eines Unternehmens in ihrer Wirkung auf die Erfolgskriterien transparent macht. Mit dem Humanorientierten Produktivitätsmanagement können systematisch die relevanten betrieblichen Handlungsfelder zur gezielten Ausgestaltung der Erfolgsfaktoren unternehmensindividuell identifiziert und deren Potenziale bewertet werden.

Das erweiterte REFA-Methodenspektrum des modernen Industrial Engineering verfügt über die praxiserprobten und -relevanten Modelle, Systematiken, Vorgehensweisen, Werkzeuge und Hilfsmittel, um die identifizierten Potenziale in den komplexen Systemen eines Unternehmens wirksam zu erschließen und seine Stärken auszubauen. REFA arbeitet kontinuierlich an der Entwicklung und Erweiterung dieses Methodenspektrums. Globale Trends und Wandlungstreiber sowie lokale Anforderungen müssen in ihren Wechselwirkungen auf die unternehmensindividuelle Konfiguration der Erfolgsfaktoren bewertet werden.

Die Veränderungen der Kundenwünsche und der Mitarbeitererwartungen resultieren u. a. aus Wertewandel, Globalisierung, Wettbewerb und technischem Fortschritt. Die wachsenden Flexibilitätsanforderungen an die Unternehmen und Unternehmensprozesse sowie die zunehmende Veränderungsgeschwindigkeit erfordern ganzheitliche Lösungsansätze.

Damit wächst die Bedeutung des Humanorientierten Produktivitätsmanagements. Es ist zentrales Element der Unternehmens- und Arbeitsorganisation erfolgreicher Unternehmen und ein strategischer Faktor bei der Sicherung des Industriestandortes Deutschland.

Der REFA-Verband ist in diesem Aufgabenfeld seit mehr als 90 Jahren Partner der Wirtschaft. Mit dem Konzept des modernen Industrial Engineering unterstützt REFA die Unternehmen bei der Implementierung eines Humanorientierten Produktivitätsmanagements. Dieses Buch richtet sich an Geschäftsführer sowie an alle Fach- und Führungskräfte vor allem auch in mittelständischen Unternehmen. Es beschreibt die Zielstellungen und Wechselbeziehungen der Erfolgskriterien Unternehmensproduktivität und Humanorientierung. Es bietet Anregungen und Impulse für die Umsetzung eines darauf ausgerichteten modernen Industrial Engineering sowie die Ausgestaltung Ganzheitlicher Unternehmenssysteme und der prozessorientierten Arbeitsorganisation.

Vorwort des REFA-Verbandes

Die Arbeits- und Betriebswelt verändert sich derzeit grundlegend, z.B. durch die Globalisierung, die zunehmende Digitalisierung oder den demografischen Wandel. Diese Megatrends verändern die Rahmenbedingungen für Unternehmen erheblich und stellen diese vor neue Anforderungen, wie z. B. die Bewältigung neuer Flexibilisierungsbedarfe, die Gestaltung komplexerer Prozessketten, die Umsetzung ergonomischer Belange oder die Beherrschung neuer digitaler Strukturen. Es kann ein entscheidender Wettbewerbsvorteil sein, die für das Unternehmen relevante Megatrends frühzeitig zu erkennen und hieraus betriebsspezifische Konsequenzen abzuleiten.

Im Zuge des Wandels in der Arbeitswelt gewinnt die Humanorientierung zunehmend an Relevanz, da die Bedeutung des Menschen und damit auch die Bedeutung der Mitarbeiter für die Unternehmen wächst. Somit müssen die Unternehmen ihre Arbeitsorganisation grundlegend ändern. Konsequenterweise entwickelt sich das Industrial Engineering zum Treiber eines unternehmensweiten Humanorientierten Produktivitätsmanagements. Bei der erfolgreichen Umsetzung von Veränderungsmaßnahmen im Betrieb wird der Industrial Engineer zukünftig eine entscheidende Rolle einnehmen.

Für ein effizientes Humanorientiertes Produktivitätsmanagement sind neue Methoden und Werkzeuge erforderlich, welche die digitalisierte Arbeitswelt analysieren und gestalten können. Die traditionellen Strategien und Methoden von Industrial Engineering und Personalmanagement werden derzeit vom REFA-Institut weiterentwickelt. Als Bindeglied zwischen Wissenschaft und Praxis unterstützt das REFA-Institut die REFA Group durch die Erarbeitung der wissenschaftlichen Grundlagen für die REFA-Lehre und die REFA-Veröffentlichungen. Das REFA-Institut wird sowohl die REFA Group als auch Unternehmen und Mitarbeiter in den aktuell turbulenten Zeiten weiterhin begleiten und dabei unterstützen, sich auf den Wandel der Arbeitswelt einzustellen.

Zentrales Anliegen und Kern des arbeitspolitischen Grundverständnisses von REFA – in der Vergangenheit wie auch in der Zukunft – ist dabei ein wettbewerbsfähiges und zugleich Humanorientiertes Produktivitätsmanagement, das die Interessen der Unternehmen und seiner Mitarbeiter gleichermaßen berücksichtigt. Das REFA-Institut pflegt daher seit jeher eine enge Kooperation mit den Sozialpartnern. Daher werden die REFA-Ausbildungen und REFA-Publikationen auch weiterhin in der bewährten Zusammenarbeit mit den Sozialpartnern erarbeitet.

Das REFA-Haus stellt Methoden und Werkzeuge zur Verfügung, mit denen die verschiedenen Gestaltungsebenen im Unternehmen ganzheitlich und nachhaltig den neuen Anforderungen der Arbeitswelt gestaltet werden können (vgl. Abbildung 1). Methoden und Werkzeuge zielen auf die Balance von Produktivität und nachhaltiger Unternehmenskultur, die die Interessen und Ansprüche der Mitarbeiter berücksichtigt, ab. Das REFA-Haus bildet die Grundlage für das REFA-Kompendium der innovativen Arbeitsorganisation.

Abbildung 1: Das REFA-Haus: Methoden und Werkzeuge für die ganzheitliche und nachhaltige Gestaltung von Unternehmen

Im vorliegenden Band 1 des REFA-Kompendiums Arbeitsorganisation werden die Herausforderungen an Unternehmen in der sich wandelnden Arbeitswelt und daraus resultierende Konsequenzen für das Industrial Engineering erörtert. Die übrigen Bände stellen die Methoden und Werkzeuge der verschiedenen Gestaltungsebenen vor.

Dortmund, November 2015

Prof. Dr.-Ing. Sascha Stowasser   Prof. Dr. Oliver B. Störmer

REFA-Institut e.V.   REFA Bundesverband e.V.

Grußwort der Sozialpartner

Der REFA-Verband leistet wichtige Unterstützung, um Beschäftigte in den Unternehmen zu qualifizieren und ihre Fähigkeiten und Fertigkeiten auf- und auszubauen. Traditionell finden hier die Sozialpartner in einer langjährigen, vertrauensvollen und kritischen Zusammenarbeit Konsens zu arbeits- und betriebsorganisatorischen Fragestellungen.

Die REFA-Methodenlehre gilt seit Jahrzehnten als Basis für das Industrial Engineering, Arbeitsorganisation und Datenermittlung. Im Zeitalter selbstbestimmter und beteiligungsorientierter Arbeitsformen, dem Einsatz vernetzter Informationslösungen und dem Internet der Dinge stellt sich naturgemäß die Frage, ob die Methoden eines mittlerweile mehr als 90 Jahre alten Fachverbands mit Wurzeln im Bereich der Arbeitsstudien für die aktuelle Arbeitsgestaltung überhaupt noch eine Rolle spielen. Allen Kritikern zum Trotz, die Grundsätze der REFA-Methoden sind aktuell wie eh und je. An der Ermittlung einer Datenbasis z.B. durch Zeitstudien, an der Bildung von Planzeitkatalogen oder an der Durchführung einer Verteilzeitermittlung kommt aktuelle Arbeitsgestaltung heute so wenig vorbei wie im ganzen vorherigen Entwicklungsstrang der industriellen Entwicklung.

Allerdings verändern sich Geschäftsmodelle im Laufe der Zeit. Diesen Veränderungen in wirtschaftlichen, technischen, betrieblichen und gesellschaftlichen Bereichen und Änderung der Märkte und Wertschöpfungsprozesse muss begegnet werden. Durch den Band „Arbeitsorganisation erfolgreicher Unternehmen – Wandel in der Arbeitswelt" wird die Weiterentwicklung der Methodenlehre und das Industrial Engineering im Sinne eines Humanorientierten Produktivitätsmanagements skizziert. Die darin beschriebenen Wandlungstreiber müssen entsprechend beobachtet und analysiert werden. Das Basis-Know-how von REFA blickt in die Zukunft.

Wir begrüßen den hier vorliegenden Band und beglückwünschen den REFA-Verband dazu sehr herzlich: Der Aufbau, die Inhalte und die praxisbezogene Vorgehensweise ergeben eine solide Grundlage für die weitere Entwicklung der REFA-Methoden und eines entsprechenden Kompendiums.

Wir sind gerne bereit, auch weiterhin als Sozialpartner daran mitzuwirken.

Stefan Schaumburg

Funktionsbereichsleiter Tarifpolitik

IG Metall-Vorstand

Alexander Gunkel

Mitglied der Hauptgeschäftsführung

Bundesvereinigung der Deutschen Arbeitgeberverbände

Inhaltsverzeichnis

1 Einleitung

1.1 Entwicklung der Arbeitswelt mit REFA

Die Arbeits- und Betriebswelt verändert sich stetig. Gesellschaftliche und technische Rahmenbedingungen prägen die Entwicklung der Arbeitswelt sowie der Arbeits- und Betriebsorganisation. Modelle und Konzepte der Arbeits- und Betriebsorganisation passen sich den Wandlungstreibern ständig an oder werden teilweise neu entwickelt.

Seit seiner Gründung im Jahr 1924 hat REFA diese Entwicklungen mitgestaltet und für die Unternehmen unterstützende Modelle und Methoden entwickelt und bereitgestellt. Ausgewählte Phasen dieser Entwicklung sind in Abbildung 1.1 dargestellt. Im Außenbereich der Graphik sind Entwicklungsschritte der Arbeitswelt beschrieben, im Innenbereich die von REFA.

Vor Beginn des 20. Jahrhunderts galt die **Handwerksfertigung** als dominantes arbeitsorganisatorisches Prinzip. Es gab nahezu keine Standardisierung der Arbeitsweise und die meisten Produkte waren Unikate. Dies erforderte gut ausgebildete Handwerker. Der Kostendruck war noch sehr gering. Deshalb gab es in der Produktionstechnik und der Prozessgestaltung kaum Innovationen.

Nach dem Ersten Weltkrieg führten wachsende Bedarfe an bestimmten Produkten zu einer stark standardisierten, variantenarmen **Massenproduktion**. In dem nach Henry Ford benannten „Fordismus" wurden Konsumgüter mithilfe hoch spezialisierter, monofunktionaler Maschinen und getakteter Fließbandfertigung hergestellt. Damit einher ging eine Arbeitsteilung nach dem Grundsatz der Spezialisierung auf wenige Arbeitsvorgänge, die zu einer Begrenzung der Arbeitsinhalte führte und die Beschäftigungsmöglichkeit für Mitarbeiter mit geringeren Qualifikationsniveaus ermöglichte. Relativ hohe Löhne, welche die Nachfrage förderten, sind ein weiteres Merkmal dieser Phase.

Fast zur gleichen Zeit entwickelte Frederick Winslow Taylor die **„Wissenschaftliche Betriebsführung"** (Scientific Management), die wesentliche Impulse für die bis heute gültigen Methoden der Arbeits- und Zeitwirtschaft sowie des Industrial Engineering setzten (Taylor 1911). Die Ermittlung der „einen, besten Arbeitsweise" erforderte detaillierte Bewegungs- und Zeitstudien. Um diese „beste Arbeitsweise" anschließend als allgemein gültiges Vorgehen im Unternehmen zu etablieren, waren Dokumentation, die Vereinheitlichung der Arbeitsweisen und -methoden (Standardisierung) sowie die Vorgabe eines Arbeitspensums für jeden Mitarbeiter nötig. Zeitgleich wurden neue Entlohnungsmethoden, zum Beispiel der Akkordlohn, zur Motivation der Mitarbeiter eingeführt.

Auch in Deutschland fanden die Methoden der wissenschaftlichen Betriebsführung Beachtung. In Zeiten wirtschaftlicher Not, zwischen den beiden Weltkriegen, musste u. a. durch Maßnahmen der Effizienzsteigerung in der Produktion die Versorgung der Bevölkerung sichergestellt werden. Dieses – und die überbetriebliche Systematisierung und Ausbildung zur Vorbeugung einer unseriösen oder fehlerhaften Anwendung der wissenschaftlichen Betriebsführung – wurde zum Auftrag des 1924 gegründeten „Reichsausschuss für Arbeitszeitermittlung (REFA)".

In der Zeit des **„Wirtschaftswunders"** nach dem Zweiten Weltkrieg erlebte Deutschland ein starkes und nachhaltiges Wachstum. Die Produktivität musste gesteigert werden, um die hohe Nachfrage nach fast allen Dingen des täglichen Lebens in der Nachkriegszeit decken

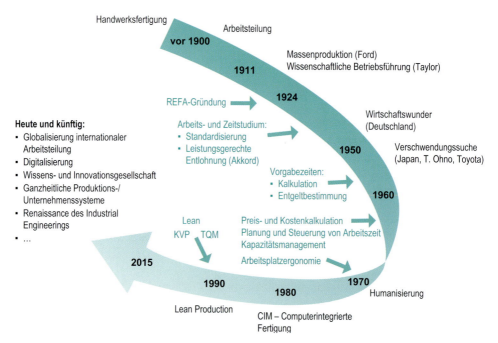

Abbildung 1.1: Historie der Arbeitswelt sowie der Arbeits- und Betriebsorganisation (Stowasser 2014a; Slack u.a., 2009 modifiziert und ergänzt)

zu können. In dieser Zeit etablierte und verbreitete REFA vor allem die Grundlagen und Methoden für die Ermittlung von Vorgabezeiten für Kalkulation und Entgeltbestimmung. Der Einsatzbereich zeit- und arbeitswirtschaftlicher Daten wurde in den 1950er-Jahren erweitert um die Preis- und Kostenkalkulation, die Planung und Steuerung von Arbeitszeiten und betrieblichen Kapazitäten sowie die Verbesserung der Arbeitsplatzgestaltung. Gegen Ende der 1960er-Jahre verfügten viele deutsche Unternehmen über Abteilungen zur Erfassung und Analyse von Arbeits- und Zeitdaten, die oft die Bezeichnung „REFA-Abteilung" trugen. In ihnen arbeiteten u. a. erfahrene und gut geschulte Produktionsmitarbeiter, Meister, Techniker und Ingenieure. Die von ihnen gestalteten Prozesse und auf dieser Basis ermittelten Daten schafften Transparenz und dienten als solide Grundlage für eine realistische Produktionsplanung und -steuerung, Kostenkalkulation, Preisfindung sowie leistungsgerechte Entlohnung. Auf dieser Grundlage konnten auch begründete Strategien entwickelt und unternehmensrelevante Entscheidungen getroffen werden.

In der **„Humanisierungswelle"** der 1970er-Jahre entwickelte sich die menschengerechte Arbeitsgestaltung zu einem weiteren wichtigen Ziel neben der Wirtschaftlichkeit der Unternehmen. REFA-Methoden konnten bei der Gestaltung menschengerechter Arbeit wirkungsvoll unterstützen. Die „Humanisierung der Arbeit" wurde zum Gegenstand sozialpartnerschaftlicher Auseinandersetzungen und Vereinbarungen. Die Verbesserung der Arbeitsinhalte und -beziehungen, der Abbau belastender und gesundheitsgefährdender Arbeitssituationen und Risiken vielfach vorhandener Arbeitsformen gewannen zunehmend an Bedeutung. Auch neue Konzepte der Arbeitsstrukturierung (z. B. Jobenlargement, Jobenrichment, Jobrotation, teilautonome Gruppenarbeit) wurden entwickelt und umgesetzt.

Die 1980/1990er-Jahre waren von unterschiedlichen Entwicklungen geprägt. Die **„Computerintegrierte Produktion"** – auch CIM (Computer Integrated Manufacturing) genannt – hatte das Ziel, alle betrieblichen Funktionen rechnergestützt auf einer gemeinsamen betrieblichen Datenbasis umzusetzen. Die Integration rechnergestützter Konstruktion, Arbeitsplanung, Fertigung, Qualitätssicherung, Produktionsplanung und Betriebsdatenerfassung – in Verbindung mit weitreichender Automatisierung – sollte die Vision der sogenannten „mannlosen Fabrik" ermöglichen. Nicht zuletzt mangelnde technische Möglichkeiten verhinderten deren Umsetzung.

Seit Ende der 1980er-Jahre beeinflussen die Konzepte der **„Lean Production"** die Arbeits- und Betriebsorganisation in Deutschland. In Japan fand der Wiederaufbau nach dem Zweiten Weltkrieg unter anderen Rahmenbedingungen statt als in Deutschland. In Japan herrschte große Ressourcenknappheit und es existierte auch kein Marshall-Plan. Große Auftragsvielfalt und kleine Stückzahlen waren typisch. Verschwendung zu erkennen und zu beseitigen sowie die Wertschöpfungsanteile der Prozesse ständig zu erhöhen, waren die Reaktionen auf diese Herausforderungen. In der Automobilindustrie in Japan wurden dazu Produktionssysteme entwickelt, deren Elemente eng miteinander verzahnt sind und Bestandsminimierung, die einfache, bedarfsorientierte Steuerung von Aufträgen und Materialfluss sowie die ständige Verbesserung der Prozesse durch Führungskräfte und Mitarbeiter wirkungsvoll unterstützen. Diese Produktions-, Unternehmens- oder Wertschöpfungssysteme werden bis heute als „Toyota-Produktionssystem" bezeichnet. Die sogenannte „Lean-Welle" förderte auch die ganzheitliche Betrachtung von Rationalisierungspotenzialen in allen Unternehmensbereichen, nicht nur in der Produktion. Heute erkennt man gerade auch in den administrativen Bereichen großes Optimierungs- und Rationalisierungspotenzial sowie Möglichkeiten zur Qualitätssteigerung. Seit den 1990er-Jahren setzt REFA sich intensiv mit „Lean Production", Total Quality Management (TQM) und dem „kontinuierlichen Verbesserungsprozess" (KVP) auseinander und integrierte diese Themen in den REFA-Ansatz.

1.2 Schwächung und Renaissance der Arbeitswirtschaft in Deutschland

Etwa seit den 1990er-Jahren reduzierten viele Unternehmen ihre zentral oder dezentral organisierte Arbeits- und Zeitwirtschaft und damit die Grundlagen für Produktivitätsmanagement und methodische Rationalisierung. Die Gründe hierfür waren vielfältig. Beispielsweise wurde der Nutzen von Arbeits- und Zeitwirtschaft sowie Arbeitsvorbereitung für das Produktivitätsmanagement und den Unternehmenserfolg vielfach unterbewertet. Zudem wurden die mittel- und langfristigen wirtschaftlichen Wirkungen einer funktionsfähigen Arbeits- und Zeitwirtschaft unterschätzt und vorhandene Kapazitäten z. T. nicht konsequent für eine methodische Rationalisierung genutzt, sondern als „kurzfristiges Sparpotenzial" betrachtet. Viele Ressourcen flossen auch in die Bewältigung der Herausforderungen des intensiven Informatikeinzugs (NC-Programmierung, CIM usw.). Zum Teil ersetzten auch Zielkostenrechnungen zeitdatenbasierte analytische Kalkulationen. Insbesondere kleine und mittelständische Unternehmen haben diesen Weg beschritten. Viele Unternehmen haben die Gefahren dieser Entwicklung für den mittel- und langfristigen Unternehmenserfolg jedoch erkannt, sind sich der Bedeutung einer zuverlässigen und aktuellen arbeitswirtschaftlichen Datenbasis mittels REFA wieder bewusst und stärken ihre arbeitswirtschaftlichen betrieblichen Fachbereiche.

In der jüngeren Vergangenheit und in der Gegenwart betrachten zahlreiche Firmen die Einführung Ganzheitlicher Produktionssysteme als geeigneten Weg, um aktuellen Herausforderungen im internationalen Wettbewerb zu begegnen. Diese Systeme zielen auf eine hohe Produktivität der Führungs-, Kern- und Unterstützungsprozesse des Unternehmens ab. Sie sind eng verknüpft mit Methoden und Instrumenten eines modernen „Industrial Engineering", das neben klassischer Arbeits- und Zeitwirtschaft auch Methoden zur strategischen Planung, zur Realisierung und zum Umsetzungscontrolling von Produktionssystemen anwendet und verbreitet.

1.3   Arbeitsorganisation erfolgreicher Unternehmen – Wandel der Arbeitswelt

Seit seiner Gründung hat REFA die Unternehmen in dem oben skizzierten Wandel der Arbeitswelt als verlässlicher Partner begleitet und praxiserprobte Methoden, Modelle und Instrumente zur Arbeitsgestaltung, Betriebsorganisation und Unternehmensentwicklung verallgemeinert und bereitgestellt.

Die Arbeitswelt wandelt sich auch in Zukunft. REFA wird Unternehmen und Mitarbeiter weiter begleiten und dabei unterstützen, sich auf diesen Wandel einzustellen. Zentrales Anliegen und Kern des arbeitspolitischen Grundverständnisses von REFA – in der Vergangenheit wie auch in der Zukunft – ist dabei ein auf den **Erhalt der Wettbewerbsfähigkeit** ausgerichtetes und zugleich **Humanorientiertes Produktivitätsmanagement**, das die Interessen der Unternehmen und seiner Mitarbeiter berücksichtigt. Dies entspricht auch dem Grundverständnis von REFA, welches so auch in der Satzung des Vereins verankert ist.

Die für die betriebliche Umsetzung und Weiterentwicklung eines Humanorientierten Produktivitätsmanagements notwendigen methodischen Ansätze, Modelle und Instrumente der Arbeitsorganisation stehen im Mittelpunkt dieses Buches.

Den Aufbau und die Struktur des Buchs verdeutlicht Abbildung 1.2. **Kapitel 2** skizziert Erfolgskriterien und aktuelle Erfolgsfaktoren von Unternehmen. Erfolgskriterien im Sinne des **Humanorientierten Produktivitätsmanagements** sind „Wirtschaftlichkeit" und „Humanorientierung". Das Humanorientierte Produktivitätsmanagement ist der systematische REFA-Ansatz, der die relevanten Erfolgsfaktoren eines Unternehmens in ihrer Wirkung auf die Erfolgskriterien transparent macht. Diese Erfolgskriterien werden beschrieben und es wird verdeutlicht, wie durch die Anwendung von Erfolgsfaktoren, die ein Humanorientiertes Produktivitätsmanagement unterstützen, Unternehmenserfolg sichergestellt wird.

Kapitel 3 beschreibt aktuelle und künftige globale Trends und untersucht ihre Wirkung auf die Arbeits- und Produktionswelt. Hierzu zählen beispielsweise die weiter fortschreitende Globalisierung und die damit verbundene Ausweitung der Märkte, die Auslagerung von Prozessen und die wachsende internationale Arbeitsteilung. Weitere Trends sind die zunehmende Digitalisierung, die angestrebte Reindustrialisierung, Ökologie und Nachhaltigkeit sowie Individualisierung, Wertewandel und die demografische Entwicklung. Diese Trends werden die künftige wirtschaftliche Entwicklung global beeinflussen und Auswirkungen auf die deutschen Unternehmen haben. Kapitel 3 definiert und beschreibt diese Trends und

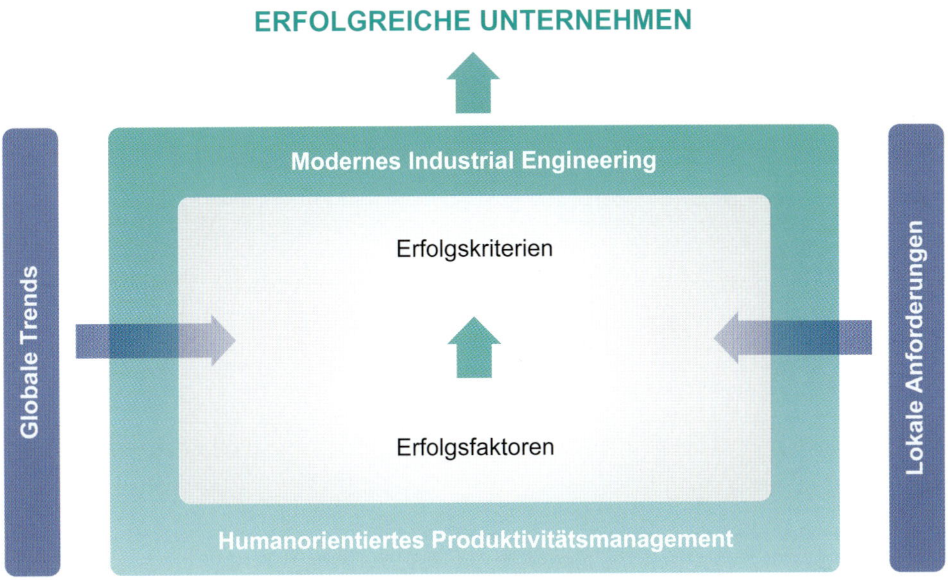

ERFOLGREICHE UNTERNEHMEN

Modernes Industrial Engineering

Globale Trends

Lokale Anforderungen

Erfolgskriterien

Erfolgsfaktoren

Humanorientiertes Produktivitätsmanagement

Abbildung 1.2: Gesamtstrukturierung des Buches „Arbeitsorganisation erfolgreicher Unternehmen – Wandel der Arbeitswelt"

zeigt künftige Anforderungen an die Unternehmen auf. Globale Trends haben zudem Einfluss auf die Erfolgsfaktoren und verändern teilweise deren Wirkung und Bedeutung. Die Bedeutung des Humanorientierten Produktivitätsmanagements wird zunehmen.

Kapitel 4 beschreibt die Aufgaben und Kompetenzen sowie das Verständnis eines modernen Industrial Engineering, das die ganzheitliche Umsetzung eines Humanorientierten Produktivitätsmanagements in allen Unternehmensbereichen erfolgreich unterstützt. Das Industrial Engineering verfügt über die praxisrelevanten Methoden, Modelle, Systematiken, Vorgehensweisen, Hilfsmittel und Erkenntnisse, um die identifizierten Schwachstellen in den komplexen Systemen eines Unternehmens zu beseitigen oder die identifizierten Stärken eines Unternehmens weiter auszubauen. Dabei muss das IE zukünftig noch deutlich über den Herstellungsprozess hinaus wirksam werden, so z. B. in dem vorgelagerten Produktentstehungsprozess und auch in dem nachgelagerten logistischen Warenverteilungs- bzw. Produktrecyclingprozess. Kapitel 4 zeigt Lösungsansätze des Industrial Engineering bezüglich der zukünftigen Herausforderungen der Unternehmen auf und verdeutlicht, welche besondere Rolle der Industrial Engineer künftig hat.

Kapitel 5 gibt einen Überblick über die Gestaltungsebenen erfolgreicher Unternehmen. Diese setzen sich u. a. mit der Planung und ständigen Verbesserung von Arbeitssystemen, den Anforderungen einer prozessorientierten Arbeitsorganisation sowie der Gestaltung, Einführung und Nutzung Ganzheitlicher Unternehmenssysteme auseinander. Diese Themenbereiche werden in den Folgebänden des REFA-Kompendiums ausführlich behandelt.

2 Erfolgreiche Unternehmen

 Erfolgreiche Unternehmen berücksichtigen die Erfolgskriterien „Wirtschaftlichkeit" und „Humanorientierung". Zu diesen Kriterien definieren sie Ziele, die sie mithilfe selbstgewählter Erfolgsfaktoren erfüllen. Zehn der aktuell meistdiskutierten Erfolgsfaktoren werden in diesem Kapitel vorgestellt und ihre Wirkung beschrieben. Das Kapitel endet mit einem Ausblick auf die künftige Bedeutung dieser Erfolgsfaktoren.

In der wissenschaftlichen Literatur herrscht keine Einheitlichkeit hinsichtlich der Definition von (Unternehmens-)Erfolg. Dies ist begründet in den unterschiedlichen Ansätzen und Maßstäben, die in den Unternehmen zugrunde gelegt werden. So kann für das eine Unternehmen der finanzielle Aspekt (Gewinn, Rendite etc.) als Gradmesser des Erfolgs dienen und in anderen Unternehmen Aspekte wie beispielsweise Mitarbeiterzufriedenheit, Marktanteile, Kunden- und Lieferantenzufriedenheit stärker Berücksichtigung finden. Abbildung 2.1 gibt einen Überblick über die Gesamtstrukturierung des Buches. Die im Kapitel 2 behandelten Themen sind darin hervorgehoben. Die Kapitelstruktur ist in Abbildung 2.2 dargestellt.

ERFOLGREICHE UNTERNEHMEN

Modernes Industrial Engineering

Erfolgskriterien

Globale Trends

Lokale Anforderungen

Erfolgsfaktoren

Humanorientiertes Produktivitätsmanagement

Abbildung 2.1: Gestaltungselemente und Rahmenbedingungen für erfolgreiche Unternehmen

2.1 Erfolgskriterien und Erfolgsfaktoren

Abbildung 2.2 gibt einen Überblick über den Aufbau des Kapitels 2. Kapitel 2.1 beschäftigt sich mit den Erfolgsfaktoren, die zur Erreichung der Erfolgskriterien benutzt werden.

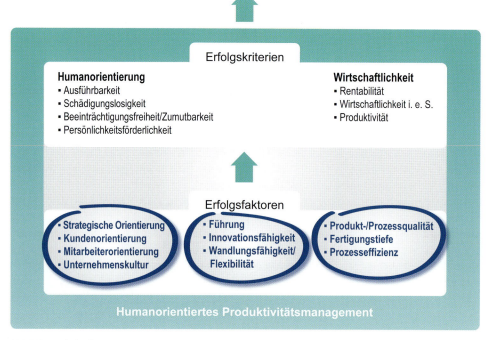

ERFOLGREICHE UNTERNEHMEN

Erfolgskriterien

Humanorientierung
- Ausführbarkeit
- Schädigungslosigkeit
- Beeinträchtigungsfreiheit/Zumutbarkeit
- Persönlichkeitsförderlichkeit

Wirtschaftlichkeit
- Rentabilität
- Wirtschaftlichkeit i. e. S.
- Produktivität

Erfolgsfaktoren

- **Strategische Orientierung**
- **Kundenorientierung**
- **Mitarbeiterorientierung**
- **Unternehmenskultur**

- **Führung**
- **Innovationsfähigkeit**
- **Wandlungsfähigkeit/ Flexibilität**

- **Produkt-/Prozessqualität**
- **Fertigungstiefe**
- **Prozesseffizienz**

Humanorientiertes Produktivitätsmanagement

Abbildung 2.2: Struktur und Zusammenhänge zwischen Erfolgsfaktoren und Erfolgskriterien erfolgreicher Unternehmen

Erfolgreiche Unternehmen messen ihren Erfolg anhand von selbst gewählten Kriterien, für die sie Ziele festlegen. Welche Erfolgskriterien relevant sind, hängt sowohl von der aktuellen Situation und ihren Rahmenbedingungen als auch von der Strategie und dem vorgesehenen künftigen Weg des Unternehmens ab. Entscheidend für den Erfolg und den langfristigen Bestand einer Organisation sind einerseits die Wahl passender Erfolgskriterien sowie deren ausgewogene Zusammenstellung und andererseits die Fähigkeit, Entwicklungen und Veränderungen der Rahmenbedingungen rechtzeitig zu erkennen und die Kriterien sowie Ziele entsprechend anzupassen.

Die meisten Unternehmen und Organisationen haben Mindestziele zu dem Erfolgskriterium „Wirtschaftlichkeit" (in Abbildung 2.2 fett gedruckt), um ihre Existenz zu sichern. Einnahmen und Ausgaben müssen sich zumindest mittelfristig die Waage halten, Liquidität und Zahlungsfähigkeit jederzeit gewährleistet sein. Je nach Branche, Unternehmenszweck, Struktur und Finanzierung kann die Erfolgsbewertung auf unterschiedlichen Kriterien basieren. Öffentliche Aktiengesellschaften werden andere Kriterien nutzen und andere Ziele formulieren als Stiftungen oder gemeinnützige Organisationen. Erfolgskriterien könnten demnach auch Beschäftigungszuwachs, Umsetzung ökologischer Standards oder Marktposition und Image sein.

Nachfolgend sind die in dieser Veröffentlichung verwendeten Begriffe „Erfolgskriterien" und „Erfolgsfaktoren" definiert:

Begriffsabgrenzung

Erfolgskriterien: Sind die zentralen Merkmale des Unternehmenserfolgs: „Wirtschaftlichkeit" und „Humanorientierung" und können in Teilkriterien untergliedert werden.
Beispiel:

- Erfolgskriterium: „Wirtschaftlichkeit"
  - Teilkriterium: Produktivität
    * Teilkriterium: Betriebsmittelproduktivität

Ziele: Zu den Erfolgskriterien und ihren Teilkriterien können quantitative oder qualitative Ziele vereinbart werden.
Beispiel:

- Erhöhung der Betriebsmittelproduktivität um 6 % im kommenden Geschäftsjahr.

Erfolgsfaktoren: Sind Fähigkeiten, Eigenschaften oder Einstellungen, die das Erreichen von Erfolgskriterien und Unternehmenszielen unterstützen.
Beispiele:

- Strategische Orientierung
- Kundenorientierung
- Mitarbeiterorientierung

Handlungsfelder: Die Einführung und Nutzung der Erfolgsfaktoren kann betriebsspezifisch verschiedene Handlungsfelder und Aktivitäten umfassen, die zu den aktuellen Rahmenbedingungen des Unternehmens passen müssen.
Beispiel Mitarbeiterorientierung:

- Schwerpunkt Unternehmen 1: Systematische Personalentwicklung
- Schwerpunkt Unternehmen 2: Ideenmanagement

Neben den gewählten Erfolgskriterien und den Zielen gibt es bekannte und bewährte Erfolgsfaktoren, die sicherstellen, dass geeignete Schwerpunkte genutzt werden, um die Ziele zu erreichen. Erfolgreiche Unternehmen wählen diese Faktoren bewusst aus und wenden sie konsequent an. Die Erfolgsfaktoren müssen zum Unternehmen und seinen aktuellen spezifischen Randbedingungen passen. Je nach Branche, Region und Unternehmen können dabei ganz unterschiedliche Faktoren oder Faktorkombinationen relevant sein. Hierzu gibt es keine generellen Empfehlungen. Deshalb ist die unternehmensspezifische Auseinandersetzung mit dieser Thematik in einem systematischen und fortlaufenden Prozess unumgänglich. Punktuelle Aktivitäten sind wenig zielführend.

Seit etwa 40 Jahren beschäftigt sich die Betriebswirtschaftslehre mit der Erfolgsfaktorenforschung, die empirisch untersucht, welche Einflussfaktoren den Unternehmenserfolg bedingen und dazu beitragen, dass Erfolgskriterien und Ziele erfüllt werden. Als Wegbereiter für die Akzeptanz der Forschung gilt die viel zitierte PIMS-Studie („Profit Impact of Marketing Strategies"), die in den 1960er-Jahren in den USA initiiert wurde und bis heute weitergeführt wird (Gabler 2011). Ziel war und ist die Ermittlung von Gesetzmäßigkeiten zur Bestimmung des Geschäftserfolgs mithilfe einer empirischen Untersuchung, bei der eine große Anzahl von Geschäftsfeldern und deren Entwicklung betrachtet wird. Hierzu wurden zahlreiche Untersuchungen durchgeführt, die zum Teil unterschiedliche Erfolgsfaktoren berücksichtigten.

In einer Untersuchung von Fritz (1990) wurden die am häufigsten ermittelten Erfolgsfaktoren aus 40 Untersuchungen zusammengefasst. In der Reihenfolge der Häufigkeit der Nennungen in den Untersuchungen waren dies: Humanressourcen (42,5 %), Kundennähe (32,5 %), Innovationsfähigkeit (32,5 %), Produktqualität (30 %) und Führungsstil (25 %). Die nachfolgend aufgeführten Erfolgsfaktoren berücksichtigen diese Ergebnisse und werden ergänzt durch bewährte und vielfach publizierte Erfolgsfaktoren. Nachfolgend werden die Erfolgsfaktoren vorgestellt (Tabelle 2.1).

Die Umsetzungs- und Gestaltungsmöglichkeiten für diese Erfolgsfaktoren sind weniger im Bereich der Technik, sondern im Wesentlichen in den Bereichen Organisation, Prozesse und Personal zu finden. Gerade diese Haupthandlungsfelder können durch REFA-Methoden gezielt beeinflusst werden.

Tabelle 2.1: Ausgewählte Erfolgsfaktoren

Erfolgsfaktoren
Strategische Orientierung
Kundenorientierung
Mitarbeiterorientierung
Unternehmenskultur
Führung
Innovationsfähigkeit
Wandlungsfähigkeit / Flexibilität
Produkt-/Prozessqualität
Fertigungstiefe
Prozesseffizienz

Die genannten Erfolgsfaktoren sind nicht klar voneinander abgrenzbar. Kunden- und Mitarbeiterorientierung sowie die Führung sind beispielsweise immer auch Elemente der Unternehmenskultur. Die Führung ist ein Querschnittfaktor, der katalysierend auf alle übrigen Faktoren wirkt – positiv wie negativ. Ebenso sind strategische Orientierung und Führung eng verknüpft. Strategische Orientierung sowie Kunden- und Mitarbeiterorientierung – in Verbindung mit Prozesseffizienz – bestimmen mit, welche Fertigungstiefe für ein Unternehmen wirtschaftlich und zielführend ist.

2.1.1   Strategische Orientierung

Die Strategie ist die grundsätzliche, langfristige Verhaltensweise der Unternehmung und relevanter Teilbereiche gegenüber ihrer Umwelt zur Verwirklichung der langfristigen Ziele (Gabler 2011). Die Unternehmensleitung muss die Strategie und die daraus resultierenden Ziele klar und einforderbar formulieren. Die einzelnen Bereiche und hierarchischen Ebenen des Unternehmens brauchen Ziele und Vorgaben, die aus den übergeordneten Unternehmenszielen abgeleitet sind. Nur so kann strategische Orientierung über das gesamte Unternehmen hinweg sichergestellt und umgesetzt werden. Jeder Mitarbeiter muss seinen Beitrag zu den übergeordneten Unternehmenszielen kennen und erkennen können.

Die strategische Orientierung umfasst die Analyse der wirtschaftlichen Situation des Unternehmens und der Position im Markt, die Entwicklung einer Vision der Unternehmenszukunft sowie von Maßnahmen zu deren Umsetzung, die Kontrolle der Maßnahmen und Korrekturmaßnahmen für Abweichungen (siehe Abbildung 2.3).

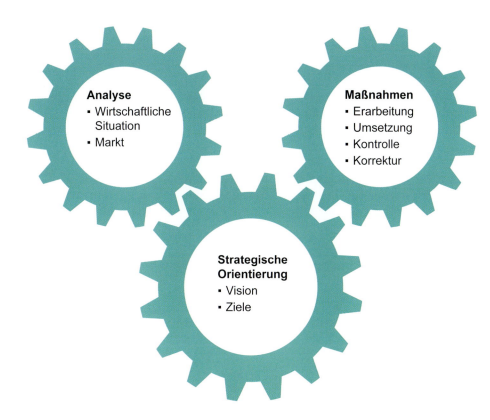

Abbildung 2.3: Entwicklung und Umsetzung der strategischen Orientierung

Gerade diejenigen Unternehmen, die sich einheitlich und konsequent auf eine oder mehrere übergeordnete Zielsetzungen ausrichten, agieren in besonderem Maße erfolgreich. Diese Unternehmen erzielen höhere Renditen und größere Erfolge (Baszenski 2007).

In erfolgreichen Unternehmen spielt strategische Orientierung eine größere Rolle als in weniger erfolgreichen Unternehmen. Sie ist ein wichtiger Einflussfaktor für den Unternehmenserfolg. Nicht minder wichtig ist jedoch ihre praktische Umsetzung (Pricewaterhouse-Coopers 2010).

2.1.2   Kundenorientierung

Kundenorientierung ist die umfassende, kontinuierliche Ermittlung und Analyse der individuellen Kundenerwartungen und -bedürfnisse sowie deren interne und externe Erfüllung in unternehmerischen Leistungen und Interaktionen mit dem Ziel, langfristig stabile und ökonomisch vorteilhafte Kundenbeziehungen zu etablieren (Kühn 1991).

Auf die Frage nach den wichtigsten Zielen, die sich Unternehmen gesetzt haben, ist die „Stärkere Kundenorientierung" eine der meist genannten Antworten. Kundenorientierung, Qualitätsführerschaft und Prozessexzellenz führen regelmäßig die Liste der strategischen Ziele an (Boston Consulting Group 2009).

Konsequente Kundenorientierung heißt, dass alle Aktivitäten des Unternehmens an den Bedürfnissen und Aufgabenstellungen der Kunden ausgerichtet sind. Dies bedeutet, dass kundenspezifische Produkte zur richtigen Zeit, in der bestellten Qualität und zum vereinbarten Preis für den Kunden verfügbar sind. Qualität ist demnach zu definieren als Übereinstimmung von Leistungen mit vereinbarten Anforderungen.

Kundenorientierung bedeutet aber auch, dass beispielsweise die Entwicklungsabteilung Erfahrungen aus bisherigen Anwendungen von Produkten und Dienstleistungen berücksichtigt und eine kundenspezifische Produktgestaltung (customizing) möglich ist. Kundenorientierung bedeutet zudem, dass Mitarbeiter aus Service und Vertrieb den Kunden während der Nutzungsperiode begleiten und seine Bedürfnisse und Geschäftsprozesse intensiv kennenlernen und verstehen. Dies ist eine Voraussetzung dafür, dass der Kundennutzen im gesamten Produktentstehungsprozess im Mittelpunkt stehen kann.

Tabelle 2.2 fasst die wesentlichen Merkmale von Kundenorientierung zusammen. Die aufgeführten Merkmale sind sowohl bei der unternehmensinternen als auch bei der unternehmensexternen Interaktion mit dem Kunden bedeutsam.

Tabelle 2.2: Merkmale der Kundenorientierung

Merkmale der Kundenorientierung
Produktqualität
Liefertreue
Preisstabilität
Flexibilität
Beratungsqualität
Beschwerdeoffenheit
Informationsqualität
Servicequalität

Unternehmen, die Kundenorientierung leben, zeichnen sich oft auch durch ein ausgeprägtes internes Kunden-Lieferanten-Verständnis aus. Das heißt, die Mitarbeiter aller Unternehmensbereiche schauen „über den Tellerrand" und wissen, welche Anforderungen vor- und nachgelagerte Bereiche an sie haben und warum. Ebenso kennen Sie die Konsequenzen für ihren internen Kunden, wenn Anforderungsvereinbarungen nicht eingehalten werden. Die interne Kundenorientierung wird als entscheidende Voraussetzung für den Markterfolg beschrieben und ist – ebenso wie interne Prozesse zur Effizienzsteigerung – von der Teilnahme und dem Engagement der Mitarbeiter abhängig. In diesem Zusammenhang besteht eine enge Wechselwirkung zur Mitarbeiterorientierung (Falkner 1995).

Eine empirische Untersuchung ergab, dass die Kundenorientierung sowohl den Markterfolg (im Sinne von Marktanteil) als auch den wirtschaftlichen Erfolg positiv beeinflusst. Die Effekte auf den Markterfolg sind zumeist größer als auf den wirtschaftlichen Erfolg, doch über den Markterfolg ergeben sich auch indirekt und zeitlich verzögert positive Effekte auf den wirtschaftlichen Erfolg. Methoden zur kundenbezogenen Leistungsverbesserung mit direktem Kundenkontakt haben den größten Einfluss auf den Markterfolg und den wirtschaftlichen Erfolg. Vor allem das Qualitätsmanagement und die Leistungsindividualisierung beeinflussen den Markterfolg positiv. Die Ergebnisse der Studie sollten jedoch nicht unreflektiert übernommen werden, da sie branchenübergreifend erhoben wurden und daher eher generalisierenden Charakter haben. Der grundsätzliche Erfolgseinfluss von Methoden der Kundenorientierung ist jedoch branchenunabhängig festgestellt worden (Gregori 2006).

2.1.3   Mitarbeiterorientierung

Erfolgreiche Unternehmen berücksichtigen – im Sinne echter Sozialpartnerschaft – ihre wirtschaftlichen Ziele und die Interessen ihrer Mitarbeiter. Sie optimieren ihre Prozesse und beziehen dabei die Mitarbeiter als Wissensträger und Wertschaffende ein. Abbildung 2.4 verdeutlicht diesen Gestaltungsansatz:

Abbildung 2.4: Mitarbeiterorientierung: Einbeziehung von Unternehmens- und Mitarbeiterinteressen

In einer dynamischen Wettbewerbsumgebung ist es für Unternehmen unabdingbar, Wettbewerbsvorteile gegenüber konkurrierenden Unternehmen zu erzielen. Hierzu müssen innovative Produkte, Prozesse und Dienstleistungen generiert werden. Oftmals werden die hierfür erforderlichen Potenziale und Ideen extern gesucht. Dabei ist meist ein Großteil davon bei Mitarbeitern und Führungskräften im eigenen Unternehmen vorhanden und könnte mit vergleichsweise geringem finanziellen und organisatorischen Aufwand erkannt, gefördert und genutzt werden.

Es ist an der Unternehmensleitung, die ungenutzten Reserven zu erkennen und nutzbar zu machen. Hierzu sollte die Organisation im Unternehmen so gestaltet sein, dass leistungsfähige Innovationen entstehen, bestmöglich genutzt und systematisch weiterentwickelt werden können.

Eines der Instrumente, die diesen Prozess unterstützen ist das Ideenmanagement. Es umfasst die Generierung, Sammlung, Auswahl und Umsetzung von Ideen zur Verbesserung und Neuerung von Prozessen und Produkten. Nach neuerem Verständnis gehören zum Ideenmanagement das „Betriebliche Vorschlagswesen" (BVW) und der kontinuierliche Verbesserungsprozess (KVP).

Das BVW ermöglicht jedem Mitarbeiter, Vorschläge zur Verbesserung von Prozessen und Produkten einzureichen, über die nach einem definierten Vorgehen entschieden wird. Es ist nicht einfach für den Erfolg eines BVW geeignete Kennzahlen zu bestimmen und zu erheben. Es zeigt sich allerdings bei Unternehmen, die ein BVW eingeführt haben, dass deren Umsatzrendite leicht positiv mit der Anzahl der pro Mitarbeiter gemachten Verbesserungsvorschläge korreliert (Baszenski 2007). Gerade Großunternehmen erreichen durch BVW hohe Einsparungen. Laut dip-Report 2012 ergab sich statistisch betrachtet ein durchschnittlicher Nutzen von 829 Euro je Mitarbeiter und Jahr (dip 2012). In mittelständischen Unternehmen ist dieses Instrument noch nicht so weit verbreitet und eingesetzt. Neben den direkten Einsparungen profitieren die Unternehmen auch indirekt beispielsweise durch Vorschläge zum Umweltschutz, die das Image verbessern und durch Verbesserungen, die Unfallrisiken senken. Ein gelebtes BVW motiviert die Mitarbeiter mitzudenken und kreativ zu werden – nicht nur durch Prämien (IW 2011).

Der KVP ist die ständige Verbesserung von Produkten und Dienstleistungen sowie der zugehörigen Entwicklungs- und Herstellungsprozesse. Dabei treiben die Mitarbeiter die Verbesserungen im Alltag voran. Dies kann zu festgelegten Themen beispielsweise in strukturierten Workshops, nach der PDCA-Methode (Plan, Do, Check, Act) oder in freier Form erfolgen. Die schnelle Umsetzung durch die Mitarbeiter selbst ist wichtiger Teil des KVP und wirkt auf viele Akteure motivierend und befriedigend.

Um die skizzierten Potenziale zu nutzen, sind Fachkräfte u. a. mit REFA-Methodenkompetenz (KVP, PDCA etc.) für die Unternehmen von großer Bedeutung. Es ist davon auszugehen, dass der Bedarf an Fachkräften auch in Zukunft weiter zunehmen wird. Diesem wachsenden Bedarf steht jedoch die demografische Entwicklung entgegen und es werden in den nächsten Jahren mehr Fachkräfte aus dem Arbeitsprozess aussteigen als für die Integration in den Fachkräftemarkt verfügbar sind. Die Unternehmen sind demnach gefordert, sich als attraktive Arbeitgeber zu positionieren, um ausreichend geeignete Fachkräfte zu gewinnen und zu halten. Ein lebensphasenorientierter Ansatz in der Personalpolitik wird dieser Komplexität an Anforderungen und der Vielfältigkeit der individuellen Mitarbeiterwünsche gerecht, da hiermit den Mitarbeitern in unterschiedlichen Lebens- und Berufsphasen ein

Umfeld geboten wird, in dem sie ihre sich wandelnden Anforderungen im beruflichen und privaten Bereich in Einklang bringen können (Rump 2011).

Unternehmen, die eine lebensphasenorientierte Personalpolitik betreiben, erwirtschaften nach einer Studie des Instituts der deutschen Wirtschaft (IW) mehr Gewinn und sind innovativer. Grundlage dieser Studie ist das IW-Personalpanel, eine Befragung von rund 1600 Unternehmen, in der mehrmals pro Jahr zentrale Fragen zum Thema Human Resources beantwortet werden. Die Autoren stellten zudem fest, dass Mitarbeiter dieser Unternehmen seltener krank sind (5 statt 7 Tage pro Jahr). Doch nur 8 % der befragten Unternehmen berücksichtigen eine solche Personalpolitik, obwohl sie ein gutes Mittel ist, dem Fachkräftemangel entgegen zu wirken, die gewünschten Beschäftigten zu gewinnen, zu binden und dauerhaft zu motivieren (IW 2014).

2.1.4   Unternehmenskultur

Die Unternehmenskultur ist die Grundgesamtheit gemeinsamer Werte, Normen und Einstellungen, welche die Entscheidungen, die Handlungen und das Verhalten der Organisationsmitglieder prägen (Gabler Wirtschaftslexikon online 2015). Zu Beginn der 1980er-Jahre wurde „Unternehmenskultur" als einer der wesentlichen „Softfacts" für Unternehmenserfolg gewürdigt. Mit ihrer Veröffentlichung „Auf der Suche nach Spitzenleistungen" legten Peters und Waterman hierzu den Grundstein. Ihrer Annahme zufolge ist Unternehmenskultur jedem Unternehmen inhärent und übt einen Einfluss auf den Unternehmenserfolg aus (Peters/Waterman 1982).

Jedes Unternehmen verfügt demnach – gewollt oder ungewollt – über seine eigene Kultur mit Werten und Regeln, auch wenn dies nicht immer offensichtlich ist. Kulturelle Eigenheiten werden schon beim Arbeitsantritt an die neuen Mitarbeiter weitergegeben, die so in ihrer „Sozialisierungsphase" lernen, wie man sich im Unternehmen in bestimmten Situationen zu verhalten hat. Weiterhin bestimmt die Unternehmenskultur die Kommunikation, den Umgang mit internen und externen Partnern sowie das Konfliktmanagement.

Weil das Wesentliche der Unternehmenskultur unbewusst und schwer messbar ist, entstehen bei der bewussten Gestaltung und Steuerung in der Praxis erhebliche Schwierigkeiten. Die Entwicklung einer Unternehmenskultur kann daher nur als Prozess verstanden werden, den das Management initiiert, den jedoch alle Organisationsmitglieder leben und tragen müssen. Danach ist die Unternehmenskultur die „Gesamtheit der Ziele und Werte eines Unternehmens, die im Idealfall alle Mitarbeiter akzeptieren und denen sie sich verpflichtet fühlen" (Simon 2007).

Es besteht ein bedeutsamer und signifikanter Zusammenhang zwischen dem Mitarbeiterengagement und dem Unternehmenserfolg. Es gibt demnach einen Einfluss des Motivationspotenzials der Arbeit auf die Arbeitszufriedenheit und auf das Mitarbeiterengagement sowie einen Einfluss dieser beiden Variablen auf den Unternehmenserfolg. Weiterhin wurde festgestellt, dass sowohl das Mitarbeiterengagement, das der intrinsischen Motivation entspricht, als auch die Arbeitszufriedenheit einen positiven Einfluss auf die Leistung der Mitarbeiter haben, die sich wiederum positiv auf den Geschäftserfolg auswirkt (Vollerthun 2012).

Über eine Regressionsanalyse konnte in einem Forschungsprojekt des Bundesministeriums für Arbeit und Soziales nachgewiesen werden, dass die einzelnen Aspekte der Unternehmenskultur in Kombination bis zu 31 % des finanziellen Erfolgs erklären können. Unternehmenskultur und das damit verbundene Mitarbeiterengagement haben daher einen bedeutsamen Einfluss auf den finanziellen Unternehmenserfolg (Hauser 2007).

Auch andere Untersuchungen bestätigten Korrelationen zwischen Unternehmenskultur und der Erreichung von Erfolgskriterien. Mit der erfolgssteigernden Wirkung und den ihr zugeordneten Funktionen kommt der Unternehmenskultur eine strategische Bedeutung zu. Jedoch handelt es sich um einen Erfolgsfaktor, der indirekt auf den Erfolg wirkt (Pittrof 2011). Tabelle 2.3 bildet Merkmale der Unternehmenskultur erfolgreicher Unternehmen ab, die zur Leistungssteigerung von Unternehmen beitragen können.

Tabelle 2.3: Positiv wirkende Merkmale der Unternehmenskultur (nach Pittrof 2011)

Positiv wirkende Merkmale der Unternehmenskultur
Vertrauen in die Mitarbeiter
Dezentralisierung von Verantwortung
offene Kommunikationsstruktur (extern und intern)
offene Innovationskultur
Kundenorientierung

Der aktuelle und sich in Zukunft noch verschärfende Arbeitskräftemangel führt zu einem Wandel des Arbeitsmarktes vom „Arbeitgebermarkt" zum „Arbeitnehmermarkt", in dem sich gut ausgebildete Fachkräfte ihren Arbeitgeber aussuchen können. Die Unternehmenskultur gilt, nach dem Verdienst und den Entwicklungsmöglichkeiten, als das wichtigste Entscheidungskriterium bei der Jobauswahl und beim Jobwechsel. Wer motivierte Arbeitnehmer gewinnen und sie an das Unternehmen binden will, muss sich als attraktiver Arbeitgeber positionieren. Das Stichwort heißt „Employer Branding" und die Werte eines Unternehmens sind wichtiger Bestandteil der Arbeitgebermarke.

Nicht nur innerhalb des Unternehmens und bei der Mitarbeitergewinnung und -motivation ist die Unternehmenskultur von Bedeutung. Auch Kunden sind zunehmend sensibel für die Kultur von Unternehmen, nehmen diese wahr und beziehen sie in ihre Kaufentscheidung ein. Positive Wahrnehmungen von Unternehmenskultur und ethischer Werte sind oftmals auch für potenzielle Anleger von Interesse. Somit kann eine „gute Kultur" der entscheidende und nicht kopierbare Vorteil sein im Wettbewerb um Talente, Kunden, Geschäftspartner und Anleger.

Wichtig ist, ein Bewusstsein für die Bedeutung von Kultur als Teil des Lern- und Entwicklungsprozesses sowie für die Zusammenhänge von Werten und Arbeitsergebnissen zu haben. Erfolgreiche Unternehmen, die ein Verständnis für die Kulturbedeutung entwickelt haben, beziehen die Unternehmenskultur in die Steuerungssysteme der Organisationsentwicklung ein (Roppel 2010).

Eine gelebte Unternehmenskultur kann zudem hilfreich bei der internen Organisationsentwicklung und bei der Vermeidung von Verschwendung bzw. der Steigerung der Prozesseffizienz sein. Auf die Frage, wie viel Prozent der Energie sie für die Überwindung unternehmensinterner Widerstände „verbrauchen", antworten Manager aus erfolgreichen Unternehmen (oder auch Hidden Champions genannt): 10 bis 20 %, aus Großunternehmen: 50 bis 70 % und aus mittelständischen Unternehmen: 20 bis 30 % (Simon 2007). Gerade bei den Hidden Champions ist die Unternehmenskultur oft sehr leistungsorientiert und die Unternehmen sind bestrebt, Minderleistungen zu reduzieren. Neben der Auswahl der richtigen Mitarbeiter gilt die Teamkultur dieser Unternehmen oft als Schlüsselfaktor für erhöhte Motivation, hohe Leistung und extrem geringe Fluktuation (Simon 2007). Die konkrete Abgrenzung der Unternehmenskultur zu anderen dargestellten Erfolgsfaktoren ist zum Teil schwierig. Unternehmenskultur beinhaltet und beeinflusst beispielsweise die Erfolgsfaktoren Mitarbeiterorientierung, Kundenorientierung und Führung.

2.1.5   Führung

Führung ist die durch Interaktion vermittelte Ausrichtung des Handelns von Individuen und Gruppen auf die Verwirklichung vorgegebener Ziele. Sie umfasst auch die Motivation der Mitarbeiter und die Sicherung des Gruppenzusammenhalts (Gabler 2011).
Die Führung ist ein Erfolgsfaktor mit Querschnittwirkung. Sie wirkt auf alle übrigen Erfolgsfaktoren und kann diese positiv, aber auch negativ beeinflussen.
Führung im Unternehmen umfasst zwei Dimensionen: Zum einen die systemische Unternehmensführung und zum anderen die direkte interaktive Personalführung.
Die systemische Unternehmensführung schafft den kulturellen, strategischen und organisatorischen Rahmen für eine einheitliche und erfolgreiche Führung im Unternehmen. Ein wichtiger kultureller Faktor ist beispielsweise das Führungsverständnis. Zu den strategischen Faktoren zählen Steuerungskonzepte und Beurteilungsverfahren, aber auch Mechanismen für die Ableitung bereichs- und hierarchiespezifischer Ziele aus der Unternehmensstrategie. Organisatorische Faktoren können beispielsweise die Aufbau- und Prozessorganisation oder Informations- und Kommunikationsstrukturen sein.
Personalführung ist die durch geeignete Kommunikationsprozesse zielorientierte Einflussnahme auf Gruppen oder Individuen zur Erfüllung gemeinsamer Aufgaben in strukturierten Arbeitssituationen. Personalführung hat somit alle Aufgaben zum Inhalt, die sicherstellen, dass die Unternehmensziele mit den Beschäftigten gemeinsam systematisch erreicht werden. Einige der wichtigsten Aufgaben der Personalführung sind in Tabelle 2.4 dargestellt (nach Hille u. a. 2015).
Auch in Veränderungsprozessen ist Führung wichtig. Führungskräfte erfolgreicher Unternehmen begeistern die am Veränderungsprozess beteiligten Mitarbeiter, stehen ihnen mit Rat und Tat zur Seite und beziehen sie konstruktiv in Entscheidungen ein. Führung muss für die Mitarbeiter vorbildhaft sein, d. h. dass das vom Mitarbeiter verlangte Verhalten auch konsequent von der Führungskraft vorgelebt wird.
Eine konsequente Führung verlangt auch die Präsenz der Führungskraft „vor Ort". In international aufgestellten Automobilwerken und -zuliefererunternehmen beispielsweise verbringen Führungskräfte einen Großteil ihrer Arbeitszeit an den Montagebändern. Nur wenn Führungskräfte sich regelmäßig am Ort der Wertschöpfung aufhalten, können sie Störgrößen, Abweichungen der Kennzahlen und Unterstützungsbedarf erkennen, einschätzen und für Abhilfe sorgen. Um dies zu erreichen sind ein Wandel des Führungsbegriffes und ein Umdenken in der Führungsphilosophie notwendig. Beides muss die Managementebene anstoßen. Den Führenden sollte genügend Zeit eingeräumt werden, sich um die wesentlichen

Aufgaben der Führung und nicht um administrative Dinge zu kümmern (Dörich/Neuhaus 2008).

Tabelle 2.4: Aufgaben der Personalführung

Wesentliche Aufgaben der Personalführung
Ziele bilden, vermitteln und vereinbaren
Visionen und Werte vermitteln und vorleben
Aufgaben und Kompetenzen delegieren
Kontrollieren und steuern
Permanent informieren und kommunizieren
Mitarbeiter fördern und fordern
Mitarbeitergespräche führen, Feedback geben und Mitarbeiter beurteilen
Personalentwicklung systematisch durchführen
Veränderungen zielorientiert vorantreiben

2.1.6   Innovationsfähigkeit

Innovationen sind die wichtigste Triebfeder für das Wachstum der Wirtschaft, sowie für Beschäftigung und Wohlstand in Deutschland. Höhere Innovationsanstrengungen führen im Durchschnitt zu mehr Innovationserfolgen und somit zu mehr technischem Fortschritt. Technologische Entwicklungen können in Kombination mit Prozessinnovationen wesentlich zur Sicherung der Wettbewerbfähigkeit der Unternehmen beitragen (IW 2012). Innovationsfähige Unternehmen treiben die Weiter- oder Neuentwicklung von Produkten, Dienstleistungen, Prozessen und Technologien systematisch und effizient voran. Nur mit innovativen Produkten, Dienstleistungen und Prozessen sind vorhandene Märkte und Marktnischen zu halten oder neue Nischen zu finden und zu besetzen. Die Innovationsfähigkeit wird auch mitbestimmt durch die Innovationsfreudigkeit und das Innovationsklima eines Unternehmens. Diese Faktoren sind sowohl mit technischen Potenzialen als auch mit einer definierten und „gelebten" Unternehmenskultur verbunden.

Unternehmen mit hoher Innovationsfreudigkeit studieren ihre Umwelt aktiv und intensiv. Dies setzt u. a. eine systematische Informationsbeschaffung und -verarbeitung voraus, die das Wissen um wichtige Meinungsträger und Multiplikatoren für die Arbeit des Unternehmens einschließt und Aufbau und Pflege entsprechender sozialer Beziehungen aktiv betreibt (Mair 2011).

Eine wichtige Kennzahl der Innovationsfreudigkeit ist die Innovationsintensität. Diese bezeichnet den Anteil der Innovationsaufwendungen aller Unternehmen der jeweiligen Branche am Branchengesamtumsatz. Die Unternehmen des Fahrzeugbaus, der Elektroindustrie und der EDV und Telekommunikation weisen die höchste Innovationsintensität auf (Statista 2015). Der Innovationsprozess umfasst die Entwicklung neuer oder die Verbesserung existierender Produkte, Dienstleistungen und/oder Prozesse sowie ihre Einführung in den Markt oder die Umsetzung im Unternehmen. Als Beispiel für einen Produktinnovationsprozess dient Abbildung 2.5 (Hauschildt 1997).

PHASEN DES INNOVATIONSPROZESSES

| Konzeption | Umsetzung | Vermarktung |

- Problem- und Bedarfsanalysen
- Ideenfindung
- Ideenbewertung
- Projektplanung

- Entwicklung/Konstruktion
- Prototypenbau
- Pilotanwendung
- Testphase

- Produktion/Fertigung
- Markteinführung
- Marktdurchdringung

Abbildung 2.5: Phasen des Innovationsprozesses (nach Hauschildt 1997)

2.1.7 Wandlungsfähigkeit/Flexibilität

Wandlungsfähigkeit besteht in dem Vermögen, auch über vorgehaltene Korridore hinaus Veränderungen in Organisation oder Technologie umsetzen zu können, ohne bestimmte, durch die Konzeption des Produktionssystems bereits fest vorgegebene Machbarkeitsgrenzen beachten zu müssen (Nyhuis 2009).

Wandlungsfähigkeit ist eine der wichtigsten Voraussetzungen zur Bewältigung der aktuellen Anforderungen. Der erfolgreiche Umgang mit volatilen und globalisierten Märkten erfordert Wandlungsfähigkeit. Auf größere Änderungen der tatsächlichen oder erwarteten Nachfrage zu einem Produkt oder einer Dienstleistung müssen Unternehmen wandlungsfähig reagieren können, zum Beispiel durch Modifikation ihres Produktportfolios, Anpassung der Produktionskapazitäten sowie die Erschließung und Entwicklung neuer Märkte. Die Grenzen der Wandlungsfähigkeit liegen in den Faktoren Zeit, Ressourcen, Kosten und Mitarbeiterqualifikation. Zur Unterstützung der Wandlungsbefähigung kann auch die Arbeit in Netzwerken oder in Interessensallianzen beitragen. Hierbei können Synergien in der Zusammenarbeit genutzt und (Kosten-)Risiken bei der Entwicklung neuer Produkte und der folgenden Neuausrichtung des Unternehmens vermieden werden.

Beispiele aus der Vergangenheit belegen, dass ehemals erfolgreiche Unternehmen aufgrund mangelnder Wandlungsfähigkeit oder Wandlungsresistenz heute nicht mehr bestehen. Die Olympia Werke AG in Wilhelmshaven beispielsweise produzierten Büromaschinen aller Art mit mehr als 20000 Mitarbeitern (zur Hoch-Zeit Ende der 1960er-Jahre). Der Schritt zur Digitalisierung der Büroindustrie wurde jedoch nicht aktiv beschritten. Diese fehlende Wandlungsfähigkeit führte dazu, dass das Unternehmen ab Anfang der 1990er-Jahre den Technologievorsprung anderer Büromaschinenanbieter nicht mehr aufholen konnte. Der Untergang der klassischen Bürotechnik angesichts der Verbreitung der Kleincomputer bedeutete so auch das Ende der Olympia Werke AG (Rossa 2014).

Ein anderes Beispiel ist die Uhrenindustrie in der Schweiz, die durch das Aufkommen elektronischer Uhren japanischer Fabrikation fast zum Erliegen kam. Durch die Spezialisierung auf das Luxussegment bewies sie jedoch „im zweiten Schritt" ihre Wandlungsfähigkeit.

Abbildung 2.6 illustriert den Unterschied zwischen Wandlungsfähigkeit und Flexibilität. Wandlungsfähige Unternehmen können unerwartete und sehr große Veränderungen oder Schwankungen kompensieren. Flexibilität bedeutet dagegen, sich auf Schwankungen oder kleinere Veränderungen innerhalb eines bestimmten Rahmens oder Korridors einzustellen.

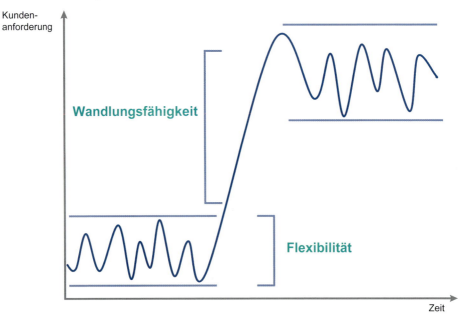

Abbildung 2.6: Wandlungsfähigkeit versus Flexibilität (Darstellung: ifaa)

Flexibilität ist die Fähigkeit, Organisation, Prozesse und Mitarbeiter mithilfe vordefinierter Lösungen rasch und konfliktfrei an geänderte Rahmenbedingungen anzupassen. Flexibilität umfasst verschiedene Dimensionen, die ganzheitlich verstanden und etabliert werden müssen und teilweise voneinander abhängig sind. Unternehmen müssen flexibel sein hinsichtlich

- der Produkte und Dienstleistungen, die sie anbieten (Produktflexibilität),
- Schwankungen der vom Kunden nachgefragten Mengen (Mengenflexibilität),
- der Produktionsverfahren und -mittel, die sie einsetzen (Produktions- oder Betriebs- mittelflexibilität),
- der Einsatzfähigkeit ihrer Mitarbeiter (Einsatzflexibilität) und
- der Bedürfnisse der Mitarbeiter.

Produktflexibilität unterstützt die Unternehmen beispielsweise dabei, individuelle Kunden- lösungen in kurzer Zeit anzubieten. Diese wirtschaftlich zu produzieren erfordert u. a. Produktions- und Einsatzflexibilität, die auch die Mengenflexibilität fördert. Darüber hin- aus brauchen die Unternehmen in allen Bereichen flexibel einsetzbare Mitarbeiter, die über ihr gesamtes Erwerbsleben hinweg in der Lage sind, häufig wechselnde und neue Arbeiten auszuführen. Die Bedürfnisse der Mitarbeiter sind hierbei in besonderer Weise zu berück- sichtigen.

2.1.8 Produkt- und Prozessqualität

Qualität ist für alle Unternehmen branchenübergreifend von elementarer Bedeutung. Dies gilt sowohl für das externe Kunden-Lieferanten-Verhältnis als auch für die interne Organisation. Neben Innovationen in Produkten sind insbesondere produktive, wandlungsfähige und verschwendungsarme Prozesse entscheidende Wettbewerbsfaktoren. Nur mit fristgerecht, kostengünstig und in hoher Qualität hergestellten und gelieferten Produkten lassen sich Vorteile am Markt erreichen. Dies stellt hohe Anforderungen an die Prozessgestaltung und an die Organisation des Arbeitsablaufs und setzt gleichzeitig entsprechend aussagekräftige und aktuelle Arbeitsdaten voraus (REFA 2012b). Der Qualitätsbegriff in Bezug auf das Produkt wird in Kapitel 2.1.2 (Kundenorientierung) und die Prozessqualität im Kapitel 2.1.10 (Prozesseffizienz) erläutert.

2.1.9 Fertigungstiefe

Fertigungstiefe bezeichnet den Anteil der Eigenfertigung eines Unternehmens in der Wertschöpfungskette. Nach der jüngeren Managementlehre bindet eine relativ niedrige Eigenfertigungsquote weniger Kapital und ermöglicht niedrigere Herstellkosten. Immer noch besteht eine starke Tendenz zur Auslagerung einzelner Produktionsschritte bis hin zur Verlagerung der Produktion kompletter Komponenten oder Produkte.

Dennoch kann eine relativ hohe Fertigungstiefe im Kernkompetenzbereich des Unternehmens sinnvoll sein. Sie steigert die betriebliche Wertschöpfung und reduziert externe Risiken in der Ablauf- und Terminplanung. Auch der direkte, eigene Einfluss auf die Kontrolle der Produktqualität wird oftmals als Hauptgrund für eine hohe Fertigungstiefe angegeben. Daneben gibt es noch weitere Gründe, die für eine hohe Eigenfertigung sprechen. Gerade hochspezifische und technisch komplexe Produkte oder Komponenten enthalten ein hohes Know-how, das bei reiner Eigenfertigung besser geschützt ist. Zugleich ist man in der Ablauf- und Terminplanung unabhängig von Lieferanten und flexibler in der Produktion. Zudem unterstützt eine hohe Eigenfertigungsquote Erfahrungsrückflüsse aus der Fertigung in die Entwicklung und Konstruktion. Sie hat somit positive Auswirkungen auf die Innovationsfähigkeit und den Produktentstehungsprozess. Der Verlust der Produktionsnähe der Bereiche Entwicklung und Konstruktion führt in der Regel zeitversetzt auch zum Verlust wichtiger Kompetenzen in der Produktentwicklung und der Produktionsplanung.

Bei der Abwägung einer Fremdvergabe ist zu klären, was das eigene Produkt vom Wettbewerb abhebt. Daraus lässt sich ableiten, welche Komponenten und Produktionsschritte zur Kernkompetenz des eigenen Unternehmens gehören sollten. Auch die Absicherung der Lieferfähigkeit ist ein wichtiger Punkt. Qualitätsrelevante Bauteile und Komponenten, die eine hohe Fertigungskompetenz erfordern sowie schnell und flexibel verfügbar sein müssen, sollten möglichst in Eigenfertigung hergestellt oder im direkten Umfeld beschafft werden. Das Potenzial zur Senkung von Investitions- und Herstellkosten – insbesondere beim globalen Einkauf – erscheint oft groß, ist aber auch mit dem Risiko des Produktionsausfalls bzw. von Qualitätsproblemen behaftet. Ein niedriger Einkaufspreis bei Fremdvergabe kann schnell durch Lieferprobleme und daraus resultierende Folgekosten aufgezehrt werden. Bei Vergleichsrechnungen ist es wichtig, alle anfallenden Kosten und Risiken vollständig und objektiv zu erfassen und abzuwägen. Relevante Kosten – wie beispielsweise Reisekosten, Schulungs- und Qualifizierungskosten, Transport- und Nacharbeitskosten oder Pönale

– werden bei Verlagerungsentscheidungen häufig unbewusst oder bewusst vernachlässigt. Insbesondere bei sogenannten Just-in-time-Prozessen, bei denen ganze Fertigungslinien von der rechtzeitigen Lieferung eines einzelnen Produktes abhängen, ist das Kriterium der qualitätsgerechten Verfügbarkeit hochgradig kritisch. Hier ist sogar oftmals die Eigenproduktion – auch weniger komplexer Komponenten und Bauteile – sinnvoll.

Empirische Untersuchungen ergaben für Unternehmen mit einer großen Fertigungstiefe im Mittel eine höhere Umsatzrendite als für solche, die überwiegend zukaufen (VDMA 2007). Betrachtet man die Gruppe der sogenannten „Hidden Champions", so fällt auf, dass diese erfolgreichen Unternehmen eine sehr hohe Fertigungstiefe haben und relativ zurückhaltend gegenüber Outsourcing und strategischen Allianzen sind – vor allem, wenn es um ihre Kernkompetenzen geht (Simon 2007).

Eine allgemeingültige Aussage hinsichtlich der anzustrebenden Fertigungstiefe eines Unternehmens kann nicht getroffen werden. Die individuelle Kostenstruktur und die betrieblichen Differenzierungsmerkmale gegenüber dem Wettbewerb müssen situativ berücksichtigt werden. Auch die Fertigungstiefe steht in Wechselwirkung mit anderen Erfolgsfaktoren. Mitarbeiterorientierung, Innovationsfähigkeit sowie das Erkennen und die Beseitigung von Verschwendung können dazu beitragen, die wirtschaftlich leistbare Fertigungstiefe zu erhöhen und so Arbeit und Arbeitsplätze in Deutschland zu sichern.

2.1.10   Prozesseffizienz

Ein zentrales und universelles Mittel, aktuellen und künftigen Herausforderungen wirkungsvoll gegenüber zu treten, ist eine hohe Prozessqualität. Nur, wenn Prozesse in immer gleich guter Qualität und ohne Störungen ablaufen, kann das Ergebnis der jeweiligen Kundenforderung entsprechen. Dies ist zu erreichen durch die Optimierung von Unternehmensprozessen oder die Steigerung der Prozesseffizienz durch die Vermeidung von Verschwendung. Als Verschwendung – und damit als „unproduktiv" – gelten Arbeits- und Prozessschritte, die nicht wertschöpfend sind. Sie verursachen unnötigen Aufwand und Kosten und schmälern damit das Unternehmensergebnis.

Verschwendung tritt in den meisten Prozessen und Abläufen viel häufiger auf als vermutet. Oft fehlen der geschulte Blick und das Bewusstsein sie zu erkennen. Dies ist zwingende Voraussetzung dafür, Verschwendung zu beseitigen, was dann oft bereits mit einfachen Mitteln und wenig Aufwand möglich ist. Die Ursachen der Verschwendung sind vielfältig. Taiichi Ohno definiert sieben Hauptverschwendungsarten (Ohno 1993). Ergänzt werden kann diese Liste der Verschwendungsarten noch um die Punkte „Nicht- oder Falschnutzung der Mitarbeiterpotenziale" und „Energieverschwendung" (siehe Tabelle 2.5).

Die einzelnen Verschwendungsarten sind zum Teil voneinander abhängig und beeinflussen sich gegenseitig. So bedingt Überproduktion beispielsweise Bestände, die wiederum Transporte erfordern und Wartezeiten verursachen können. Eine ausführliche Beschreibung der aufgeführten Verschwendungsarten findet sich in Kapitel 4.2 und 4.3 (Industrial Engineering in direkten bzw. indirekten Bereichen).

Erfolgreiche Unternehmen minimieren die Verschwendung so, dass sie ihre Produkte oder Dienstleistungen in effizienten und zuverlässigen Prozessschritten mit möglichst geringer Komplexität störungs- und fehlerfrei erstellen und so den Wünschen des externen oder internen Kunden entsprechen können.

Tabelle 2.5: Verschwendungsarten (nach Ohno 1993, ergänzt)

Verschwendungsart
1. Überproduktion
2. Lagerbestände
3. Transporte
4. Warten
5. Umständliche Arbeitsabläufe/Prozesse
6. Qualitätsmängel
7. Verschwendung am Produkt
8. Nicht- oder Falschnutzung der Mitarbeiterpotenziale
9. Energieverschwendung

Systematische Analysen – beispielsweise die REFA-Ablaufanalyse – helfen, Verschwendung zu erkennen, ihre Ursachen aufzudecken und zu beseitigen. Sie unterstützen zudem den kontinuierlichen Verbesserungsprozess (KVP) und die Umsetzung von „Best Practices" in effiziente Standards.

Zur Beseitigung von Verschwendung werden vielfach auch Methoden wie beispielsweise Kanban, Pull Production, die 5S-Methode, Wertstrommanagement angewandt. Erfolgreiche Unternehmen zeichnen sich dabei v. a. durch einen strategischen und wohlüberlegten Methodeneinsatz aus. Die Methode steht nicht im Mittelpunkt, sondern wird dem Ziel und der Aufgabe entsprechend gewählt. Nachhaltige Verbesserungen sind nicht durch die Nutzung möglichst vieler und „aktueller" Methoden zu erreichen. Auch wenn diese gerade in der Presse oder der Öffentlichkeit aktuell diskutiert werden, ist dies kein Erfolgsgarant. Methoden dürfen nicht zum Selbstzweck oder in Abhängigkeit von „Modewellen" eingesetzt werden. Die Einführung und nachhaltige Implementierung von Methoden ist auch stark abhängig von der Unternehmensführung, die einen solchen Prozess mitträgt, vorantreibt und diesen auch „lebt" (siehe Kapitel 2.1.5: Führung).

2.1.11 Ausblick zu den Erfolgsfaktoren der Zukunft

Die Welt ist in Zukunft noch stärkeren finanziellen, ökologischen und demografischen Veränderungen ausgesetzt. Auch in den nächsten Dekaden setzen sich die Wandlungsprozesse im wirtschaftlichen, technischen, betrieblichen und gesellschaftlichen Bereich fort und bringen radikale Änderungen der Märkte und der Wertschöpfungsprozesse mit sich. Diese sind in Kapitel 3 „Globale Trends und Wandlungstreiber" beschrieben. Exemplarisch sind hier zusammenfassend vorweg genommen die Globalisierung, der demografische Wandel einschließlich Wertewandel und Individualisierung, die Digitalisierung, die zunehmenden Anforderungen an die Ökologie und Nachhaltigkeit von Produkten und Produktionsprozessen und die Rohstoffverknappung sowie die Tendenz zur Reindustrialisierung zu nennen. In Kapitel 3.4 werden die Wirkungen dieser Wandlungstreiber auf die beschriebenen Erfolgsfaktoren dargestellt. Entscheidend ist, dass alle dargestellten Erfolgsfaktoren von der

Wirkung der künftigen Wandlungstreiber betroffen sind. Ihre Bedeutung und der betriebliche Handlungsbedarf hierzu werden deshalb zukünftig weiter zunehmen. Es ist daher für
die Unternehmen von Vorteil, die Erfolgsfaktoren frühzeitig umzusetzen, um sich heute
schon auf die Trends und Wandlungstreiber der Zukunft vorzubereiten. Zudem können
neue Erfolgsfaktoren auftreten, die heute noch nicht als relevant zu erkennen sind.

2.2   Wirtschaftlichkeit

 Wirtschaftlichkeit ist ein zentrales Erfolgskriterium für die Unternehmen.
Dieses Kapitel beschreibt seine Teilkriterien sowie deren Messung und
relevante Einflussgrößen. Darüber hinaus wird die Wirkung der in Kapitel
2.1 vorgestellten Erfolgsfaktoren auf die „Wirtschaftlichkeit" untersucht
und dargestellt.

Abbildung 2.7 zeigt die in Kapitel 2 behandelten Themen. Die Inhalte dieses Kapitels sind
darin farblich hervorgehoben.

ERFOLGREICHE UNTERNEHMEN

Erfolgskriterien

Humanorientierung
- Ausführbarkeit
- Schädigungslosigkeit
- Beeinträchtigungsfreiheit/Zumutbarkeit
- Persönlichkeitsförderlichkeit

Wirtschaftlichkeit
- **Rentabilität**
- **Wirtschaftlichkeit i. e. S.**
- **Produktivität**

Erfolgsfaktoren

- Strategische Orientierung
- Kundenorientierung
- Mitarbeiterorientierung
- Unternehmenskultur

- Führung
- Innovationsfähigkeit
- Wandlungsfähigkeit/
  Flexibilität

- Produkt-/Prozessqualität
- Fertigungstiefe
- Prozesseffizienz

Humanorientiertes Produktivitätsmanagement

Abbildung 2.7: Wirtschaftlichkeit – Erfolgskriterium erfolgreicher Unternehmen

Der Begriff der Wirtschaftlichkeit steht allgemein für ein auf eine bestimmte Handlung (Tätigkeit, unternehmerische Tätigkeit etc.) bezogenes Verhältnis zwischen Handlungsergebnis und dem dafür erforderlichen Mitteleinsatz. Mit der Wirtschaftlichkeit wird bewertet, inwieweit eine Tätigkeit dem Wirtschaftlichkeitsprinzip genügt. Dies beschreibt den Grundsatz, dass ein bestimmter Erfolg (Output) mit dem gering als möglichen Mitteleinsatz (Input) als Minimalprinzip bzw. mit einem bestimmten Input ein maximaler Output als Maximalprinzip erzielt werden soll.

In Unternehmen und Wirtschaftsprozessen wird Input (Arbeitskräfte, Betriebsmittel, Werkstoffe) zu Output (Produkte, Leistungen) gewandelt. Die Erfolgsrelation zwischen Output und Input kennzeichnet die Ergiebigkeit eines Unternehmens oder Prozesses (Nebl 2002), Abbildung 2.8.

Abbildung 2.8: Ergiebigkeit des Wirtschaftsprozesses (Nebl 2002)

Der allgemeine Ansatz zur Bestimmung der Ergiebigkeit lautet (Nebl 2002):

$$\text{Ergiebigkeit} = \frac{\text{Output}}{\text{Input}}$$

Es werden drei grundsätzliche Arten der Bestimmung der Ergiebigkeit unterschieden:

- Rentabilität

- Wirtschaftlichkeit im engeren Sinn

- Produktivität

Tabelle 2.6 beschreibt zusammengefasst deren Dimensionen, Wertebereiche und Formeln.

Tabelle 2.6: Dimensionen, Wertebereiche und Formeln der Ergiebigkeitsarten

Erfolgsrelation	Dimension	Wertebereich	Formel
Rentabilität	Angabe in %	0 - 100 %	$\dfrac{Finanzergebnis}{Kapitaleinsatz}$
Wirtschaftlichkeit (im engeren Sinne)	dimensionslos	0 - X	$\dfrac{Ertrag}{Aufwand}$
Produktivität	dimensionslos bzw. mit beliebigen Dimensionen (Stück/Stunde, Stück/Maschine, Zeit/Mitarbeiter)	0 - X	$\dfrac{Leistung}{Faktoreinsatz}$

2.2.1   Rentabilität

Die Rentabilität ist das Verhältnis zwischen Finanzergebnis (Gewinn, EBIT etc.) und eingesetztem Kapital oder Vermögen. Bei der Ermittlung der Rentabilität bildet der Gewinn den Zähler und das eingesetzte Kapital den Nenner der Ergiebigkeitsbeziehung:

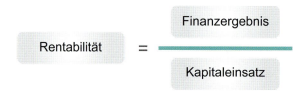

Bei dem Kapitaleinsatz kann u. a. zwischen Gesamtkapital, Eigenkapital und Fremdkapital unterschieden werden. Analog ist auch die Vermögensrentabilität definierbar, bei der das Vermögen im Nenner der Beziehung steht. Die Rentabilität ist eine Erfolgskennzahl, die immer in % angegeben wird. Ähnlich wie der Zinssatz beschreibt sie den Anteil des Nutzens am Einsatz. Zähler und Nenner sind stets in Geld gemessene bzw. bewertete Größen.

2.2.2   Wirtschaftlichkeit im engeren Sinn

In dieser Veröffentlichung bezeichnet der Begriff „Wirtschaftlichkeit" grundsätzlich ein übergeordnetes Erfolgskriterium (siehe Kapitel 2.1). In diesem Kapitel 2.2.2 steht der Begriff „Wirtschaftlichkeit" jedoch speziell für die gleichnamige Kennzahl, die ein Maß für die Ergiebigkeit ist. Zur Unterscheidung wird die Bezeichnung „Wirtschaftlichkeit im engeren Sinn" benutzt.
In der Ergiebigkeitsbeziehung dieser Kennzahl steht der „Ertrag" im Zähler und der „Aufwand" im Nenner. Für die Berechnung der Wirtschaftlichkeit werden Ertrag und Aufwand in Geld bewertet. Die Kennzahl ist dimensionslos und wird nicht in % angegeben.

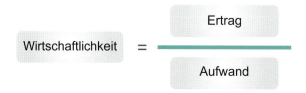

Ist das Ergebnis größer als 1, findet ein Wertzuwachs statt. Beträgt der Wert genau 1, arbeiten das Unternehmen oder der Prozess noch wirtschaftlich. Ist der Wert der Wirtschaftlichkeit kleiner als 1, überschreitet der Aufwand den Ertrag. Die Wirtschaftlichkeit ist nicht gegeben und es entsteht Verlust. Die Wirtschaftlichkeit ist – wie in Kapitel 2.1 erläutert – ein zentrales Erfolgskriterium. Ohne Wirtschaftlichkeit ist die langfristige Existenz eines Unternehmens, seiner Arbeitsplätze und des Kapitals seiner Gesellschafter nicht gesichert. Erhalt und Verbesserung der Wirtschaftlichkeit sind deshalb für alle betrieblichen Entwicklungen und Aktivitäten von besonderer Bedeutung. Einen maßgeblichen Anteil daran haben Maßnahmen zur Produktivitätssteigerung.

2.2.3   Produktivität

Unter Produktivität wird im Allgemeinen das Verhältnis von Leistungsergebnis (Output) zu eingesetzten Faktoren (Input) verstanden (Gabler 2001). Diese Relation kann sowohl für Volkswirtschaften als auch für Unternehmen, deren Teile, Prozesse und einzelne Arbeitsplätze bestimmt werden.
Produktivität gilt als zentrales Kennzeichen von Leistungsfähigkeit und Unternehmenserfolg. Die Beschäftigung mit Möglichkeiten der Produktivitätsverbesserung war und ist entscheidend zur Sicherung der Wettbewerbsfähigkeit von Unternehmen.

> „Das Problem der Produktivität ist trotz seiner langen Vergangenheit heute noch von großer Bedeutung."(Merkle 1928)

> "Die kontinuierliche Optimierung der Produktivität ... ist ein Fitnessfaktor für nachhaltig erfolgreiche Unternehmen und damit eine Führungsaufgabe von höchster Priorität."(Klauser/Löw 2005)

> „Unabhängig von der konkreten Unternehmenssituation sind die Anstrengungen des Managements auf strategische, taktische und operative Maßnahmen zu richten, um die Produktivität der Unternehmen zu steigern!" (Nebl/Dikow 2004)

2.2.3.1   Output- und Inputfaktoren

Bei der Bestimmung der Produktivität werden messbare Leistungen für den Output in den Zähler der Ergiebigkeitsrelation gesetzt. Dies können beispielsweise die Menge, das Volumen oder das Gewicht der produzierten Erzeugnisse oder spezielle Leistungsparameter sein, wie zum Beispiel Bruttoregistertonnen im Fall einer Werft. Im Nenner stehen messbare Größen für die Inputfaktoren Arbeitskraft (Mitarbeiteranzahl, Arbeitszeit, Entgelt), Betriebsmittel (Anzahl, Wert) oder Werkstoff (Mengen, Wert). Output und eingesetzte Faktoren (Input) können immer auch in Geld bewertet und in die Ergiebigkeitsrelation eingesetzt werden:

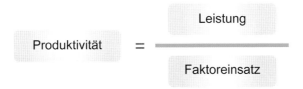

$$\text{Produktivität} = \frac{\text{Leistung}}{\text{Faktoreinsatz}}$$

Für einzelne Arbeitsplätze kann der Output als Anzahl der produzierten Teile oder Baugruppen angegeben werden. Beim gesamten Unternehmen ist der Output durch die Vielzahl von Erzeugnissen bzw. Produkten oft sehr uneinheitlich und wird daher im Sinne einer Gesamtlösung mit dem Verkaufspreis bewertet.

Im Rahmen der Produktivitätsbewertung soll der Output die Leistung des betrachteten Unternehmensprozesses beschreiben. Für die Ermittlung der Gesamtproduktivität eines Unternehmens ist demzufolge die Gesamtleistung des Unternehmens als Outputgröße einzusetzen (auch Bruttoproduktionswert genannt). Für die Analyse von Teilproduktivitäten (z. B. Arbeitskräfteproduktivität) kann zusätzlich auf verschiedene Anteile an der Gesamtleistung zurückgegriffen werden (z. B. die Nettowertschöpfung). Idealerweise wäre anzustreben, die für die jeweilige Teilproduktivität maßgeblichen Teilleistungen differenziert zu betrachten (Dikow 2006). Auf dieser „normierten" Basis können Unternehmen verschiedener Branchen und unterschiedlicher Fertigungsstrukturen verglichen werden.

Für die Bestimmung und Analyse der Produktivität von Industrieunternehmen ist also die Auswahl geeigneter Output- und Inputgrößen entscheidend. Mögliche Größen für den Output und deren Zusammenhänge sind in Abbildung 2.9 verdeutlicht. Die Gesamtleistung entspricht dem Umsatz abzüglich evtl. Bestandsänderungen und zusätzlicher Erlöse aus dem Verkauf von Handelsware, Materialbeständen oder Sachanlagen. Für die Bruttowertschöpfung werden davon alle „von außen empfangenen" Vorleistungen abgezogen. Die Bruttowertschöpfung ergibt sich aus dem Gesamtwert der im Produktionsprozess erzeugten Waren und Dienstleistungen (Produktionswert), abzüglich des Werts der Vorleistungen. Die Nettowertschöpfung ergibt sich aus der Bruttowertschöpfung nach Abzug der Abschreibungen.

Abbildung 2.9: Übersicht der Outputgrößen (nach Dikow 2006)

2.2.3.2   Teilproduktivität von elementaren Faktoren

Neben der Gesamtproduktivität, welche die Gesamtleistung und den gesamten Faktoreinsatz berücksichtigt, können verschiedene Produktivitätsarten (Teilproduktivitäten) ermittelt werden. Diese beschreiben die Produktivität unter besonderer Berücksichtigung der Elementarfaktoren menschliche Arbeit, Betriebsmittel und Werkstoffe, Abbildung 2.10.

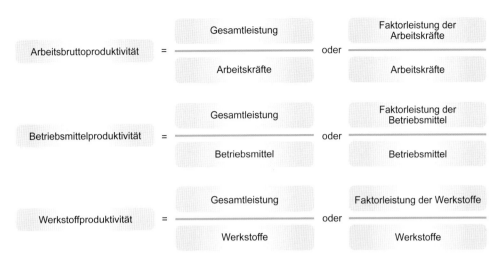

Abbildung 2.10: Produktivitätsarten für die Elementarfaktoren Arbeitskräfte, Betriebsmittel und Werkstoffe (nach Dikow 2006)

Aus arbeits- und betriebsorganisatorischer Sicht ist insbesondere die Produktivität bezogen auf die Arbeitskraft (Arbeitskräfteproduktivität) relevant. Deren Analyse verdeutlicht die Möglichkeiten, mithilfe arbeitsgestalterischer und arbeitsorganisatorischer Maßnahmen die Produktivität zu steigern. Der Faktor Arbeit kann in Form der Anzahl der eingesetzten Beschäftigten, der aufgewendeten Arbeitsstunden oder des Personalaufwandes in Euro angegeben werden. Die Arbeitskräfteproduktivität hängt vor allem von dem zielorientiertem und verschwendungsarmen Einsatz der Arbeitszeit der Beschäftigten ab. Zu berücksichtigen ist jedoch, dass externe Faktoren (Preisverfall bei Produkten oder höhere Rohstoffpreise) einen negativen Einfluss auf die monetär bewertete Arbeitsproduktivität haben können, der unter Umständen auch durch einen effizienteren Personaleinsatz nicht ausgeglichen werden kann. Damit erlaubt die Analyse monetär bewerteter Teilproduktivitäten, z. B. der Arbeitsproduktivität, allein keine Aussage über die Wirtschaftlichkeit oder die Effizienz der Prozesse und deren Entwicklung.

2.2.3.3 Teilproduktivitäten dispositiver Faktoren

Neben den Produktivitätsarten für die Elementarfaktoren können auch dispositive Faktoren oder Zusatzfaktoren bei der Produktivitätsbetrachtung Berücksichtigung finden (siehe Abbildung 2.11). Mit den Teilproduktivitäten zu den Elementarfaktoren lässt sich in erster Linie die Wirkung der Faktorkombinationen im unmittelbaren Herstellungsprozess bewerten. Die dispositive Teilproduktivität hingegen bewertet die Wirkung der Faktoren Leitung, Planung und Kontrolle. In der betrieblichen Praxis werden die dispositiven Teilproduktivitäten nur selten bestimmt oder analysiert.

Abbildung 2.11: Übersicht der Inputgrößen (Dikow 2006, nach Gutenberg)

2.2.3.4   Gesamtproduktivität

Die Gesamtproduktivität ist die Summe aller Teilproduktivitäten. Gesamtproduktivität und Wirtschaftlichkeit stehen in direktem Zusammenhang. Die Gesamtproduktivität ist ein entscheidendes Erfolgsmerkmal, das eine Bewertung und den Vergleich von Ergiebigkeit ermöglicht und als Grundlage für Managemententscheidungen dient. In der betrieblichen Praxis bezieht sich die Produktivitätsmessung und -analyse jedoch oft nur auf Teilaspekte wie die Arbeitsproduktivität (Nebl/Dikow 2004). Das Ergebnis entsteht aber aus dem Zusammenwirken aller Produktionsfaktoren, Abbildung 2.12. Es besteht die Gefahr des Verlusts der ganzheitlichen Perspektive sowie von einseitiger Information, Fehlinterpretationen und Fehlentscheidungen.

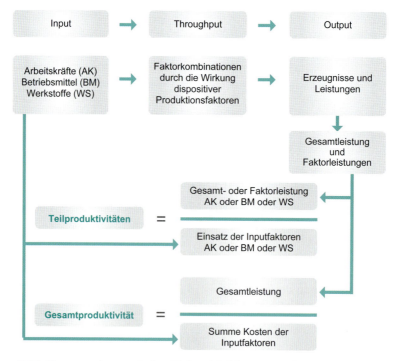

Abbildung 2.12: Zusammenhang zwischen Teilproduktivitäten und Gesamtproduktivität (in Anlehnung an Dikow 2006)

2.2.4 Einflussfaktoren auf die Produktivität

Die Produktivität ist für die betriebliche Analyse von Verbesserungspotenzialen, die Vorbereitung von Entscheidungen und die Erfolgskontrolle von Verbesserungsprozessen das entscheidende Merkmal, weil sie bis auf Arbeitsplatzebene differenzierbar ist und im Gegensatz zu Wirtschaftlichkeit und Rentabilität detaillierte Bewertungen der Faktoren ermöglicht.

2.2.4.1 Allgemeine Zusammenhänge

Um die Produktivität zu steigern, haben die Unternehmen grundsätzlich verschiedene Möglichkeiten. Rein rechnerisch steigt die Produktivität, wenn das Ergebnis mit möglichst geringem Aufwand für die Ressourcen Arbeitskraft, Material, Maschineneinsatz erreicht wird – also auch mit möglichst geringer Verschwendung. Man kann davon ausgehen, dass Verschwendung in Produktion und Administration erhebliche Anteile der Arbeitszeit ausmachen. Der Anteil tatsächlicher Wertschöpfung an der Gesamtarbeitszeit in der Produktion beträgt in Deutschland nur ca. 60 % (Baszenski 2012). Diese Verschwendung gilt es zu minimieren, um die Produktivität zu steigern. Was als Verschwendung betrachtet wird, ist u. a. in Kapitel 2.1 beschrieben.

Die Produktivität wächst auch, wenn der Gewinn oder die Wertschöpfung bei konstantem Mitteleinsatz zunehmen. Nach den in Abbildung 2.13 dargestellten Zusammenhängen ist dies möglich, wenn die Menge der produzierten und verkauften Produkte erhöht, die Kosten gesenkt oder die Margen erhöht werden können. Gerade die Marge ist jedoch in globalisierten Märkten vielfach von den Unternehmen kaum beeinflussbar. Somit kommen der Sicherung und dem Ausbau der Marktposition sowie der Optimierung der Kostenstruktur besondere Bedeutungen zu. Diese Möglichkeiten liegen im Einflussbereich des Unternehmens. Außerdem wirkt die Kostensenkung nicht nur auf den Zähler der Ergiebigkeitsrelation, sondern auch auf deren Nenner.

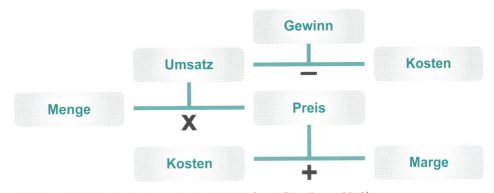

Abbildung 2.13: Stellschrauben der Rentabilität (nach Disselkamp 2012)

2.2.4.2 Detaillierte Übersicht der Einflussfaktoren

Eine differenziertere Darstellung der Produktivität und ihrer Einflussfaktoren ist Abbildung 2.14 zu entnehmen (Nebl/Dikow 2004). Sie berücksichtigt Einflussfaktoren, die auf den Output (leistungsorientiert), den Input (Arbeitskräfte, Betriebsmittel, Werkstoffe) und den

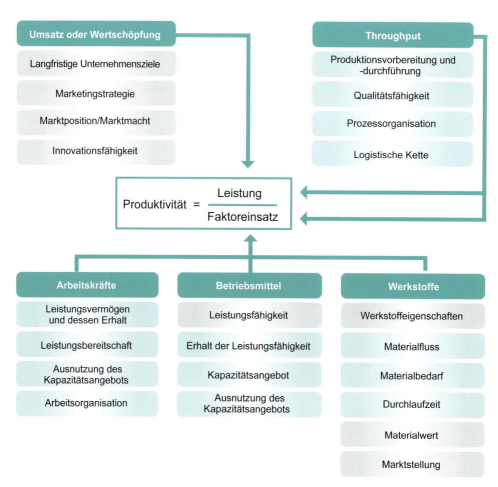

Abbildung 2.14: Einflussfaktoren auf die Produktivität (nach Nebl/Dikow 2004)

Throughput (dispositive Faktoren) wirken. Letztere haben sowohl auf den Output als auch auf den Input Einfluss. Die heute vermehrt bei dieser Betrachtung einfließenden Analysen der Roh-, Hilfs- und Betriebsstoffe sowie der Energie sind hier nicht explizit benannt, können aber in den Einflussfaktoren Werkstoffe (Materialbedarf) und Betriebsmittel berücksichtigt werden. Faktoren, die durch REFA-Methoden beeinflusst werden können, sind in der Abbildung farblich hervorgehoben.

Einflussfaktoren mit Wirkung auf den Output (Leistung) zielen auf den Zähler der Produktivitätsformel, also auf Gesamtleistung und Faktorleistung, z. B. Wertschöpfung. Dazu zählen beispielsweise langfristige Unternehmensziele, Marketingstrategie, Marktposition und Innovationsfähigkeit.

Einflussfaktoren mit Wirkung auf den Input (Faktoreinsatz) betreffen die Elementarfaktoren Arbeitskräfte, Betriebsmittel und Werkstoffe und wirken auf den Nenner der Ergiebigkeitsrelation. Dies sind beispielsweise die Leistungsvermögen der Arbeitskräfte und

Betriebsmittel und deren Erhalt, die Leistungsbereitschaft der Mitarbeiter, das Kapazitäts-angebot an Arbeitskräften und Betriebsmitteln sowie dessen Ausnutzung oder Werkstof-feigenschaften und der Materialfluss. Mittels REFA-Methoden können hier insbesondere die Bereiche Arbeitskräfte (Leistungsvermögen und dessen Erhalt, Ausnutzung des Ka-pazitätsangebots und Arbeitsorganisation), Betriebsmittel (Kapazitätsangebot und dessen Ausnutzung) sowie Werkstoffe (Materialfluss und Durchlaufzeit) beeinflusst werden.

Einflussfaktoren mit Wirkung auf den Throughput beziehen sich auf die dispositiven Faktoren (Leitung, Planung, Organisation und Kontrolle) und wirken sowohl auf Zähler als auch auf Nenner der Produktivitätsrelation. Hierzu gehören Produktionsvorbereitung und -durchführung, Qualitätsfähigkeit, Prozessorganisation und die logistische Kette. Im dispositiven Bereich können alle Unterbereiche durch REFA-Methoden beeinflusst werden (Produktionsvorbereitung und -durchführung, Qualitätsfähigkeit, Prozessorganisation, lo-gistische Kette).

Es wird deutlich, dass die Produktivität über zahlreiche verschiedene Faktoren beeinflussbar ist. Dabei fällt auf, dass die dargestellten Einflussfaktoren nicht unabhängig voneinander sind. Beispielsweise ist die unter dem Faktor Throughput benannte Produktionsdurch-führung nicht von dem Einsatz der Elementarfaktoren Arbeitskräfte, Betriebsmittel und Werkstoffe zu trennen. Gleiches gilt beispielsweise auch für die unter Werkstoffe benann-ten Teilfaktoren Materialfluss und Durchlaufzeit, die wiederum auch Elemente der unter dem Faktor Throughput benannten logistischen Kette bilden.

Sicherlich ist es für die Unternehmen weder erforderlich noch möglich, gleichzeitig alle Faktoren zu berücksichtigen. Welche Einflussfaktoren sinnvoll und Erfolg versprechend sind, hängt ebenso wie die in Kapitel 2.1 beschriebene Wahl geeigneter Erfolgskriterien und -faktoren von der jeweiligen Situation eines Unternehmens und seinen aktuellen Stärken und Schwächen ab.

Zur Ermittlung der Schwerpunkte und Handlungsfelder kann die Frage nach dem größten Potenzial dienen oder die Frage, was mit geringem Aufwand erschlossen werden kann. In der betrieblichen Praxis kann ein Benchmarking- oder ein Best-Practice-Beispiel zur Potenzialbewertung herangezogen werden. Alternativ oder ergänzend können unterneh-mensbezogene Stärken-Schwächen-Analysen zu den Output- und Inputfaktoren aus der Produktivitätsformel und zu den benannten Handlungsfeldern der internen Potentialbe-wertung dienen.

Zur Ermittlung, Darstellung und Analyse der Produktivität und ihrer langfristigen Ent-wicklung sind die Erhebung und Interpretation geeigneter Kennzahlen zu den gewählten Einflussfaktoren unerlässlich. Nur wenn aussagefähige Kennzahlen hierzu erfasst und ver-folgt werden, lassen sich Produktivitätspotenziale systematisch erkennen und erschließen. Hierzu sind im Rahmen eines ganzheitlichen Produktivitätsmanagements Verbesserungs-maßnahmen zu entwickeln, umzusetzen und ihre Wirkung zu prüfen. Erfolgreiche Maßnah-men müssen standardisiert und im Alltag etabliert werden. Maßnahmen, die nicht zu den erwarteten Verbesserungen führen, sind zu überprüfen und anzupassen.

Produktivitätsmanagement muss die Schritte eines geschlossenen Regelkreises umfassen (Planen, Umsetzen, Prüfen, Standardisieren oder Wiedereinstieg in die Planung). Gewinn-orientierung und Existenzsicherung von Unternehmen sind dabei zwei Seiten derselben Me-daille. Das Management sollte seine Arbeit immer darauf richten, strategische, taktische und operative Maßnahmen einzuleiten, die die Produktivität des Unternehmens steigern (Nebl/Dikow 2004).

2.2.5   Wirkungen der Erfolgsfaktoren auf die Produktivität

Die in Kapitel 2.1 beschriebenen Erfolgsfaktoren können gezielt für die Beeinflussung der Produktivität und den Aufbau eines unternehmensspezifischen Produktivitätsmanagements genutzt werden. In Tabelle 2.7 sind die direkten Hauptwirkungen der Erfolgsfaktoren auf die Einflussfaktoren der Produktivität nach Abbildung 2.14 dargestellt (hell hinterlegt = keine bis geringe Wirkung; dunkel hinterlegt = mittlere bis große Wirkung). Aufgrund der Komplexität und der Wechselwirkungen zwischen den Faktoren ist eine eindeutige Zuordnung nicht immer möglich und mancher Leser würde vielleicht die Wirkung der Faktoren anders einschätzen. Hier soll jedoch zunächst grundsätzlich für die Wirkungen sensibilisiert werden. Diese hängen immer auch von der betrieblichen Umsetzung ab, die jeweils spezifische Effekte betonen und nutzen kann. Die indirekten Wirkungen sind sehr weit verzweigt und spezifisch und deshalb zur Verbesserung der Übersichtlichkeit in Tabelle 2.7 nicht berücksichtigt.

Tabelle 2.7: Primärwirkung der Erfolgsfaktoren auf die Inputgrößen der Produktivität

| | | Einflussfaktoren der Produktivität | | | | |
		Umsatz/ Wertschöpfung	Throughput/ dispositiver Bereich	Arbeitskräfte	Betriebsmittel	Werkstoffe
Erfolgsfaktoren	Strategische Orientierung					
	Kundenorientierung					
	Mitarbeiterorientierung					
	Unternehmenskultur					
	Führung					
	Innovationsfähigkeit					
	Wandlungsfähigkeit/ Flexibilität					
	Produkt-/ Prozessqualität					
	Fertigungstiefe					
	Prozesseffizienz					

Zweck dieses Kapitels ist, zunächst grundsätzlich für die Wirkungen zu sensibilisieren und so eine Basis zu schaffen, auf der interessierte Leser eigene betriebsspezifische Überlegungen anstellen können.

Nachfolgend werden die Wirkbeziehungen der Erfolgsfaktoren aus Kapitel 2.1 auf die Einflussfaktoren der Wirtschaftlichkeit ausführlicher dargestellt.

2.2.5.1   Strategische Orientierung

Die angestrebte Hauptwirkung der strategischen Orientierung ist, Gesamtleistung, Umsatz und Wertschöpfung durch langfristige Unternehmensziele sowie den Erhalt und Ausbau der Marktposition zu sichern. Gelingt es, die Unternehmensziele über alle Unternehmensebenen hinweg „herunter zu brechen" und sinnvoll miteinander zu verknüpfen, hat dies indirekt auch positive Wirkung auf den Throughput (beispielsweise Produktionsvorbereitung und -durchführung, Prozessorganisation) sowie die Faktoren Arbeitskräfte (Leistungsfähigkeit, Leistungsbereitschaft, Kapazitätsangebot und dessen Ausnutzung), Betriebsmittel (Kapazitätsangebot und dessen Ausnutzung) sowie die Werkstoffe (Materialwert, Marktstellung). Langfristige Unternehmensziele und -strategien sollten jedoch nicht nur die Produkte und Dienstleistungen betreffen, sondern beispielsweise auch Unternehmenswerte und das Führungsverständnis berücksichtigen. Diese sind für den Unternehmenserfolg unerlässlich, wirken allerdings nicht direkt auf Wertschöpfung, Umsatz und Gesamtleistung sondern indirekt über die Throughput- und Elementarfaktoren.

Die strategische Orientierung ist ein Erfolgsfaktor, der nicht isoliert zu betrachten ist. Neben der Ausrichtung auf den Markt und externe Kunden können auch Mitarbeiterorientierung, Unternehmenskultur und Führung Elemente der strategischen Ausrichtung sein. Dann können auch die in den Kapiteln 2.2.5.3 bis 2.2.5.5 beschriebenen Effekte wirken.

2.2.5.2   Kundenorientierung

Auch die Kundenorientierung – also die konsequente Ausrichtung des Unternehmens an den Bedürfnissen, Erwartungen und Problemen der Kunden – wirkt beispielsweise über Marketingstrategie und Innovationsfähigkeit direkt auf die Marktposition und damit auf die Sicherung bzw. die Erweiterung von Gesamtleistung, Umsatz und Wertschöpfung. Unter anderem tragen eine kundenindividuelle Entwicklung und Herstellung von Produkten, eine hohe Qualitätsfähigkeit und kurze Durchlaufzeiten hierzu bei und ermöglichen ggf. höhere Preise und Margen. Die in Kapitel 2.1 beschriebene Verinnerlichung eines internen Kunden-Lieferanten-Verständnisses wirkt indirekt auch positiv auf die Faktoren Throughput (Produktionsvorbereitung und -durchführung, Prozessorganisation und Qualitätsfähigkeit), Arbeitskräfte (Leistungsvermögen und -bereitschaft, Ausnutzung des Kapazitätsangebotes und Arbeitsorganisation) Betriebsmittel (Erhalt der Leistungsfähigkeit, Ausnutzung des Kapazitätsangebotes) und Werkstoffe (Werkstoffeigenschaften, Materialfluss und Durchlaufzeit). Kurze Durchlaufzeiten und eine ausgereifte logistische Kette begünstigen zudem kleine Bestände und hohe Termintreue. Dies gilt sowohl für Fertigprodukte als auch für Komponenten und Einzelteile.

2.2.5.3   Mitarbeiterorientierung

Die Mitarbeiterorientierung wirkt primär auf den Inputfaktor Arbeitskräfte. Die Berücksichtigung der Mitarbeiterbedürfnisse, beispielsweise hinsichtlich der Arbeitszeitgestaltung,
aber auch die konsequente Wertschätzung, Nutzung und Entwicklung der Mitarbeiterfähigkeiten fördern die Leistungsfähigkeit der Mitarbeiter und deren Erhalt, die Leistungsbereitschaft, das Kapazitätsangebot und dessen Ausnutzung sowie eine effiziente Arbeitsorganisation. All dies unterstützt die effiziente Nutzung des Faktors Arbeit, reduziert den dafür
erforderlichen Aufwand und trägt so zur Steigerung der Produktivität bei. Darüber hinaus
wirkt die Mitarbeiterorientierung auch indirekt auf die Produktivität. Leistungsfähige und
-bereite Mitarbeiter, zu denen auch mittlere Führungskräfte zählen, die wiederum von einem leistungsorientierten und -fördernden Management geleitet werden, fördern generell
auch den zielorientierten und effizienten Einsatz der Elementarfaktoren Betriebsmittel und
Werkstoffe sowie die Throughputfaktoren beispielsweise Planung und Prozessorganisation.

2.2.5.4   Unternehmenskultur

Auch die Unternehmenskultur ist ein Erfolgsfaktor, der nicht primär auf Gesamtleistung,
Umsatz und Wertschöpfung zielt. Ähnlich wie die Mitarbeiterorientierung wirkt sie in erster
Linie direkt auf den Inputfaktor Arbeitskräfte. Stärker als bei der Mitarbeiterorientierung
ist jedoch von Bedeutung, die Elemente der Kultur in langfristigen Unternehmenszielen
und werten sowie über die Führung und Throughputfaktoren, beispielsweise Qualitätsfähigkeit sowie Prozessorganisation, zu sichern und nachhaltig zu etablieren. Die indirekten
Wirkungen sind vergleichbar mit denen der Mitarbeiterorientierung.

2.2.5.5   Führung

Zielorientierte und konsequente Führung tangiert den dispositiven Bereich und den operativen Bereich gleichermaßen. Führung muss die dispositiven Faktoren entwickeln, gestalten
sowie kontinuierlich verbessern und die Mitarbeiter dabei einbeziehen. Das „Vorleben" der
Unternehmenswerte und der konsequenten Arbeit an der Erreichung der Unternehmensziele
durch die Führung trägt zur Förderung der Leistungsbereitschaft und damit zum effizienten
Umgang mit den Elementarfaktoren und zur Steigerung der Produktivität bei.

2.2.5.6   Innovationsfähigkeit

Die Innovationsfähigkeit wirkt direkt auf Gesamtleistung, Umsatz und Wertschöpfung und
somit auf den Output im Zähler der Produktivität. Neue Produkte und Dienstleistungen,
welche die Kundenanforderungen zuverlässig erfüllen, sichern und stärken die Marktposition. Innovationsfähigkeit bezieht sich aber nicht nur auf die Produkte eines Unternehmens,
sondern auch auf dessen Prozesse und Abläufe. Innovative Produktionsvorbereitung unterstützt eine verschwendungsarme Produktion mit möglichst effizientem Einsatz der operativen Faktoren Arbeitskräfte, Betriebsmittel und Werkstoffe. Prozessinnovation sichert
fertigungs-, montage- und wartungsgerechte Konstruktion und Produkte sowie leistungsfähige Mitarbeiter, Betriebsmittel und optimierte Werkstoffe und steigert so die Produktivität.

Prozessinnovation ist auch der Schlüssel zur Nutzung der Potenziale der Digitalisierung in den Unternehmen. Fertige Unternehmenslösungen für Digitalisierung oder Industrie 4.0 sind nicht verfügbar und in absehbarer Zeit auch nicht zu erwarten. Unternehmen müssen innovativ, in Abhängigkeit von ihren Stärken und Schwächen spezifische Lösungen entwickeln, mit denen sie Elementar- und Throughputfaktoren positiv beeinflussen können.

2.2.5.7 Wandlungsfähigkeit/Flexibilität

Der Erfolgsfaktor Wandlungsfähigkeit wirkt primär auf den Faktor Umsatz und Wertschöpfung und seine Teilfaktoren Innovationsfähigkeit, Marktposition und Marketingstrategie. Als Voraussetzung für die erweiterte Flexibilität eines Unternehmens wirkt die Wandlungsfähigkeit eher indirekt.

Der Erfolgsfaktor Flexibilität wirkt primär auf verschiedene Einflussfaktoren der Produktivität, je nach Flexibilitätsart, siehe Kapitel 2.1. Die Produktflexibilität wirkt in erster Linie über die Innovationsfähigkeit direkt auf die Sicherung von Gesamtleistung, Umsatz und Wertschöpfung. Mengen- und Produktionsflexibilität wirken über die Faktoren Arbeitskräfte und Betriebsmittel auf den Nenner der Produktivitätsgleichung. Dabei sind v. a. die Teilfaktoren Leistungsfähigkeit und deren Erhalt sowie das Kapazitätsangebot und dessen Ausnutzung relevant. Die Einsatzflexibilität tangiert alle Teilfaktoren des Elementarfaktors Arbeitskräfte. Mitarbeiter, die ihre Aufgaben in einer flexiblen Produktion flexibel wahrnehmen können und wollen, müssen leistungsbereit und -fähig sein. Dies muss unter anderem durch Qualifizierungsmaßnahmen gesichert und gefördert werden.

2.2.5.8 Produkt-/Prozessqualität

Der Erfolgsfaktor Produktqualität wirkt insbesondere auf die Gesamtleistung, den Umsatz und die Wertschöpfung. Die Marktposition hängt stark von einer hohen Produktqualität ab. Darauf aufbauend können Innovationen angeregt und neue Produkte durch entsprechende Marketingstrategien überzeugend eingeführt werden. Langfristige Unternehmensziele stützen sich u. a. auf bekannte und anerkannt hohe Produktqualität. Hohe Prozessqualität fördert die produktive und damit wirtschaftliche Herstellung von Produkten oder Bereitstellung von Dienstleistungen. Sie wirkt in erster Linie auf die dispositiven Faktoren und trägt auch zu einer effizienten Nutzung der Elementfaktoren bei. Siehe auch Kapitel 2.2.5.10 (Prozesseffizienz).

2.2.5.9 Fertigungstiefe

Der Erfolgsfaktor Fertigungstiefe wirkt direkt auf Gesamtleistung, Umsatz und Wertschöpfung. Angestrebt werden eine hohe Qualität und Zuverlässigkeit zu niedrigen Kosten. Wie in Kapitel 2.2.3 dargestellt, kann dies positive Wirkung auf den Umsatz und die Rentabilität haben. Dies kann einerseits durch Effizienzsteigerungsprogramme im Unternehmen erreicht werden und so auch die Produktion im Unternehmen (Insourcing) rentabel machen. Bei Verringerung der Fertigungstiefe ist zu beachten, dass das Know-how des Unternehmens bei der Produktionsvorbereitung und -durchführung sowie der Produkt- und Prozessinnovation nicht abfließt.

Soll die Fertigungstiefe erhöht werden, müssen Throughput- und Inputfaktoren besonders geplant und beachtet werden.

2.2.5.10   Prozesseffizienz

Der Abbau von Verschwendung steigert automatisch die Effizienz des Einsatzes der Elementarfaktoren Arbeitskräfte, Betriebsmittel und Werkstoffe und wirkt direkt über den Faktoreinsatz auf den Nenner der Produktivitätsrelation. Vor allem die Teilfaktoren Ausnutzung des Kapazitätsangebotes bei Arbeitskräften und Betriebsmitteln sowie die Optimierung von Arbeitsorganisation, Materialbedarf und Materialdurchfluss sind davon berührt. Methoden wie die sieben Arten der Verschwendung erkennen, 5S zur Arbeitsplatzgestaltung, Wertstrommanagement, Kanban oder Total Productive Maintenance (TPM) unterstützen die Wirkung. Verschwendung ist in nahezu allen Bereichen der Wertschöpfungskette in ihren verschiedenen Formen zu finden. Insofern sind die Beseitigung von Verschwendung und der Einsatz von Methoden der Lean Production keineswegs nur auf die Produktion zu beschränken, sondern sollten unbedingt auch die Administration sowie indirekt produktive Bereiche umfassen. Darüber hinaus sollte im Throughput sowie den langfristigen Unternehmenszielen auch die Prozessverbesserung als festes Element der Prozessorganisation verankert sein.

2.3   Humanorientierung

Neben der Wirtschaftlichkeit ist die Humanorientierung ein wesentliches Erfolgskriterium erfolgreicher Unternehmen. Die Ursprünge der Humanorientierung in der Arbeitswissenschaft reichen weit zurück und das heutige Verständnis humanorientierter Arbeitsgestaltung ist von einer langen Entwicklung geprägt. So vielfältig die Etablierung und Nutzung der Erfolgsfaktoren in den Unternehmen auch ist, der Mitarbeiter rückt dabei inzwischen immer mehr in den Fokus der Aktivitäten.

Nachdem in Kapitel 2.1 das Erfolgskriterium Wirtschaftlichkeit und seinen Teilkriterien Rentabilität, Wirtschaftlichkeit im engeren Sinn und Produktivität betrachtet wurde, setzt sich dieses Kapitel mit dem Erfolgskriterium Humanorientierung auseinander. Die Inhalte des Kapitels sind in der folgenden Abbildung 2.15 farblich hervorgehoben.

Die deutsche Wirtschaft steht mehr denn je unter dem Druck, die nachhaltige Wettbewerbsfähigkeit ihrer Unternehmen durch innovative und leistungsfähige Produkte und Prozesse zu stärken. Hierfür sind die Unternehmen zum einen auf qualifizierte, motivierte und leistungsfähige Mitarbeiter angewiesen. Zum anderen kann die Gestaltung der Arbeitsplätze und des Arbeitsumfelds entscheidend zur Sicherung dieser Voraussetzung beitragen (siehe Abbildung 2.16).

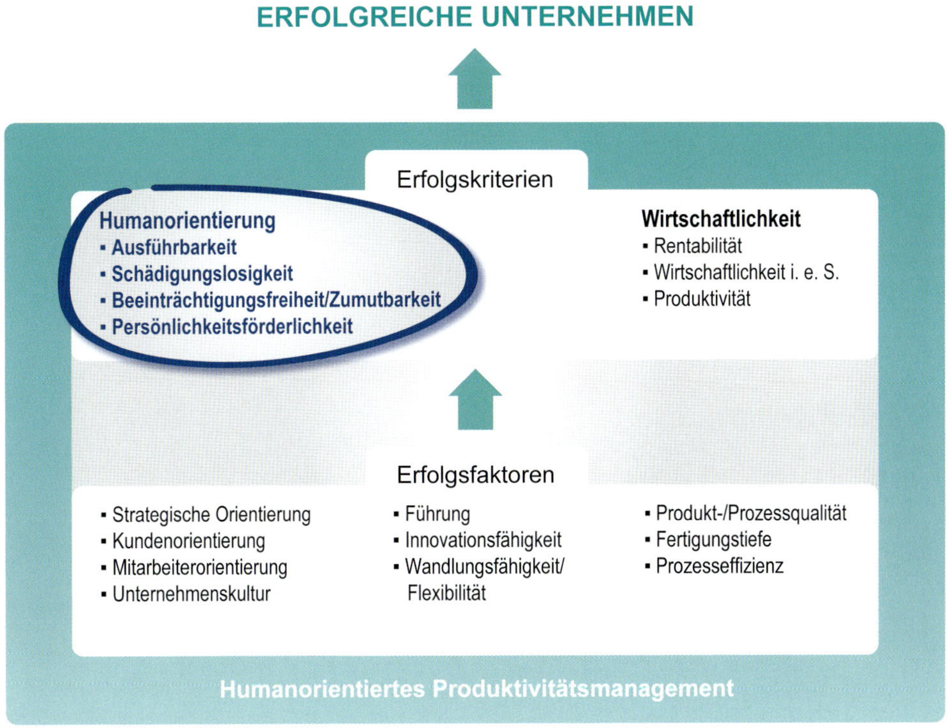

ERFOLGREICHE UNTERNEHMEN

Erfolgskriterien

Humanorientierung
- Ausführbarkeit
- Schädigungslosigkeit
- Beeinträchtigungsfreiheit/Zumutbarkeit
- Persönlichkeitsförderlichkeit

Wirtschaftlichkeit
- Rentabilität
- Wirtschaftlichkeit i. e. S.
- Produktivität

Erfolgsfaktoren

- Strategische Orientierung
- Kundenorientierung
- Mitarbeiterorientierung
- Unternehmenskultur

- Führung
- Innovationsfähigkeit
- Wandlungsfähigkeit/
  Flexibilität

- Produkt-/Prozessqualität
- Fertigungstiefe
- Prozesseffizienz

Humanorientiertes Produktivitätsmanagement

Abbildung 2.15: Humanorientierung – Erfolgskriterium erfolgreicher Unternehmen

Nachhaltige Wettbewerbsfähigkeit
der deutschen Industrie

Innovative und
produktive Prozesse
und Produkte

Qualifizierte,
leistungsfähige und
motivierte Beschäftigte

»Ein solides und berechenbares
institutionelles Umfeld,
eine hervorragende Infrastruktur,
eine gefestigte technologische
Wissensbasis sowie eine gesunde
und qualifizierte Arbeitnehmerschaft
bildeten immer schon die
tragenden Säulen der
Wettbewerbsfähigkeit der EU.«

(EU-Kommission 2014)

Abbildung 2.16: Säulen der Wettbewerbsfähigkeit (Stowasser 2014e)

Menschen werden unter anderem durch ihre Arbeit geprägt. Das Wohlbefinden, die Gesundheit und die persönliche Entwicklung werden durch Arbeit beeinflusst; sie können beeinträchtigt, aber auch gefördert werden. Die Arbeit muss daher sowohl wirtschaftlich als auch human sowie gesellschaftlich vertretbar gestaltet werden. Beide Ziele – die wirtschaftliche Effizienz und die humane Gestaltung – können sich ergänzen, aber auch im Widerspruch stehen (Nullmeier 2011).

Die Gestaltungsfreiheit ist jedoch endlich und wird durch wirtschaftliche Restriktionen der Betriebe, aber auch durch gesetzliche Vorgaben, Marktbedingungen sowie technische Möglichkeiten und Anforderungen eingeschränkt. Die Gestaltung von Arbeit und Arbeitssystemen steht demnach im Spannungsfeld verschiedener Akteure, Bedürfnisse und Bedingungen (siehe Abbildung 2.17).

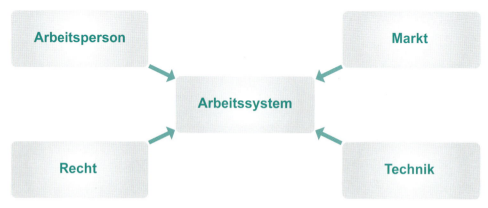

Abbildung 2.17: Wirkbeziehungen auf das Arbeitssystem

2.3.1   Rückblick

Die beiden Ziele Wirtschaftlichkeit und Humanorientierung in Einklang zu bringen, ist erklärte Aufgabe der Arbeitswissenschaft. Der folgende Rückblick auf die Geschichte der Arbeitswissenschaft verdeutlicht die Entwicklung der Schwerpunkte der Arbeitsgestaltung und den jeweiligen Bezug zur Arbeitsgestaltung von Beginn der Industrialisierung Anfang des letzten Jahrhunderts bis heute (siehe Abbildung 2.18).

Grundlage der **„Wissenschaftlichen Betriebsführung"** nach Taylor war die Zerlegung der Arbeitsabläufe in günstige Bewegungsabfolgen und die Ermittlung der dafür benötigten Zeiten. Das Ergebnis war eine optimale Arbeitsteilung, welche die Ausführung der Arbeit detailliert vorschrieb und in kleinste Arbeitsschritte aufteilte, die wiederum von verschiedenen Arbeitern auszuführen war (Atomisierung der Arbeit). Dieser „beste Weg" durfte nicht verlassen werden. Hierfür wurden auch optimale Pausenzeiten ermittelt und eingeführt, um die Leistungsfähigkeit der Arbeiter langfristig zu erhalten (Taylor 1911).

Die Arbeitsteilung – als zentrales Kennzeichen des **Taylorismus** – war unter anderem auf das geringe Bildungsniveau vieler amerikanischer Einwanderer zu Beginn des vorigen Jahrhunderts zurückzuführen, dem mit relativ einfachen Tätigkeiten entsprochen werden musste. Den Chancen dieser Produktionsweise – der Erhöhung der Produktivität und der damit verbundenen hohen Entlohnung der Arbeiter – standen aber auch Risiken gegenüber:

Monotone Arbeitsinhalte und einseitige körperliche Belastungen können zu Gesundheitsschädigungen und Demotivation führen (Nullmeier 2011). Stark arbeitsteilige Tätigkeiten können zudem den Aufbau umfassender und breiter Kenntnisse und Fähigkeiten verhindern bzw. können vorhandene Fähigkeiten verkümmern lassen. Damit verringern sie die individuelle Leistungsfähigkeit. Das Wohlbefinden ist gestört und psychische sowie körperliche Beschwerden können auftreten.

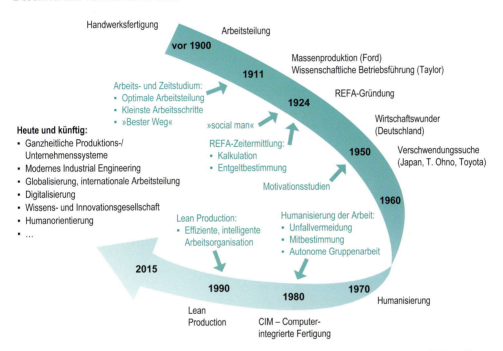

Abbildung 2.18: Schwerpunkte der Arbeitswissenschaft im Kontext der Industriegeschichte (Stowasser 2014a; Slack u.a., 2009 modifiziert und ergänzt)

In Deutschland beschäftigten sich zu dieser Zeit verschiedene Organisationen mit der Arbeitsorganisation: Im Rahmen des VDI (Verein Deutscher Ingenieure) wurde 1918 der Ausschuss für wirtschaftliche Fertigung (AWF) gegründet, der 1922 dem RKW (Reichskuratorium für Wirtschaftlichkeit in Industrie und Handwerk; später: Rationalisierungskuratorium der deutschen Wirtschaft) angegliedert wurde. Im AWF wiederum beschäftigte sich seit 1919 ein Ausschuss mit Zeitstudien, der schließlich 1924 als **Reichsausschuss für Arbeitszeitermittlung (REFA)** konstituiert wurde (Nullmeier 2011). Um sicherzustellen, dass bei der Erarbeitung von Arbeitsgestaltungsmaßnahmen sowohl die Belange der Arbeitgeber als auch der Arbeitnehmer berücksichtigt werden, wurde der Verband für Arbeitsstudien nach 1945 von den Arbeitgeberverbänden und den Gewerkschaften neu gegründet. Das Hauptziel war zunächst die Schaffung anerkannter Grundlagen für Zeitermittlung und Entgeltbemessung im Rahmen der Arbeitsorganisation und -gestaltung.

In den 1950er-Jahren rückte die Arbeitsaufgabe in den Mittelpunkt des arbeitswissenschaftlichen Interesses. Herzbergs (US-amerikanischer Professor der Arbeitswissenschaft und der klinischen Psychologie) Motivationsstudien belegten, dass fast alle motivationsfördernden

Aspekte in der Arbeitsaufgabe und in der Art, wie diese ausgeführt sind, liegen (Ulich 2005).

In den 1970er-Jahren war das Interesse an arbeitsgestalterischen Lösungen in Deutschland groß. In einem breit angelegten staatlich geförderten Forschungsprogramm („Humanisierung des Arbeitslebens", ab dem Jahr 1974) wurden unter anderem Arbeitsbedingungen verbessert, die vermehrt zu Unfällen und Berufskrankheiten führten. Die Novellierung des Betriebsverfassungsgesetzes stärkte die Mitbestimmungsrechte der Arbeitnehmer bzw. des Betriebsrats. Durch die Förderung der Gruppenarbeit sollte den Mitarbeitern mehr Handlungsspielraum bei Entscheidungen über Arbeitsabläufe und Arbeitsbedingungen eingeräumt werden. Einer der Vorreiter hierbei war das schwedische Unternehmen Volvo. Das Unternehmen hat in der Automobilproduktion viele Montageschritte zu großen Arbeitspaketen zusammengefasst, die von autonomen Gruppen eigenverantwortlich bearbeitet wurden (Nullmeier 2011).

In den 1980er-Jahren sowie zu Beginn der 1990er-Jahre beeinflussten die Ansätze zur Einführung von CIM (Computer Integrated Manufacturing) und die Vernetzung rechnergestützter Lösungen für einzelne Unternehmensbereiche mit einer gemeinsamen Datenbasis, z. B. Computer Aided Design (CAD), Computer Aided Planning (CAP) und Computer Aided Manufacturing (CAM), die Arbeitswelt. Die mannlose Fabrik verkörperte zumindest in der Theorie das Ideal, in dem die Mitarbeiter einer vollautomatisierten Produktion lediglich noch Programmiertätigkeiten erledigen. Nicht zuletzt aufgrund fehlender technischer Möglichkeiten hat sich diese Vision nicht erfüllt. Ein weiterer Grund hierfür war der bereits Ende der 1990er-Jahre einsetzende Erfolg der japanischen Lean-Management Methoden. Bei diesen Methoden stehen nicht die Automatisierung, sondern eine einfache, effiziente und intelligente Arbeitsorganisation sowie der Mensch und sein Wert als Produktionsfaktor im Mittelpunkt der Rationalisierungsbemühungen.

Heute bestimmen Themen wie Globalisierung, Digitalisierung, Reorganisation, Prozessoptimierung, Lean Management, Ganzheitliche Produktions- und Unternehmenssysteme die Arbeitswelt. Für die Sicherung von Wettbewerbsfähigkeit und Arbeitsplätzen der Unternehmen sind Produktivität und Flexibilität bedeutsamer denn je. Gleichzeitig nimmt die Bedeutung der Humanorientierung zu. Die Wettbewerbssituation erfordert motivierte, eigenverantwortlich handelnde Mitarbeiter, die bislang verborgene Potenziale erschließen. Gleichzeitig werden gut ausgebildete Fachkräfte knapp. Bedürfnisse der Mitarbeiter müssen in der Arbeitsgestaltung berücksichtigt werden, um Fachkräfte zu gewinnen und an das Unternehmen zu binden.

2.3.2   Definitionen und Kennzahlen der Humanorientierung

„Als human werden Arbeitstätigkeiten bezeichnet, die die psychophysische Gesundheit der Arbeitstätigen nicht schädigen, ihr psychosoziales Wohlbefinden nicht – oder allenfalls vorübergehend – beeinträchtigen, ihren Bedürfnissen und Qualifikationen entsprechen, individuelle und/oder kollektive Einflussnahme auf Arbeitsbedingungen und Arbeitssysteme ermöglichen und zur Entwicklung ihrer Persönlichkeit im Sinne der Entfaltung ihrer Potenziale und Förderung ihrer Kompetenzen beizutragen vermögen" (Ulich 2005).

Arbeit ist demnach so zu gestalten, dass

- die Durchführung der Aufgabe erleichtert,

- die Gesundheit der Mitarbeiter geschützt,

- das individuelle Wohlbefinden gefördert,

- die individuellen Fertigkeiten und Fähigkeiten im Rahmen der Aufgabenstellung weiterentwickelt werden und

- aus ihr – der Arbeit – selbst Interesse, Engagement und Motivation erfolgen (Wittig-Goetz 2006).

„Unsere Mitarbeiter sind unser wichtigstes Gut". Kein Wunder also, dass der Wunsch besteht, die Zufriedenheit oder auch den „wirtschaftlichen Wert" des Menschen im Unternehmen zu messen und – ähnlich wie beispielsweise die Produktivität – in Kennzahlen auszudrücken. Eine Vielzahl entsprechender Indizes wurde in den vergangenen Jahren entwickelt. Im Folgenden werden exemplarisch zwei davon vorgestellt:

- **Work Ability Index (WAI):**

  Der Arbeitsfähigkeitsindex wird mittels Fragebogen bestimmt, den die Befragten selbst ausfüllen oder von Dritten bei der betriebsärztlichen Untersuchung ausfüllen lassen. Darin sind unter anderem Fragen nach der derzeitigen Arbeitsfähigkeit im Bezug zur besten je erreichten Arbeitsfähigkeit oder im Bezug zu den aktuellen Arbeitsanforderungen berücksichtigt. Ebenso diagnostizierte Krankheiten, die Beeinträchtigung der Arbeitsleistung durch diese sowie der Krankenstand der vergangenen 12 Monate und die Selbsteinschätzung der Arbeitsfähigkeit für die kommenden zwei Jahre. Aus den Antworten wird der Arbeitsbewältigungsindex als Zahl errechnet (Tempel/Ilmarinen, 2013).

- **Well-Being Index 5™ von Gallup-Healthways:** Dieser Index zum Wohlbefinden dient auch als Benchmark im globalen Wettbewerb. Der zugrunde liegende Fragebogen umfasst u. a. Fragen zu Gesundheit, persönlicher Lebensführung, emotionalem Zustand und Arbeitsumfeld. Der Index berücksichtigt die Dimensionen (Schumacher 2003):

  - **Purpose:** Klares Verständnis über eigene Lebensziele sowie Freude am damit verbundenen täglichen Handeln.

  - **Social:** Persönliche Unterstützung durch starke und positive Beziehungen im näheren Umfeld.

  - **Financial:** Sicherheit und das aktive Management finanzieller Belange.

  - **Community:** Wertschätzung und Sicherheit in der Gemeinschaft, zum Beispiel am Wohnort oder Arbeitsplatz.

  - **Physical:** Körperliche Gesundheit und Energie, um tägliche Aufgaben zu bewältigen.

Die Indizes WAI und Well Being sowie weiteren ist gemein, dass die Arbeit und der Arbeitsplatz nur einen kleinen Teil der Eingangsgrößen ausmachen. Die Ergebnisse sind zwar für die Gesellschaft und auch für Unternehmen durchaus von Interesse, sind jedoch nicht geeignet, die betriebliche Arbeitsgestaltung zielgerichtet zu unterstützen. Hierzu sind die im folgenden Kapitel beschriebenen Ebenen und Kriterien der Humanorientierung besser geeignet. Sie bilden deshalb einen Schwerpunkt dieses Kapitels.

2.3.3 Ebenenmodelle der Humanorientierung

Menschengerechte Arbeit wird entsprechend der physischen, psychischen und sozialen Anforderungen des Menschen gestaltet. Die Bewertung und Beurteilung erfolgt anhand der physischen und psychischen Wirkungen auf den Menschen. **Kirchner (1972) und Rohmert (1983)** nutzen zur Belastungsbewertung die Kriterien Ausführbarkeit, Erträglichkeit, Zumutbarkeit und Zufriedenheit, die sie hierarchisch strukturiert haben. Erst wenn die Kriterien einer Ebene erfüllt sind, kann die Erfüllung der Kriterien der nächsten Ebene in Betracht gezogen werden (Schlick u. a. 2010), Abbildung 2.19.

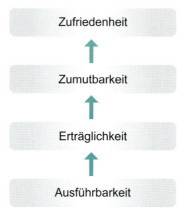

Abbildung 2.19: Ebenenschema nach Rohmert und Kirchner

Nachfolgend werden Begriffe und Zusammenhänge der einzelnen Ebenen erläutert:

- **Ausführbarkeit:** Die physischen und psychischen Voraussetzungen, wie Körpermaße, Körperkraft oder Wahrnehmungsfähigkeit, müssen mit den Anforderungen der Arbeitsaufgabe übereinstimmen.

- **Erträglichkeit:** Die Durchführung der Arbeit – auch über einen längeren Zeitraum hinweg unter Berücksichtigung von Pausen und Urlaub – darf keine Schädigungen verursachen.

- **Zumutbarkeit:** Die Zumutbarkeit berücksichtigt soziale Aspekte und orientiert sich an kollektiven Normen. Sie kann in verschiedenen Kulturen unterschiedlich bewertet werden oder sich mit der Zeit verändern, wie beispielsweise die Dauer der tarifvertraglichen Wochenarbeitszeit.

- **Zufriedenheit:** Zufriedenheit liegt dann vor, wenn die objektiven Merkmale und Anforderungen der Arbeitsaufgabe den individuellen Vorstellungen des Mitarbeiters entsprechen.

Ein ähnliches Schema zur Beurteilung von Arbeitsgestaltung wurde von **Hacker (1986)** entwickelt, Abbildung 2.20.

Abbildung 2.20: Ebenenschema nach Hacker

Auch hier stehen die Ebenen in einem hierarchischen Zusammenhang. Die beiden unteren Ebenen entsprechen inhaltlich denen des Modells von Rohmert und Kirchner. Beeinträchtigungsfreiheit/Zumutbarkeit ist gegeben, wenn Beeinträchtigungen infolge kurzfristiger hoher Beanspruchungen reversibel sind, beispielsweise durch Erholung in Pausen und Freizeit. Weitergehend in diesem Modell ist vor allem die Forderung nach der **„Persönlichkeitsförderlichkeit"** der Arbeit.
Bedeutung, Inhalte und Kriterien der verschiedenen Ebenen werden im Folgenden detailliert und an konkreten Arbeitsaufgaben exemplarisch verdeutlicht. Diese sind

- Montage in der Einzel- und Kleinserienfertigung,

- IT-Telefonsupport und

- Gesundheits- und Krankenpflege im Allgemeinkrankenhaus.

Außerdem wird auf die betrieblichen Handlungs- und Gestaltungsfelder eingegangen, die relevant sind, um die Anforderungen und Kriterien der einzelnen Ebenen zu erfüllen. Diese sind Arbeitsplatz, Arbeitsaufgabe, technische und soziale Arbeitsumgebung sowie der Mensch selbst, Abbildung 2.21. Gerade die Gestaltung von Arbeitsplatz, Arbeitsaufgabe und die Qualifizierung und Entwicklung von Mitarbeitern sind seit Jahrzehnten Kernkompetenzen von REFA. Erprobte REFA-Methoden und -Ansätze sind somit auch geeignet, die Unternehmen bei der Erfüllung humanorientierter Anforderungen zu unterstützen.

In der Darstellung sind die Wirkungen des Inputs und des Outputs auf die Ebenen der Humanorientierung nicht berücksichtigt. Dennoch können solche Wirkungen auftreten. Beispiele hierfür sind Input in Form giftiger Stoffe, die Mitarbeiter schädigen können, oder in Form unverständlicher Informationen, welche die Ausführbarkeit der Arbeit beeinträchtigen können.

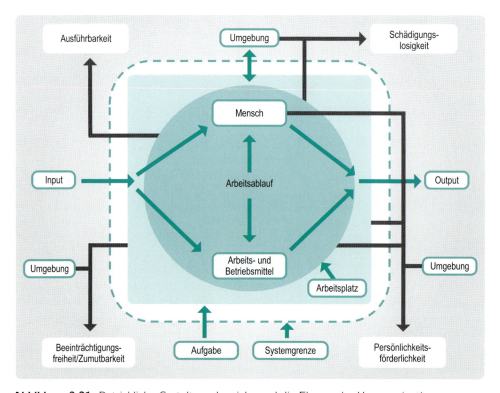

Abbildung 2.21: Betriebliche Gestaltungsbereiche und die Ebenen der Humanorientierung

2.3.3.1   Ausführbarkeit

Die Ausführbarkeit bildet die Grundlage der hierarchischen Modelle und ist deshalb als Erstes sicherzustellen. Ausführbarkeit ist gegeben, wenn die Anforderungen der Arbeitsaufgabe menschliche Körpermaße und die Grenzen der menschlichen Leistungsfähigkeit berücksichtigen. Dies bezieht sich auf die körperliche Erreichbarkeit von Arbeitsgegenstand und Arbeitsmittel sowie die für die Arbeitsaufgabe und den Transport erforderlichen körperlichen Kräfte. Zudem müssen die Mitarbeiter die Qualifikation besitzen, die für die Aufgabe erforderlich ist. Außerdem müssen alle benötigten Informationen verfügbar und wahrnehmbar sein. Liegen die Anforderungen außerhalb der Körpermaße oder der menschlichen Leistungsfähigkeit müssen entsprechende Hilfsmittel, z. B. Leitern oder Hebezeuge, verfügbar sein.

Maßnahmen zur Sicherung der Ausführbarkeit betreffen in erster Linie die Gestaltung des Arbeitsplatzes (siehe Abbildung 2.21). Bei der Gestaltung ist zu berücksichtigen dass Körpermaße und Leistungsfähigkeit des Menschen individuell stark variieren. Ein übliches Vorgehen ist deshalb, Arbeitsplätze so zu gestalten, dass Maße und Kräfte für 95 % der möglichen Mitarbeiterpopulation passend sind.

Die Anforderungen des Kriteriums Ausführbarkeit werden im Folgenden weiter gefasst. Die Arbeitsaufgabe soll nicht nur grundsätzlich ausführbar sein. Es sollen dabei auch kein überflüssiger Aufwand anfallen oder unnötige Belastungen für die Mitarbeiter auftreten, beispielsweise durch Such- und Klärungsvorgänge.

Sicherung der Ausführbarkeit am Beispiel verschiedener Arbeitsaufgaben:

Montagearbeitsplatz:

- Informationen zu Endprodukt, benötigten Einzelteilen und Arbeitsschritten sind rechtzeitig verfügbar und verständlich.

- Einzelteile und Komponenten sind verfügbar.

- Mitarbeiter kann Einzelteile und Komponenten transportieren und positionieren. Andernfalls sind Hilfsmittel (Hebezeuge, Positionierhilfen) verfügbar.

- Benötigte Werkzeuge sind verfügbar (z. B. können Schrauben nicht mit der Hand angezogen werden).

IT-Telefonsupport:

- Mitarbeiter kennt Hard- und Software der zu betreuenden Kunden und kann diese bedienen.

- Funktionsfähiger Telefon- und Internetanschluss ist verfügbar.

- Möglichkeit des Zugriffs auf Kundenrechner via Internet ist gegeben.

Gesundheits- und Krankenpflege:

- Informationen zu Krankheit, Therapie und täglichen Maßnahmen sind verfügbar.

- Verschriebene Medikamente und deren Dosierung sind bekannt und verfügbar.

- Hilfspersonen oder Hilfsmittel zum Umbetten, Positionieren oder Waschen der Pflegepersonen sind verfügbar.

2.3.3.2   Erträglichkeit/Schädigungslosigkeit

Erträglichkeit im Sinne von Rohmert und Kirchner oder Schädigungslosigkeit im Sinne des Ebenenmodells von Hacker ist gegeben, wenn eine Arbeit bei gegebener Ausführbarkeit auch dauerhaft geleistet werden kann, ohne dass körperliche oder geistige Schäden auftreten. Dabei sind die tägliche Arbeitszeit sowie die Urlaubs- und Pausenregelungen berücksichtigt.

Um Erträglichkeit/Schädigungslosigkeit sicherzustellen, sind vielfach Grenzwerte für Belastungen definiert. Beispielsweise für körperliche Belastungen durch das Heben und Tragen von Lasten in der „Leitmerkmalmethode" (Steinberg 2013). Diese berücksichtigt Geschlecht und Haltung des Ausführenden sowie das bewegte Gewicht und die Häufigkeit der Bewegung und gibt in Form einer Ampelbewertung Auskunft darüber, ob eine Belastungskombination für Mitarbeiter dauerhaft schädigungsfrei ist.

Ein weiteres Beispiel sind MAK-Werte für die maximale Konzentration bestimmter Stoffe am Arbeitsplatz oder Grenzwerte für den maximal zulässigen Schalldruckpegel am Arbeitsplatz (Deutsche Forschungsgemeinschaft 2014). Diese Werte sind so ermittelt, dass Schädigungen auch bei dauerhafter Exposition ausgeschlossen sind. Da empirische Untersuchungen über die Lebensarbeitszeit aus praktischen Gründen kaum durchführbar sind, werden Grenzwerte oft über Hochrechnungen bestimmt. Neue Erkenntnisse und gesellschaftliche Diskussionen können zur Anpassung von Grenzwerten führen. Beispielsweise wurden die Grenzwerte für Schalldruckpegel im Jahre 2007 mit der Umsetzung der Lärm- und Vibrations-Arbeitsschutzverordnung reduziert.

Die schnelle Entwicklung technischer Arbeitsmittel führt zu neuen Arbeitssituationen oder Belastungen über deren Langzeitwirkung bislang nur wenige Informationen verfügbar sind. Gegenstand aktueller Forschung ist beispielsweise, wie sich die dauerhafte Arbeit mit „Head-mounted-Displays" oder „Datenbrillen" auf die geistige und körperliche Gesundheit des Menschen auswirken kann.

Maßnahmen zur Sicherung von Erträglichkeit oder Schädigungslosigkeit betreffen vor allem den Arbeitsplatz sowie die technische Arbeitsumgebung (siehe Abbildung 2.21).

Sicherung der Erträglichkeit/Schädigungslosigkeit am Beispiel verschiedener Arbeitsaufgaben:

Montagearbeitsplatz:

- Die Ergebnisse der Leitmerkmalmethoden zum „Heben, Halten und Tragen von Lasten", zum „Ziehen und Schieben von Lasten" sowie für „manuelle Arbeitsprozesse" sind berücksichtigt.

- Gegebenenfalls. werden „Orthesen" genutzt, bei hoher Wiederholhäufigkeit belastender Bewegungen (z. B. Handschuh mit Gelenkunterstützung, bei mehrtausendfacher täglicher Fügung von „Clip-Verbindungen").

- Die körperliche Belastung bei der Arbeit wechselt regelmäßig, durch Aufgabenmix oder Rotation.

Sicherung der Erträglichkeit/Schädigungslosigkeit am Beispiel verschiedener Arbeitsaufgaben: (Fortsetzung)

IT-Telefonsupport:

- Die Bildschirmarbeitsverordnung und Regeln der Arbeitsstättenverordnung sind berücksichtigt.

Gesundheits- und Krankenpflege:

- Die Ergebnisse der Leitmerkmalmethoden zum „Heben, Halten und Tragen von Lasten" und „Ziehen und Schieben von Lasten" sind berücksichtigt.

- Die Strahlenschutzverordnung wird beachtet und eingehalten (Röntgen).

2.3.3.3   Beeinträchtigungsfreiheit

Bei gegebener Ausführbarkeit und Schädigungslosigkeit bildet die Beeinträchtigungsfreiheit die nächste Anforderungsebene im Ebenenmodell nach Hacker. Sie zielt in erster Linie auf die Bewertung psychischer Aspekte der Arbeit. Qualitative oder quantitative Über- oder Unterforderungen können positive oder negative Beanspruchungsfolgen haben. Zu Letzteren zählen bei psychischen Beanspruchungen beispielsweise Ermüdung oder ermüdungsähnliche Zustände sowie Stress, Monotonie, herabgesetzte Aufmerksamkeit oder psychische Sättigung. Diese Begriffe sind in der DIN EN ISO 10075-1:2000 (DIN 2000) definiert. Voraussetzung für Beeinträchtigungsfreiheit ist, dass negative Beanspruchungsfolgen reversibel sind, d. h. durch Erholung kompensiert werden können.

Indikatoren für eine eingeschränkte Beeinträchtigungsfreiheit können beispielsweise Leistungsmängel, Nichteinhaltung von Terminen, Qualitätsprobleme, Beschwerden von Mitarbeitern über Zeitdruck, unvollständige, fehlende oder zu spät vorliegende Informationen, Konflikte zwischen den Mitarbeitern, Suchtfälle sowie die Zunahme von Fehlzeiten, Fluktuation, Frühverrentung oder Unfällen sein. Maßnahmen zur Sicherung der Beeinträchtigungsfreiheit nach Hacker betreffen im Wesentlichen den Arbeitsplatz sowie die soziale und technische Arbeitsumgebung, siehe Abbildung 2.21. Unter anderem sind dabei der zu erwartende Arbeitsanfall, die verfügbare Personalkapazität sowie die Gestaltung von Schnittstellen innerhalb oder zwischen den Arbeitssystemen relevant.

Sicherung der Beeinträchtigungsfreiheit am Beispiel verschiedener Arbeitsaufgaben:

Montagearbeitsplatz:

- Erwartetes Arbeitsaufkommen ist bekannt und Personaleinsatz kann entsprechend geplant werden.

- Belastungsspitzen durch Auftragsschwankungen können durch Kapazitätspuffer abgefangen werden.

- Alle benötigten Informationen und Teile sind zu Montagebeginn verfügbar.

- Die Schnittstellen zu anderen relevanten Bereichen (z. B. Service, Einkauf, Planung) sind transparent und die Anforderungen bekannt.

- Montagemitarbeiter müssen Probleme in der Auftragsabwicklung nicht selbst verfolgen und klären. Es gibt einen „Kümmerer".

IT-Telefonsupport:

- Erwartetes Arbeitsaufkommen ist bekannt und Personaleinsatz kann entsprechend geplant werden.

- Verfügbare Personalkapazität ist an erwartetes Arbeitsaufkommen angepasst.

- Mitarbeiter kennt Strategien für den Umgang mit „schwierigen" Kunden (Stressbewältigungsstrategie).

Gesundheits- und Krankenpflege:

- Erwartetes Arbeitsaufkommen ist bekannt und Personaleinsatz kann entsprechend geplant werden.

- Verfügbare Personalkapazität ist an erwartetes Arbeitsaufkommen angepasst.

- Vertretungspersonal für unerwartete Personalausfälle ist bereits im Vorfeld definiert.

2.3.3.4 Zumutbarkeit im Sinne von Rohmert und Kirchner

Die Zumutbarkeit von Arbeit ist sowohl durch kollektive Normen als auch durch individuelle Anforderungen definiert, die sich beispielsweise aus der Qualifikation und aktuellen Bedürfnissen der arbeitenden Personen ergeben können. Mitarbeiter, die über umfassende Qualifikation verfügen, werden es in den meisten Fällen nicht als dauerhaft zumutbar empfinden, wenn diese Qualifikationen ungenutzt bleiben. Darüber hinaus wäre ein solcher Mitarbeitereinsatz aus betrieblicher Sicht Verschwendung.

Anforderungen an die Zumutbarkeit werden zudem auch kollektiv definiert. Beispielsweise hat sich die tarifliche Arbeitszeit, ungeachtet der Schädigungslosigkeit, in den meisten Branchen während der vergangenen 40 Jahre deutlich reduziert. Die Zumutbarkeit kann auch durch die Entgeltgestaltung beeinflusst werden. Belastungszulagen können beispielsweise dazu führen, dass Arbeitsaufgaben als zumutbar angesehen werden, die sonst abgelehnt würden.

Die Zumutbarkeit ist durch betriebliche Maßnahmen nur bedingt beeinflussbar. Sie hängt in starkem Maße vom sozialen Arbeitsumfeld und der Einstellung der Arbeitsperson ab.

2.3.3.5   Zufriedenheit

Ausführbarkeit, Erträglichkeit und Zumutbarkeit sind notwendige Voraussetzungen für die Zufriedenheit der arbeitenden Person im Modell von Rohmert und Kirchner. Sind diese Voraussetzungen erfüllt, muss sich jedoch nicht automatisch Zufriedenheit einstellen. Im Gegensatz zu den bisher beschriebenen Ebenen spielen individuelle Erwartungen und Anforderungen an die Arbeitsaufgabe und -situation für die Zufriedenheit eine wesentlich größere Rolle. Zufriedenheit liegt dann vor, wenn die objektiven Anforderungen der Arbeitssituation den individuellen Erwartungen der arbeitenden Person entsprechen. Daraus folgt, dass für die Zufriedenheit kein definiertes Gestaltungsfeld und auch keine festen Gestaltungsempfehlungen existieren können.

Werden Erwartungen dauerhaft nicht erfüllt, kann dies zu einer Reduzierung des Anspruchsniveaus der Mitarbeiter führen. Dann kann sich auch bei unzureichender Arbeitssituation die sogenannte resignative Arbeitszufriedenheit einstellen.

Aus betrieblicher Sicht muss eine hohe Arbeitszufriedenheit der Mitarbeiter nicht zu gesteigertem Mitarbeiterengagement beispielsweise im Bereich der Arbeitsgestaltung oder -verbesserung führen. Arbeitszufriedenheit kann auch Stagnation und eine stockende Entwicklung bewirken, wenn der Status quo für die Mitarbeiter attraktiv ist.

2.3.3.6   Persönlichkeitsförderlichkeit

Die Persönlichkeitsförderlichkeit ist die oberste Ebene im Modell nach Hacker. Im Gegensatz zur Arbeitszufriedenheit ist sie nicht empirisch zu ermitteln, sondern impliziert eine ständige Aktivität: Die Mitarbeiter müssen die für sie förderlichen Aufgaben umsetzen und die Unternehmen müssen persönlichkeitsförderliche Aufgaben erteilen und mit immer neuen Aufgaben dafür Sorge tragen, dass diese Wirkung erhalten bleibt. Nach der Handlungsregulationstheorie umfassen Handlungen des Menschen im Anschluss an die Zielbildung eine Planungs-, Vorbereitungs-, Ausführungs- und Kontrollphase. Die Forderung nach Persönlichkeitsförderlichkeit basiert auf der Vorstellung, dass jeder Mitarbeiter einen hohen Selbstregulationsgrad für sein Handeln und seine Arbeit anstrebt. Arbeit ist persönlichkeitsfördernd, wenn die Mitarbeiter Einfluss auf alle Phasen ihres Handelns haben oder diese selbst gestalten.

Diese Anforderung ist nicht durch Verbesserungen der Ergonomie zu erfüllen. Vielmehr sind bestehende Aufgaben zu erweitern und Mitarbeiter in die Gestaltung und Verbesserung von Arbeitsaufgaben, Arbeitsplätzen, Arbeitsabläufen und Schnittstellen einzubeziehen. Hierfür sind entsprechende Qualifikationen und Qualifizierungen erforderlich, die u. a. durch gezielte Personalentwicklung, lebenslanges Lernen sowie Lernen im Prozess der Arbeit sichergestellt werden können.

Wichtige betriebliche Gestaltungsfelder für die Persönlichkeitsförderlichkeit sind demnach Arbeitsplatz, Arbeitsaufgabe sowie die technische und soziale Arbeitsumgebung (siehe Abbildung 2.21). Dabei ist zu beachten, dass Erweiterungen der Arbeitsaufgabe keineswegs von allen Mitarbeitern gewünscht sind. Erweiterungen der Arbeitsaufgaben und des Handlungsspielraumes müssen mit den Erwartungen und Anforderungen des Mitarbeiters an seine Arbeit übereinstimmen. Andernfalls sind persönlichkeitsfördernde Maßnahmen nicht umsetzbar. Ist diese Voraussetzung jedoch erfüllt, kann die Organisation dabei unterstützen, dass Mitarbeiter sich engagiert, eigenverantwortlich und gestalterisch einbringen und dazu beitragen bestehende Arbeitsabläufe und Prozesse zu hinterfragen und aktiv zu verbessern.

Sicherung der Persönlichkeitsförderung am Beispiel verschiedener Arbeitsaufgaben:

Montagearbeitsplatz:

- Mitarbeiter übernimmt nach festen Regeln mehrere oder alle Montageaufgaben im Prozess.

- Mitarbeiter übernimmt zusätzlich Arbeitsaufgaben und Verantwortung außerhalb des Montageprozesses, z. B. in der Planung und Beschaffung. (Diese sogenannte teil- oder vollautonome Gruppenarbeit kann jedoch auch negative Auswirkungen auf die Produktivität haben und die Belastung der Mitarbeiter erhöhen.)

- Mitarbeiter optimieren Arbeitsplätze.

- Mitarbeiter lernen vor- und nachgelagerte Bereiche sowie deren Anforderungen kennen.

- Mitarbeiter verbessern bestehende Prozesse und Abläufe, z. B. durch Ideenmanagement.

Sicherung der Persönlichkeitsförderung am Beispiel verschiedener Arbeitsaufgaben: (Fortsetzung)

IT-Telefonsupport:

- Mitarbeiter lernen nachgelagerte Bereiche sowie deren Anforderungen kennen.

- Mitarbeiter bringen ihre Erfahrung in die Verbesserung der Arbeitsplätze, Abläufe und Werkzeuge ein.

- Mitarbeiter übernimmt einen höheren Servicelevel oder arbeitet im Backoffice.

Gesundheits- und Krankenpflege:

- Mitarbeiter übernimmt nach festen Regeln mehrere Aufgaben im Prozess.

- Mitarbeiter lernen arbeitsorganisatorische Hintergründe sowie Arbeit und Anforderungen vor- und nachgelagerter Bereiche kennen.

- Mitarbeiter gestalten Schnittstellen aktiv mit.

2.3.4 Wirkung der Erfolgsfaktoren auf die Kriterien der Humanorientierung

Die Erfolgsfaktoren wirken nicht nur auf die Produktivität, wie in Kapitel 2.2.5 dargestellt, sondern auch auf die in Kapitel 2.3.3 beschriebenen Ebenen und Kriterien der Humanorientierung.

Unabhängig von den Erfolgsfaktoren tragen zudem beispielsweise Begehungen und Gefährdungsbeurteilungen dazu bei, die Anforderungen der Ebenen Ausführbarkeit und Erträglichkeit/Schädigungslosigkeit zu berücksichtigen. Oft gelten diese deshalb auch als „selbstverständlich" erfüllt. Jedoch finden sich auch in Unternehmen, die großen Wert auf Ergonomie und Arbeitssicherheit legen, immer wieder Arbeitsplätze, an denen Mitarbeiter unnötigen Belastungen ausgesetzt sind oder sich selbst – ungeachtet vorhandener Regeln und Hilfsmittel – unnötigen Belastungen aussetzen. Dies kann den Anforderungen der Ebenen Ausführbarkeit und Schädigungslosigkeit entgegenwirken.

Die Ausführbarkeit wird im Folgenden so interpretiert, dass nicht nur die „reine" Ausführbarkeit im Vordergrund steht, sondern auch deren Verbesserung, beispielsweise durch verbesserte Bereitstellung von Teilen und Arbeitsmitteln oder die Abschaffung von Such- und Klärungsaufgaben.

In Tabelle 2.8 sind direkte Hauptwirkungen der Erfolgsfaktoren auf die Ebenen der Humanorientierung nach dem Modell von Hacker aus der Perspektive der Mitarbeiter dargestellt (hell hinterlegt = keine bis geringe Wirkung; dunkel hinterlegt = mittlere bis große Wirkung), die im Folgenden exemplarisch erläutert werden. Komplexität und Wechselwirkungen zwischen den einzelnen Erfolgsfaktoren sowie die Vielfalt betroffener Mitarbeitergruppen machen eine eindeutige Zuordnung nicht immer möglich. Mancher Leser würde deshalb vielleicht andere Zuordnungen wählen. Diese hängen zudem stets auch noch von den spezifischen betrieblichen Bedingungen ab. Die indirekten Wirkungen sind sehr verzweigt und deshalb zur Verbesserung der Übersichtlichkeit in der Abbildung nicht berücksichtigt. Zweck dieses Kapitels ist, zunächst grundsätzlich für die Wirkungen zu sensibilisieren und so eine Basis zu schaffen, auf der interessierte Leser eigene betriebsspezifische Überlegungen anstellen können.

Tabelle 2.8: Primärwirkung der Erfolgsfaktoren auf die Humanorientierung

	Humanorientierung			
	Ausführbarkeit	Schädigungslosigkeit	Beeinträchtigungsfreiheit/ Zumutbarkeit	Persönlichkeitsförderlichkeit
Strategische Orientierung				
Kundenorientierung				
Mitarbeiterorientierung				
Unternehmenskultur				
Führung				
Innovationsfähigkeit				
Wandlungsfähigkeit/ Flexibilität				
Produkt-/Prozessqualität				
Fertigungstiefe				
Prozesseffizienz				

Grundsätzlich kann die Umsetzung der Erfolgsfaktoren die Anforderungen der Humanorientierung sowohl unterstützen als auch ihnen entgegenwirken. Eine ausgeprägte Kundenorientierung kann beispielsweise durch enge bereichsübergreifende Zusammenarbeit zu mehr Transparenz, weniger Nacharbeit und Klärungsbedarf im Unternehmen beitragen, was im Sinne der Beeinträchtigungsfreiheit wirkt. Andererseits können kurzfristige Bestellungen, Sonderwünsche oder Notfälle wie Produktionsstillstand beim Kunden situativ besondere Belastungen verursachen, die der Beeinträchtigungsfreiheit auch zuwiderlaufen können.

2.3.4.1   Strategische Orientierung

Die strategische Orientierung kennzeichnet vor allem, dass aus der Unternehmensvision langfristige Unternehmensziele abgeleitet und im gesamten Unternehmen umgesetzt werden. Dies schafft Transparenz, überträgt dem einzelnen Mitarbeiter Verantwortung, verdeutlicht den Beitrag des eigenen Handelns zur Gesamtaufgabe und kann zur Persönlichkeitsförderlichkeit der Arbeit beitragen.

Die strategische Orientierung ist ein Erfolgsfaktor, der nicht isoliert zu betrachten ist. Neben der Ausrichtung auf den Markt und externe Kunden können auch Mitarbeiterorientierung, Unternehmenskultur und Führung Elemente der strategischen Ausrichtung sein. Dann sind zudem die in den Kapiteln 1.3.4.3 bis 1.3.4.5 beschriebenen Effekte wirksam.

2.3.4.2   Kundenorientierung

Eine konsequente Kundenorientierung in ihrer hier definierten Form ist ein anspruchsvolles Ziel, welches alle Unternehmensbereiche betrifft. Insbesondere wenn Kundenwünsche schnell zu erfüllen, herausfordernde Liefertermine zu halten oder Notfälle beim Kunden vor Ort schnell zu lösen sind, kann dies zu erhöhten kurzzeitigen oder längerfristigen Belastungen der Mitarbeiter führen und mit Anforderungen der Beeinträchtigungsfreiheit kollidieren. Ebenso gut können diese Herausforderungen jedoch auch im positiven Sinne anregend auf die Mitarbeiter wirken und als positiv empfunden werden.

Kundenorientierung kann dabei unterstützen, das eigene Handeln in einem größeren Gesamtzusammenhang zu sehen und die eigene Arbeit mehr wertzuschätzen. Darüber hinaus können sich firmenintern und -extern neue Kooperationen und Aufgaben ergeben. In diesem Sinne kann Kundenorientierung Persönlichkeitsförderlichkeit unterstützen sowie durch Transparenz und die Gestaltung interner Schnittstellen Belastungen mindern und Beeinträchtigungsfreiheit fördern.

2.3.4.3   Mitarbeiterorientierung

Der Mitarbeiter wird als Wissensträger, Wertschaffender und Verbesserer geschätzt und einbezogen. Es ist naheliegend, dass diese Haltung den Anforderungen aller Ebenen der Humanorientierung förderlich ist. Beispielsweise unterstützen

- eine zielgerichtete Personalentwicklung die Persönlichkeitsförderlichkeit,

- alternsgerechte, lebenssituationsspezifische Arbeitszeitmodelle und/oder ergonomische Schichtmodelle die Beeinträchtigungsfreiheit und Schädigungslosigkeit und

- im Rahmen von 5S- und KVP-Workshops optimierte Arbeitsplätze die Ausführbarkeit.

Mitarbeiterorientierung kann darüber hinaus beispielsweise auch bedeuten, dass alle Arbeitsplätze eines Unternehmens hinsichtlich ihrer Merkmale und Belastungen bewertet und in einem Kataster erfasst werden. Dies unterstützt u. a. bei der langfristigen Optimierung von Arbeitsplätzen sowie einer mitarbeiterspezifischen Arbeitsplatzsuche und -zuordnung. Hierdurch werden die Ausführbarkeit – auch für Personen mit körperlichen Beeinträchtigungen – sowie die Schädigungslosigkeit unterstützt.

2.3.4.4   Unternehmenskultur

Die Wirkung der Unternehmenskultur auf die Ebenen der Humanorientierung ist abhängig von deren Elementen und Ausrichtung. Nehmen beispielsweise Gesundheit, Arbeitsschutz und Arbeitssicherheit eine besondere Rolle ein, so wirkt dies vor allem positiv auf die ersten drei Ebenen. Andere häufige Elemente sind beispielsweise das Vertrauen in die Mitarbeiter, die Dezentralisierung von Verantwortung sowie offene interne und externe Kommunikationsstrukturen. Die mögliche persönlichkeitsfördernde Wirkung dieser Elemente ist leicht vorstellbar. Ähnliches gilt für den Anspruch der Leistungssteigerung, der auch Teil der Unternehmenskultur sein kann.

Grundsätzlich ist die Unternehmenskultur kein isoliert zu betrachtender Erfolgsfaktor sondern eng verknüpft mit anderen Faktoren, beispielsweise Führung und Mitarbeiterorientierung, die wiederum auch Bestandteile der strategischen Orientierung sein können. Wenn diese Faktoren Bestandteile der Kultur sind, wirken auch die in den jeweiligen Kapiteln beschriebenen Effekte.

2.3.4.5   Führung

Führung hat eine Vorbild- und Katalysatorfunktion bei der Etablierung und Nutzung aller Erfolgsfaktoren. Sie umfasst u. a. die Vermittlung und das Vorleben von Visionen und Werten, permanentes Informieren und Kommunizieren, das Fördern und Fordern von Mitarbeitern, das Führen von Mitarbeitergesprächen und die systematische Personalentwicklung. Diese Aufgaben der Führung können die Persönlichkeitsförderlichkeit der Arbeit unterstützen.

Authentische Führung erfordert auch ausgeprägte Präsenz der Führungskraft „vor Ort" im Bereich der Wertschöpfung oder der Aufgabenerfüllung. Diese Präsenz fördert die Erfüllung der Ansprüche der ersten drei Ebenen.

2.3.4.6   Innovationsfähigkeit

Die Innovationsfähigkeit ist sowohl eine Eigenschaft von Individuen als auch von Unternehmen oder Organisationen. Sie bezieht sich nicht nur auf Produkte und Dienstleistungen, sondern auch auf die stets erforderliche Weiterentwicklung und Optimierung der Kern- und Unterstützungsprozesse der Produktentstehung bzw. der Dienstleistungserbringung. Die Kombination von Produkt- und Prozessinnovation fördert das bereichsübergreifende Denken und Verständnis, Kommunikation und Gedankenaustausch sowie die grundsätzliche Einstellung, dass Lösungen für neue Aufgaben immer zu finden und bestehende Lösungen stets verbessert werden können. Sie wirkt deshalb im Sinne der Persönlichkeitsförderlichkeit.

Eine enge Verknüpfung der Entwicklung von Produkten und Produktionsprozessen fördert zudem die effiziente und ergonomische Gestaltung von Produktionsprozessen und Arbeitsplätzen und unterstützt damit Anforderungen der ersten drei Ebenen.

2.3.4.7   Wandlungsfähigkeit/Flexibilität

Bei der Einschätzung der Wirkung dieses Erfolgsfaktors auf die Humanorientierung sind die verschiedenen Flexibilitätsarten aus Kapitel 2.1.7 zu berücksichtigen. Flexibilität hinsichtlich der angebotenen Produkte und Dienstleistungen (Produktflexibilität) erfordert breites Produktwissen und vielfältige Qualifikationen. Gleiches gilt für die Flexibilität hinsichtlich der eingesetzten Produktionsverfahren und Betriebsmittel (Produktions- oder Betriebsmittelflexibilität) und die flexible Einsatzfähigkeit der Mitarbeiter (Einsatzflexibilität). Gelingt es, die organisatorischen Voraussetzungen für die reibungslose Umsetzung dieser Flexibilitätsarten im Unternehmen zu schaffen, so unterstützt dies die Persönlichkeitsförderlichkeit. Sind die erforderlichen Voraussetzungen beispielsweise hinsichtlich Personalentwicklung, Qualifizierung, Ablauf- und Prozessgestaltung sowie der klaren Zuordnung von Aufgaben und Verantwortung jedoch nicht erfüllt, können daraus Belastungen für die Mitarbeiter resultieren, welche die Beeinträchtigungsfreiheit mindern.

Flexibilität hinsichtlich der vom Kunden nachgefragten Produktmengen (Mengenflexibilität) kann unterschiedliche Wirkungen auf die Humanorientierung haben. Wenn Mengenflexibilität hauptsächlich über die Anwesenheitszeit der Mitarbeiter realisiert wird, kann dies zu Arbeitszeitverdichtungen und mangelnder Vereinbarkeit mit privaten Interessen führen und der Beeinträchtigungsfreiheit entgegenwirken. Die Mitgestaltung einer Organisation, die Mengenschwankungen mit geplanten und definierten Maßnahmen bewältigt, und die tägliche Arbeit darin können hingegen die Persönlichkeitsförderlichkeit unterstützen.

Die in Kapitel 2.1.7 beschriebene Flexibilität des Unternehmens hinsichtlich der Bedürfnisse seiner Mitarbeiter, beispielsweise bei der Vereinbarkeit von Familie und Beruf oder der Planung langjähriger privater Weiterbildung, fördert die Persönlichkeitsförderlichkeit und Beeinträchtigungsfreiheit.

2.3.4.8   Produkt-/Prozessqualität

Eine hohe Produktqualität setzt bereichsübergreifende und offene Kommunikationsstrukturen, ein umfangreiches Verständnis der Unternehmensprozesse sowie detaillierte Kenntnis der Anforderungen des externen und internen Kunden voraus. Dafür ist eine gezielte Personalentwicklung, Qualifizierung und Einbeziehung erforderlich, die persönlichkeitsfördernd wirken kann.

Gleiches gilt für eine hohe Prozessqualität. Diese erfordert definierte Abläufe und Standards, die eingehalten und dennoch ständig weiterentwickelt und verbessert werden müssen. Eine hohe Prozessqualität bedeutet auch, dass Grenzwerte für Belastungen der Mitarbeiter – wie beispielsweise für den Schalldruckpegel oder maximale Arbeitsplatzkonzentrationen – zuverlässig beachtet und eingehalten, ergonomische Standards berücksichtigt und Anforderungen externer und interner Kunden gewissenhaft erfüllt werden. Dies reduziert Beanstandungen und Reklamationsraten sowie spontane Klärungs- und „Reparaturmaßnahmen" unter Zeitdruck und wirkt sich positiv auf die Anforderungen der Beeinträchtigungsfreiheit aus.

2.3.4.9   Fertigungstiefe

Grundsätzlich erfordert eine hohe Fertigungstiefe auch eine größere Vielfalt an Fertigungsverfahren und somit eine breite Qualifikationsbasis. Daraus ergeben sich für den Einzelnen mehr Chancen, vielfältige Qualifikationen zu erwerben oder zumindest bereichsübergreifend ein ausgeprägtes Verständnis für vor- und nachgelagerte Arbeiten sowie deren Anforderungen zu entwickeln, was die Persönlichkeitsförderlichkeit unterstützt.

Dies gilt auch für das Zusammenspiel von Entwicklung, Arbeitsvorbereitung, Prozessplanung und Produktion, deren Zusammenwirken am besten gefördert und entwickelt werden kann, wenn alle Funktionen an einem Standort vertreten sind. Dies unterstützt unter anderem die fertigungsgerechte Entwicklung und Konstruktion von Produkten sowie die praxisorientierte Arbeitsplatzgestaltung im Dialog mit den Mitarbeitern, was den Anforderungen der Ebenen Ausführbarkeit, Schädigungslosigkeit und Beeinträchtigungsfreiheit entgegenkommt.

2.3.4.10   Prozesseffizienz

Um Verschwendung zu vermeiden, hat sich die Umsetzung von Lean-Prinzipien und Lean-Methoden in Produktion und Verwaltung bewährt. Zu den dabei eingesetzten Methoden gehören unter anderem das Erkennen und Beseitigen von Verschwendung (7V), die Arbeitsplatzoptimierung (5S), das Pull-Prinzip, die Materialflusssteuerung (Kanban), der kontinuierliche Verbesserungsprozess (KVP) und die Ursachenanalyse mit der Fragetechnik „5-mal-Warum" (5W). Diese Methoden werden durch die Mitarbeiter selbst oder unter intensiver Einbeziehung der Mitarbeiter genutzt. Sie müssen diese Methoden deshalb kennen und darin geschult sein. Sie erwerben zusätzliche Kompetenzen und sind in einen Gestaltungsprozess eingebunden, der ihnen oft eigenverantwortliches Handeln und bereichsübergreifendes Verständnis ermöglicht, was persönlichkeitsfördernd wirkt.

Gleichzeitig bedeutet die Gestaltung effizienter Arbeitsplätze jedoch auch, dass Verschwendung – beispielsweise durch unnötige Bewegungen, das Suchen von Werkzeugen, Teilen oder Informationen sowie Klärungen und Rückfragen – vermieden wird. Dies wirkt sich positiv auf die Ausführbarkeit und die Beeinträchtigungsfreiheit der Arbeit aus. Belastungen der Mitarbeiter können deutlich reduziert werden. Kritiker sehen jedoch auch das Risiko, dass verschwendungsfrei gestaltete Arbeitsplätze und Prozesse zu einer Leistungsverdichtung führen können, weil Abwechslungs- und Ruhephasen durch Suchen, Klären und Warten entfallen.

2.3.5   Humanorientierung in Normung und Gesetzgebung

In Normen und gesetzlichen Regelungen finden sich an verschiedenen Stellen Ansätze zur humanorientierten Gestaltung:

- In der **DIN EN ISO 6385:2004-05** werden Grundsätze der Ergonomie für die Gestaltung von Arbeitssystemen beschrieben. Hierzu werden Gesundheit, Wohlbefinden, Sicherheit, Leistung mit entsprechenden Verfahren, sowie die Gestaltungsqualität technischer Bestandteile anhand der Gebrauchsqualität beschrieben. Die Grundsätze dieser Norm beziehen sich auf die Gestaltung von Arbeitssystemen. Sie sind jedoch generell auf menschliche Arbeit anwendbar (DIN 2005).

- Die **DIN EN ISO 26800:2011-11** beschreibt die ergonomische Behandlung wechsel- seitiger Beziehungen zwischen Menschen und anderen Komponenten eines Systems (Menschen, Maschinen, Produkte, Umgebung, Werkzeuge etc.). Der Mensch steht dabei im Mittelpunkt der Betrachtung des ergonomischen Gestaltungsansatzes. Die- ser soll menschorientiert sein, d. h. dass ein Arbeitssystem an die Merkmale des Arbeitenden angepasst ist. Die Kriterien beziehen sich hierbei auf die menschliche Leistung, die Gesundheit, die Sicherheit und das Wohlbefinden und die Zufriedenheit (DIN 2011).

- Einen umfassenden Ansatz zur Humanorientierung in der Normung bietet die **DIN EN ISO 9241-1** (DIN 2002) **und -2** (DIN 1996), welche die ergonomische Gestaltung von Bürotätigkeiten mit Bildschirmgeräten behandelt und vornehmlich für Beschäf- tigte im Bürobereich gilt. Bestandteil dieser Norm sind Leitsätze, die sich zu **sieben Humankriterien** zusammenfassen lassen und im Wesentlichen die oben genannten Kriterien „Persönlichkeitsförderlichkeit" und „Zumutbarkeit" konkretisieren.

In der **DIN EN ISO 9241-1** und **-2** sind folgende Humankriterien beschrieben:

- **Benutzerorientierung:** Die Arbeitsaufgabe berücksichtigt die Erfahrungen und Fähigkeiten des Mitarbeiters. Sie ist so zu gestalten, dass es weder zu einer Über- noch zu einer Unterforderung des Mitarbeiters kommt. Berufliche Weiterbildung kann zu einer Angleichung der Bedürfnisse von Unternehmen und Mitarbeitern beitragen.

- **Vielseitigkeit:** Die Arbeit ist so gestaltet, dass sie die Entfaltung unterschied- licher Fertigkeiten und Fähigkeiten des Mitarbeiters gestattet und einseitige Beanspruchung vermeidet. Dies setzt eine abwechslungsreiche Gestaltung vor- aus (beispielsweise der Wechsel von Sitzen und Stehen oder der Wechsel von Routinetätigkeiten mit anspruchsvollen geistigen Tätigkeiten).

- **Ganzheitlichkeit:** Die Arbeitsschritte reichen von der Planung über die Ausfüh- rung und Steuerung bis zur Kontrolle. Hierbei ist insbesondere die Abstimmung mit anderen Mitarbeitern zu berücksichtigen.

- **Bedeutsamkeit:** Dem Mitarbeiter ist bewusst, welchen Beitrag er selbst zum Gesamten leistet. Hierzu ist eine eindeutige Aufgabenstellung notwendig, die genaue Informationen über die Anforderungen wie Qualität, Menge und Zeit für die Erfüllung der (Gesamt-)Arbeitsergebnisse beinhaltet.

- **Handlungsspielraum:** Den Mitarbeitern ist es im gesetzten Rahmen möglich, weitgehend selbst zu entscheiden, wie und wann sie ihre Arbeitsaufgaben erfül- len. Handlungsspielraum bezieht sich auch auf die Möglichkeit, eine Situation entsprechend der eigenen Vorstellungen zu beeinflussen − beispielsweise das Arbeitstempo je nach Tagesform zu variieren oder Tätigkeiten, die eine hohe Konzentration erfordern, in störungsfreien Zeiten zu erledigen.

- **Rückmeldungen:** Dem Mitarbeiter wird in ausreichendem Maße Rückmeldung zu seiner Arbeit gegeben. Rückmeldungen durch Vorgesetzte und Kollegen über die Qualität der Arbeit sind Ausdruck sozialer Unterstützung.

– **Entwicklungsmöglichkeiten:** Die Arbeit erzeugt Entwicklungsmöglichkeiten und bietet dem Mitarbeiter neue Herausforderungen. Vorhandene Kenntnisse können hierbei genutzt und weiterentwickelt, durch neu angeeignete Fertigkeiten aber auch ergänzt werden (Wittig-Goetz 2006).

Neben den Richtlinien und Verordnungen, die die Gestaltung der körperlichen Arbeitsanforderungen und Umgebungsbedingungen regeln, existiert eine DIN-Norm, die sich auf die Gestaltung der **psychischen Arbeitsanforderungen** bezieht: In der internationalen Norm **DIN EN ISO 10075-2:2000** (Ergonomische Grundlagen bezüglich psychischer Arbeitsbelastung) werden Gestaltungsleitsätze mit dem Ziel formuliert, übermäßige psychische Belastungen im Arbeitsalltag zu vermeiden (DIN 2000). Dabei geht es insbesondere um die Vermeidung von psychischer Ermüdung, negativem Stress, Monotonie, herabgesetzter Wachsamkeit und psychischer Sättigung.

In der Gesetzgebung (Arbeitsschutzgesetz, Betriebsverfassungsgesetz) finden sich zur Gestaltung des betrieblichen Arbeits- und Gesundheitsschutzes sowie der humanorientierten Gestaltung folgende Passagen (Auswahl):

- „Menschengerechte Gestaltung der Arbeit" wird in **§ 2 Arbeitsschutzgesetz** wie folgt ausgeführt: „Maßnahmen des Arbeitsschutzes im Sinne dieses Gesetzes sind Maßnahmen zur Verhütung von Unfällen bei der Arbeit und arbeitsbedingten Gesundheitsgefahren einschließlich Maßnahmen der menschengerechten Gestaltung der Arbeit".

- Rechtliche Regelungen zur humanorientierten Arbeitsgestaltung finden sich beispielsweise

    – im **Betriebsverfassungsgesetz § 75 Absatz 2**, (Arbeitgeber und Betriebsrat sollen die freie Entfaltung der Persönlichkeit der im Betrieb beschäftigten Arbeitnehmer schützen und fördern und in diesem Sinne Selbständigkeit und Eigeninitiative der Arbeitnehmer und Arbeitsgruppen unterstützen),

    – der **Bildschirmarbeitsverordnung §§ 3 und 5**, (§ 3: Beurteilung der Arbeitsbedingungen bei Bildschirmarbeitsplätzen, bei der die Sicherheits- und Gesundheitsbedingungen insbesondere hinsichtlich einer möglichen Gefährdung des Sehvermögens sowie körperlicher Probleme und psychischer Belastungen zu ermitteln und zu beurteilen sind; § 5 besagt, dass die tägliche Arbeit an Bildschirmgeräten regelmäßig durch andere Tätigkeiten oder durch Pausen unterbrochen wird und so die Belastung durch die Arbeit am Bildschirmgerät verringert wird.)

    – oder im **Arbeitsschutzgesetz §§ 3** (Grundpflichten des Arbeitgebers) **und 4** (Allgemeine Grundsätze). Das Arbeitsschutzgesetz verlangt in **§ 5** (Beurteilung der Arbeitsbedingungen) eine entsprechende Beurteilung von Arbeitsbedingungen und die Ermittlung der für die Beschäftigten verbundenen Gefährdung. In **§ 5 Absatz 3** werden Arbeitsbedingungen genannt, aus denen sich „insbesondereeine Gefährdung ergeben kann.

2.3.6   Ausblick

Die bestehenden Trends und Wandlungstreiber werden sich auch auf die Gestaltungsbedarfe der Arbeit aus Sicht der Mitarbeiter auswirken. Die Humanorientierung betreffend seien hierbei genannt:

- **Wertewandel, Individualisierung:**
  Die Werte einer Gesellschaft ändern sich. Gesellschaftlicher Wertewandel bedeutet, dass sich die Verhaltensprämissen von Menschen auch in Bezug auf deren berufliche Tätigkeit ändern. Diese Veränderungen können zum einen die Relevanz der Arbeit in Relation zu anderen Lebensbereichen (Freizeit, Partnerschaft) betreffen; zum anderen können sie die Bedeutungsinhalte der Arbeit in neue Richtungen lenken. Empirische Befunde weisen darauf hin, dass beides eingetreten ist (Rosenstiel 2001).

- **Demografischer Wandel:**
  Die Lebensarbeitszeit wird sich aufgrund des demografischen Wandels verlängern. Eine lebenssituationsorientierte Gestaltung der Arbeit trägt dazu bei, individuelle Bedürfnisse der Mitarbeiter bei der Gestaltung von Arbeitsbedingungen und Arbeitszeit möglichst umfassend zu berücksichtigen. Die Balance zwischen Mitarbeiter- und Unternehmensinteressen herzustellen und den hierfür erforderlichen zusätzlichen Planungsaufwand effektiv und effizient zu bewältigen wird eine große Herausforderung sein.

- **Digitalisierung der Arbeitswelt:**
  Die Unternehmen bzw. die Mitarbeiter müssen die wachsende technische Komplexität in der Produktion und die Auswirkungen auf Sicherheit, Arbeitsbedingungen, Qualifikation und Führung beherrschen. Hieraus ergibt sich ein umfassender Weiterbildungs- und Qualifizierungsbedarf.

Weitergehende Ausführungen hierzu finden sich in Kapitel 3 „Globale Trends und Wandlungstreiber".

Die Ergonomie-Normung steht vor der Herausforderung, die verschiedenen Zielgruppen in den Unternehmen (Führungskräfte, Experten) zu sensibilisieren, damit die Prinzipien ergonomischer Gestaltung systematisch und ganzheitlich im Unternehmen berücksichtigt werden. Außerdem müssen sie den aktuellen Stand der Arbeitswissenschaft bei der Gestaltung künftiger Arbeitswelten berücksichtigen. Wesentliche Gestaltungsfelder sind hierbei (Stowasser 2014d)

- Sicherung der körperlichen und geistigen Leistungsfähigkeit,

- alternsgerechte Arbeitsgestaltung (Produktion, Administration),

- lebensphasenorientierte Gestaltung der Arbeitssysteme und

- Digitalisierung und Organisation der Arbeit in modernen Produktionssystemen.

2.4   Humanorientiertes Produktivitätsmanagement

Humanorientiertes Produktivitätsmanagement vereint die Erfolgskriterien „Wirtschaftlichkeit" und „Humanorientierung". Die Synthese dieser Erfolgskriterien birgt Synergien und hilft Produktivitätspotenziale zu erschließen. Humanorientierung beeinflusst die Produktivität auf direktem und indirektem Weg. Humanorientiertes Produktivitätsmanagement verknüpft diese vorteilhafte Wirkung der Humanorientierung systematisch mit dem Produktivitätsmanagement.

Nachdem Kapitel 2.1 sich mit dem Erfolgskriterium „Wirtschaftlichkeit" beschäftigt und in Kapitel 2.2 die „Humanorientierung" thematisiert wurde, wird nun deren Zusammenführung als Rahmen für wirtschaftlichen Erfolg skizziert.
Abbildung 2.22 zeigt die in diesem Kapitel behandelten Themen.

Abbildung 2.22: Humanorientiertes Produktivitätsmanagement – Synthese der Erfolgskriterien erfolgreicher Unternehmen

2.4.1   Produktivitätsmanagement

„Allgemein können unter einem Produktivitätsmanagement die zusammenhängenden Ansätze und Maßnahmen zur systematischen Planung, Steuerung und Kontrolle und der Umsetzung für eine positive Entwicklung der Produktivität verstanden werden." (Dorner 2014). Produktivitätsmanagement ermöglicht, Produktivitätsziele in einem Führungskreislauf zu spezifizieren und zu messen, Transparenz auf der Prozessebene zu schaffen, Abweichungen vom Soll-Zustand rechtzeitig zu erkennen und Gegenmaßnahmen zu initiieren (Dorner/Stowasser 2012).

Oft wird argumentiert, dass für Unternehmen in Hochlohnländern wie Deutschland vor allem die Arbeitsproduktivität bedeutsam sei. In vielen Fällen ist es jedoch nicht realistisch bei weltweit einheitlich verfügbarer und vergleichbarer Technik eine mit Niedriglohnländern vergleichbare Arbeitsproduktivität (Basis: monetär bewerteter Personalaufwand) zu erzielen. Im Produktivitätsmanagement müssen grundsätzlich alle Produktivitätsarten (also die der Elementarfaktoren Arbeits- und Betriebsmittel, Werkstoffproduktivität sowie die der dispositiven Faktoren Leitung, Planung und Kontrolle; vgl. Kapitel 2.2) berücksichtigt werden. Standortnachteile hinsichtlich der Arbeitsproduktivität sollen nicht durch zusätzliche Belastung der Mitarbeiter kompensiert werden, sondern durch die Erschließung der Potenziale bei den übrigen Produktivitätsfaktoren (siehe Abbildung 2.14), die durch Mitarbeiter beeinflussbar sind.

Produktivitätsmanagement kann je nach Unternehmen von verschiedenen Bereichen und Akteuren in unterschiedlicher Ausprägung umgesetzt werden. Der grundsätzliche Kreislauf des Produktivitätsmanagements des Industrial Engineering mit seinen Einzelschritten ist in Abbildung 2.23 dargestellt. Ausgangspunkt des Produktivitätsmanagements ist die **Produktivitätsplanung**. Diese umfasst eine strategische und eine operative Planung. Die **strategische Planung** konzentriert sich auf Entscheidungen, welche die gesamte Unternehmung betreffen. Sie berücksichtigt langfristige Zeiträume von fünf Jahren und mehr und gibt dafür Produktivitätsziele sowie strategische Maßnahmen vor. Grundvoraussetzung für ein erfolgreiches Produktivitätsmanagement ist, dass die nachhaltige Entwicklung der Produktivität ein strategisches Unternehmensziel ist. Bei der strategischen Planung werden langfristige Produktivitätsziele festgelegt. Hierdurch bekräftigt das oberste Management, dass es der langfristigen Entwicklung der Produktivität eine hohe Bedeutung beimisst.

Die **operative Planung** konkretisiert die vorgegebenen Ziele der strategischen Planung und legt die Verantwortlichkeiten für die Zielerreichung in den einzelnen Bereichen fest.

Aus der operativen Produktivitätsplanung resultieren Rahmenbedingungen und Führungsgrößen für die anschließende Steuerung. Hierzu zählen beispielsweise die Abgrenzung des Betrachtungsraumes, Erhebungs- und Analyseintervalle, die übergeordnete Bewertung möglicher Maßnahmen und konkrete Zielvorgaben für die Produktivitätsentwicklung. Auch die Budgetierung sowie die Ressourcen- und Personalplanung können Bestandteile der operativen Planung sein.

Die **managementbasierte Steuerung** ist stark mit der späteren Umsetzung verbunden. Umzusetzende Maßnahmen werden durch die Steuerung inhaltlich vorbereitet und zeitlich konkretisiert. Die Instruktion und Motivation der ausführenden Mitarbeiter sind ebenfalls Bestandteile der Steuerung. Die Steuerung definiert die Produktivitätskennzahl und legt beispielsweise für die Arbeitsproduktivität fest, wie Produkte zusammengefasst, Anwesenheitsstunden erfasst und Sonderfälle, beispielsweise Anlernphasen oder unverschuldete

Abbildung 2.23: Das Modell des Produktivitätsmanagement des Industrial Engineering (Dorner/Stowasser 2012)

Wartezeiten, in der Kennzahl berücksichtigt werden. Bei der Betriebsmittel- oder Werkstoffproduktivität legt die Steuerung beispielsweise fest, ob Kennzahlen über Faktormengen oder monetär bestimmt werden.

Zur Steigerung der Produktivität sind grundsätzlich alle Maßnahmen geeignet, welche positiv auf die in Kapitel 2.2 dargestellten Einflussfaktoren der Produktivität wirken. Dazu gehören Einflussfaktoren mit Wirkung auf den Input, den Throughput und den Output der Produktivitätsbeziehung sowie deren Teilfaktoren. Entsprechend vielseitig und umfangreich sind die möglichen Maßnahmen zur Beeinflussung dieser Faktoren und zur Steigerung der jeweiligen Teilproduktivität. Diese müssen passend zu den unternehmensspezifischen Erfolgskriterien und -faktoren bewertet und gewählt werden. Die konkrete **Umsetzung gewählter Maßnahmen** ist der dritte Schritt im Regelkreis des Produktivitätsmanagements. Im Gegensatz zu den anderen Schritten ist er ausschließlich Element des ausführenden Systems.

Bei der **Produktivitätskontrolle** wird, im Rahmen eines Soll-Ist-Vergleichs, die Zielerreichung der Produktivitätskennzahl für einen vorausgegangenen Zeitraum bestimmt und bewertet. Die Kontrolle ist nach dem Grundprinzip des geschlossenen Regelkreises mit der Planung verbunden und ermöglicht, Fehler der Planung, Steuerung oder Umsetzung zu erkennen und Korrekturmaßnahmen zu ergreifen.

Das **Produktivitätscontrolling** dient der unterstützenden Koordination des Führungssystems bei der Planung, Steuerung und Kontrolle. Das Kennzahlensystem des Produktivitätscontrolling basiert auf einer oder mehreren Produktivitätskennzahlen, die anwendungsspezifisch um weitere Kennzahlen ergänzt werden können, um ein kennzahlengestütztes

Gesamtbild für den betrachteten Bereich zu erstellen. Zu den Aufgaben des Produktivitätscontrollings gehört, die Entwicklung der Produktivitätskennzahlen im Vergleich zur Ausgangsbasis und anderen definierten früheren Zeitpunkten zu bestimmen und auszuwerten. Mögliche Ursachen für Abweichungen werden durch das Controlling bereits aufbereitet und die Wirkung aller beobachteten Faktoren auf das aktuelle Ergebnis verdeutlicht.

2.4.2 Umsetzung des Produktivitätsmanagements

Dieses Kapitel skizziert Möglichkeiten und Herausforderungen der konkreten betrieblichen Umsetzung eines Produktivitätsmanagements.

2.4.2.1 Umsetzungsspektrum und Akteure

Im vorigen Kapitel wurden die Schritte des Regelkreises eines Produktivitätsmanagements beschrieben. Die konkreten Umsetzungsmöglichkeiten hierfür sind betriebsspezifisch und somit ein breites und vielfältiges Spektrum abdeckend:

- Das eine Ende dieses Spektrums ist die unternehmensweite Umsetzung über alle Produkte und Dienstleistungen sowie Unternehmensbereiche und -ebenen hinweg. Hierfür sind eine geeignete Aufbauorganisation und entsprechend qualifizierte und in der Methodenanwendung erfahrene Mitarbeiter erforderlich. Für die Einführung und Nutzung sind vor allem in Großunternehmen eigenständige Spezialabteilungen vorstellbar. Dabei ist die Verzahnung mit anderen Managementsystemen beispielsweise für Qualität, Arbeitsschutz, Energie im Sinne der Nutzung von Synergien notwendig, um Redundanzen zu vermeiden.

- Auf der anderen Seite des Spektrums können pragmatische Lösungen verortet werden, wie sie insbesondere für kleine und mittelständische Unternehmen praktikabel sind. Dabei ist das Produktivitätsmanagement auf einzelne, strategisch besonders relevante Unternehmens- oder Arbeitsbereiche beschränkt. Die Verantwortlichen und die Akteure für das Management können dann Führungskräfte, beispielsweise Meister, Gruppen- oder Abteilungsleiter, und die direkten Mitarbeiter sein.

Sofern im Unternehmen vorhanden, muss auch das Industrial Engineering in das Produktivitätsmanagement einbezogen sein oder dieses koordinieren. Zu den Kernaufgaben des Industrial Engineering gehört, eine hohe Produktivität der Führungs-, Kern- und Unterstützungsprozesse zu sichern. Hierfür definiert es Sollzustände und Standards, um Transparenz zu sichern. So können Abweichungen schnell erkannt und Gegenmaßnahmen ergriffen werden (Stowasser 2010a). Dieses Vorgehen ist für ein erfolgreiches Produktivitätsmanagement unerlässlich.

2.4.2.2 Umsetzungsschritte

Grundsätzlich sollte die Einführung und Anwendung eines Produktivitätsmanagements konkret folgende Schritte umfassen, die je nach Umsetzungsbreite für mehrere Produkte oder Unternehmensbereiche erforderlich sind. Diese Schritte entsprechen in ihrer Gesamtheit einem geschlossenen Regelkreis und können auch als Verbesserungszyklus in Form eines PDCA-Zyklus (Plan, Do, Check, Act) gesehen werden (siehe Abbildung 2.24).

1. Auswahl zu berücksichtigender Produkte oder Dienstleistungen und Bereiche

2. Festlegung der zu managenden Teilproduktivitäten und Produktivitätsziele

3. Definition der Kennzahlen für Produktivität und Einflussfaktoren

4. Erfassen und Bewertung der Kennzahlen (Soll-Ist-Vergleich)

Bei Abweichungen:

5. Analyse der Einflussfaktoren und Ermittlung möglicher Ursachen

6. Sammlung und Bewertung möglicher Verbesserungsmaßnahmen

7. Wahl geeigneter Verbesserungsmaßnahmen

8. Umsetzung der Maßnahmen

9. Erfolgskontrolle der Maßnahmen (Soll-Ist-Vergleich)

10. Flächendeckende Standardisierung erfolgreicher Maßnahmen oder Wiedereinstieg bei 5), wenn Maßnahmen erfolglos sind

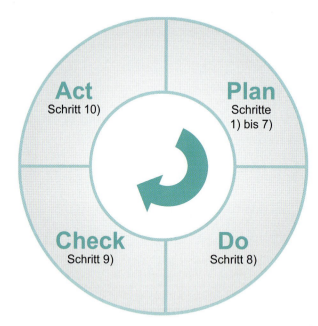

Abbildung 2.24: Implementierungs- und Anwendungsschritte des Produktivitätsmanagements als PDCA-Zyklus

In der Praxis ist entscheidend, diejenigen Einflussfaktoren zu identifizieren, die im Hinblick auf die Strategie und die langfristigen Ziele für das Unternehmen besonders relevant sind und dafür geeignete Indikatoren zu bestimmen und zu erfassen.

2.4.2.3   Maßnahmen zur Verbesserung der Produktivität

Die Maßnahmen zur Steigerung der Produktivität können alle der in Kapitel 2.2 vorgestellten Einflussfaktoren des Produktivitätsmodells betreffen. Im Folgenden wird ein Beispiel zum Throughputfaktor „Produktionsvorbereitung und -durchführung" dargestellt. Viele Unternehmen versuchen diesen durch Prozessvereinfachung und -verbesserung zu beeinflussen. Dazu werden unter anderem Methoden genutzt, wie zum Beispiel die Methode „Ordnung und Sauberkeit" (5S) zur Optimierung von Arbeitsplätzen. Durch Aussortieren nicht benötigter Gegenstände, Systematisieren der Anordnung benötigter Gegenstände, Säubern des Arbeitsplatzes und seiner Umgebung, Standardisierung der eingeführten Ordnung und Selbstdisziplin sollen Unfälle, Fehler und „Mikroverschwendung" durch Such- und Wartezeiten an Arbeitsplätzen in Produktion und Verwaltung vermieden werden. Dass Unfälle und Fehler die Produktivität senken, ist leicht nachvollziehbar. Die schädliche Wirkung sogenannter Mikroverschwendung wird jedoch häufig unterschätzt.

 Beispiel:

Bezogen auf eine 5-Tage-Woche mit 8 Arbeitsstunden je Tag und 42 Arbeitswochen/Jahr bedeuten:

- 3-mal täglich 1,5 Minuten Werkzeugsuche: 1,97 verlorene Arbeitstage pro Jahr,

- 50-mal täglich eine zu lange Schraube montieren, die 4 Sekunden zusätzliche Eindrehzeit erfordert: 1,46 verlorene Arbeitstage pro Jahr und

- 20-mal täglich 30 Schritte gehen, die je 15 Sekunden erfordern: 2,19 verlorene Arbeitstage pro Jahr.

Verbesserungsmaßnahmen wie diese finden in vielen Unternehmen statt. Ihre Wirkung wird jedoch meist unterschätzt und selten mit einer Produktivitätssteigerung in Verbindung gebracht. Dabei würde die Arbeitsproduktivität eines Mitarbeiters durch Vermeidung der oben beschriebenen Verschwendung bereits um 2,7 % erhöht.

2.4.2.4   Herausforderungen des Produktivitätsmanagements

Besondere Herausforderungen bei der Umsetzung des Produktivitätsmanagements bestehen unter anderem darin,

- die aktuell und zukünftig für die Produktivität des Unternehmens relevanten Einflussfaktoren zu bestimmen sowie geeignete Kennzahlen zu definieren und zu messen, die helfen, die Einflussfaktoren zu bewerten und langfristig positiv zu entwickeln,

- allen Akteuren die positive Wirkung selbst scheinbar unbedeutender Verbesserungen bewusst zu machen und ihre Wirkung auf die Produktivität und die Wettbewerbsfähigkeit des Unternehmens nachvollziehbar zu belegen,

- die positive oder negative Wirkung begleitender Faktoren, die im Rahmen des Produktivitätsmanagements nicht beeinflussbar sind, beispielsweise Umsatzeinbrüche, zu ermitteln und ihren Einfluss auf die Entwicklung der festgelegten Produktivitätskennzahlen zu bestimmen und transparent zu machen und

- die Produktivität auch in administrativen oder indirekten Bereichen zu ermitteln und zu managen.

2.4.3 Synopse: Humanorientiertes Produktivitätsmanagement

Humanorientiertes Produktivitätsmanagement vereint die Ansprüche der Unternehmen an die Produktivität und deren Entwicklung sowie die Interessen und Ansprüche der Mitarbeiter an ihre Arbeit und das Arbeitsumfeld und bringt diese in Einklang. Es berücksichtigt über die in Kapitel 2.4.2 beschriebenen Schritte und Inhalte hinaus die Wirkung des Menschen auf die Produktivität. Dabei geht es nicht um das „klassische" Management des Inputfaktors Arbeitskräfte, beispielsweise die Nutzung flexibler Arbeitszeiten, um Produktivitätsverluste durch zu viel oder zu wenig anwesendes Personal zu vermeiden.

Es geht darum, die produktivitätssteigernden Potenziale der in Kapitel 2.3 beschriebenen Humanorientierung zu erschließen und systematisch zu nutzen. Leistungsfähige und -bereite Mitarbeiter, die eigenverantwortlich handeln, können die Produktivität auf direktem und indirektem Wege über zahlreiche Einflussfaktoren fördern. Alle Akteure im Unternehmen müssen für diese Wirkzusammenhänge und die daraus resultierenden Chancen sensibilisiert werden. Humanorientiertes Produktivitätsmanagement berücksichtigt jedoch auch die Wirkung von Maßnahmen zur Produktivitätssteigerung auf die Menschen innerhalb des Arbeitsprozesses (Mitarbeiter) und außerhalb (Umwelt, Kunden, privates Umfeld . . .). Der Mensch beeinflusst die Produktivitätsfaktoren nicht nur, er ist auch „Betroffener".

2.4.3.1 Wirkungen der Humanorientierung auf die Produktivität

Humanorientiertes Produktivitätsmanagement interpretiert die Humanorientierung und die Berücksichtigung der Mitarbeiterinteressen als wichtiges Erfolgskriterium, dessen Teilkriterien positiv auf die Produktivität wirken können. Humanorientierung umfasst zunächst die in Kapitel 2.3 beschriebenen Kriterien Ausführbarkeit, Schädigungslosigkeit, Beeinträchtigungsfreiheit/Zumutbarkeit und Persönlichkeitsförderlichkeit des Ebenenmodells nach Hacker. Die unteren Ebenen „Ausführbarkeit" und „Schädigungslosigkeit" dieses Schemas wirken vor allem auf den Teilfaktor „Leistungsfähigkeit und deren Erhalt" des Inputfaktors „Arbeitskraft" der Produktivität. Die Leistungsfähigkeit der Mitarbeiter wird wesentlich bestimmt durch die Qualifikation sowie die körperlichen und geistigen Fähigkeiten und Fertigkeiten der Mitarbeiter. Sie kann unter anderem durch Qualifizierungsmaßnahmen, Schulungen und Weiterbildung sowie Arbeitsschutz und -sicherheit, Arbeitsplatzgestaltung sowie Maßnahmen der Gesundheitsförderung gesichert und gefördert werden, Abbildung 2.25.

Die Ebenen „Beeinträchtigungsfreiheit/Zumutbarkeit" und insbesondere „Persönlichkeitsförderlichkeit" wirken wesentlich vielfältiger und komplexer auf die Produktivität als die unteren Ebenen, Abbildung 2.25. Die beiden oberen Ebenen umfassen u. a. die in der DIN EN ISO 9241-2 konkretisierten und in Kapitel 2.3 beschriebenen Teilkriterien:

- Benutzerorientierung

- Vielseitigkeit

- Ganzheitlichkeit

- Bedeutsamkeit

- Handlungsspielraum

- Rückmeldung

- Entwicklungsmöglichkeit

Diese Teilkriterien wirken direkt auf alle in Kapitel 2.2 beschriebenen Teilfaktoren des Inputfaktors „Arbeitskräfte". Ausgewählte Effekte sind in Abbildung 2.26 dargestellt.
„Benutzerorientierung" berücksichtigt den Abgleich von Mitarbeiterfähigkeiten und Anforderungen der Arbeitsaufgabe. „Vielseitigkeit" ermöglicht die Entfaltung unterschiedlicher Fertigkeiten und Fähigkeiten und vermeidet einseitige Belastungen. „Entwicklungsmöglichkeit" fördert die Weiterentwicklung vorhandener sowie die Aneignung neuer Fähigkeiten. Neben anderen wirken diese Faktoren somit positiv auf die Leistungsfähigkeit und deren Erhalt.
„Handlungsspielraum" unterstützt die eigenverantwortliche situative Nutzung des Kapazitätsangebotes entsprechend des Kapazitätsbedarfs.
Die Ausprägungen von „Ganzheitlichkeit" und „Handlungsspielraum" können eine produktivitätsförderliche Gestaltung der Arbeitsorganisation unterstützen.
Die Gesamtheit aller Teilkriterien wertet die Arbeit auf, bringt dem Mitarbeiter Wertschätzung entgegen und kann sich deshalb positiv auf das „Leistungsangebot" des Mitarbeiters – das bestimmt ist durch die „Leistungsbereitschaft und die Leistungsfähigkeit (oder dem Leistungsvermögen)" – sowie das eigenverantwortliche Handeln auswirken. Das Leistungsangebot muss mit der Leistungsanforderung korrelieren, um Produktivität bzw. Unternehmensleistung zu gewährleisten.

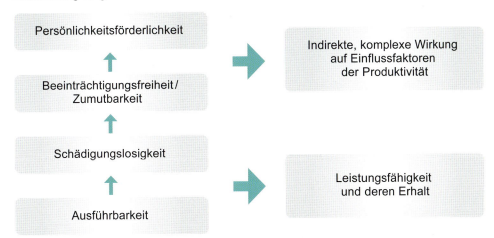

Abbildung 2.25: Wirkung der Humanorientierung auf die Produktivität

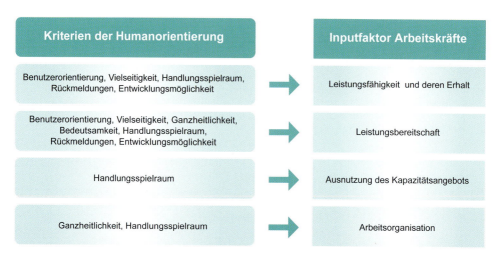

Abbildung 2.26: Wirkung humanorientierter Kriterien auf die Teilfaktoren des Inputfaktors Arbeitskräfte

Gerade das Leistungsangebot und das damit eng verknüpfte eigenverantwortliche Handeln der Mitarbeiter können sehr weitreichend und intensiv auf die Einflussfaktoren der Produktivität wirken. Mögliche Wirkungen sind in Abbildung 2.27 farblich gekennzeichnet (dunkelblau markierte Felder: Leistungsangebot, hellblau markierte Felder: vom Leistungsangebot beeinflusste Teilfaktoren der Produktivität). Ausgenommen sind davon lediglich

- Teilfaktoren zu Gesamtleistung, Umsatz und Wertschöpfung, welche die Unternehmensleitung festlegt,

- Leistungsfähigkeit und Kapazitätsangebot der Betriebsmittel, welche im Wesentlichen die Unternehmensleitung durch Investitionsentscheidungen bestimmt und

- die Marktstellung des Unternehmens in der Lieferpyramide, die Mitarbeiter nicht direkt beeinflussen können.

Alle anderen Teilfaktoren sind prinzipiell von leistungsbereiten und eigenverantwortlich handelnden Mitarbeitern beeinflussbar. Wie stark der jeweilige Einfluss ist, hängt von den unternehmensspezifischen Bedingungen ab.
Im Folgenden wird exemplarisch die Wirkung des Leistungsangebotes auf dispositive Faktoren betrachtet. Hierzu zählen beispielsweise die Produktionsvorbereitung und -durchführung, die Prozessorganisation, die Qualitätsfähigkeit, die logistische Kette und die Innovationsfähigkeit. Die Umsetzung und die Qualität dieser Faktoren können die Produktivität sehr stark beeinflussen.

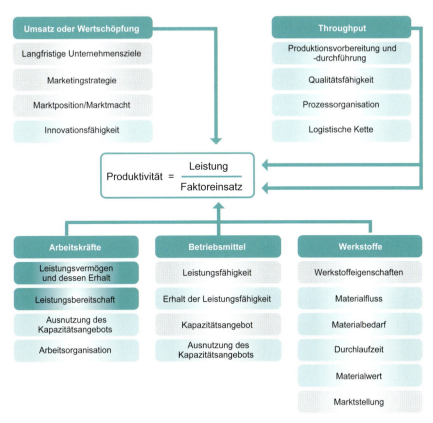

Abbildung 2.27: Mögliche indirekte Wirkungen des Leistungsangebots auf andere Teilfaktoren der Produktivität

---

Beispiel:

Eine Spedition kann durch Routenplanung und -optimierung ihre Kraftstoffkosten senken und damit ihre Betriebsmittelproduktivität steigern. Diese Optimierung kann kontinuierlich fortgeführt werden durch konsequenten Einsatz der jeweils neuesten Planungssoftware und Kommunikationstechnik sowie intensive Schulungen. Die erreichbaren Effekte werden jedoch kaum die Größenordnung erreichen, die möglich wäre, wenn die Fahrzeuge von vorn herein einen 30 % niedrigeren Kraftstoffverbrauch hätten. Ähnliches gilt, wenn im Rahmen der Produktionsvorbereitung Maschinen gewählt und beschafft werden, die für die Aufgaben nicht optimal geeignet sind. Die Auswirkungen der dispositiven Faktoren auf die Produktivität können also weitreichender sein als die des eigentlichen „Produktionsprozesses". Die Qualität der Disposition wiederum ist stark abhängig vom Leistungsangebot, also der Leistungsbereitschaft und dem Leistungsvermögen (Qualifikation) der Mitarbeiter.

2.4.3.2   Wachsende Bedeutung des Humanorientierten Produktivitätsmanagements

Es ist entscheidend, Leistungsbereitschaft, Eigenverantwortlichkeit, Kompetenz und Kreativität der Mitarbeiter zu sichern, damit bei weltweiter Verfügbarkeit gleicher technologischer Ausstattung Produktivitäts- und Innovationsvorteile heute in Deutschland dauerhaft erhalten und ausgebaut werden können. Der wirtschaftliche Erfolg deutscher Unternehmen basiert also auch auf den Potenzialen der Mitarbeiter und setzt kompetente, gesunde, motivierte und eigenverantwortlich handelnde – also leistungsfähige und leistungsbereite – Mitarbeiter voraus. Der Begriff Leistungsfähigkeit steht dabei nicht für permanente Spitzenleistungen über der Dauerleistungsgrenze, sondern für körperliche und geistige Leistung, die Mitarbeiter über einen längeren Zeitraum und das Erwerbsleben hinweg schädigungslos erbringen können.

Kapitel 2.1 beschreibt die Einflüsse von Technik, Organisation und Personal auf die Erfolgsfaktoren erfolgreicher Unternehmen. Besonders stark beeinflussen personalorientierte und organisationsseitige Aspekte die Erfolgsfaktoren: Erfolgsfaktoren erfolgreicher Unternehmen wirken über die Mitarbeiter. Eine wesentliche Voraussetzung hierfür ist, dass humanorientierte Aspekte umfassend berücksichtigt werden. Mitarbeiter sollten

- kompetent und gut ausgebildet sein – dies über ihr gesamtes Erwerbsleben hinweg,

- körperlich und geistig leistungsfähig sein sowie

- motiviert und eigenverantwortlich handeln.

Unternehmen, die künftig erfolgreich sein möchten, räumen deshalb der Humanorientierung einen hohen Stellenwert ein. Diese kann dazu beitragen, bislang ungenutzte Potenziale zu erschließen und so die Produktivität und gleichzeitig die Arbeitszufriedenheit zu erhöhen. Für die Arbeitszufriedenheit der Mitarbeiter in Deutschland ergibt ein Vergleich der Ergebnisse verschiedener Erwerbstätigen-Befragungen insgesamt ein positives Bild (iag 2014). Der Anteil der Mitarbeiter, die angaben, sehr zufrieden oder zufrieden zu sein, liegt für die ausgewerteten Befragungen zwischen etwa 70 % bis über 90 %. Allerdings gaben 20 % bis 35 % der Befragten an, dass ihr Vorgesetzter ihnen keine oder nur in geringem Maße Wertschätzung entgegenbringt. Eine konsequentere Humanorientierung könnte dazu beitragen, diese Potenziale zu nutzen sowie die Leistungsfähigkeit und Leistungsbereitschaft der Mitarbeiter zu fördern.

Auch für die erfolgreiche Auseinandersetzung mit globalen Trends und Wandlungstreibern gewinnt die Humanorientierung an Bedeutung. Die Sicherung und Förderung der Wettbewerbsfähigkeit und der Ausbau der inländischen Fertigung im Zuge einer angestrebten „Reindustrialisierung" bei zunehmendem globalen Wettbewerb sind große Herausforderungen. Auch hier kann eine stärkere Humanorientierung unterstützen, die erforderlichen Produktivitätspotenziale zu aktivieren.

Im Zuge des demografischen Wandels wird der Anteil der älteren Mitarbeiter zunehmen. Gleichzeitig werden immer weniger Fachkräfte zur Verfügung stehen. Die Unternehmen müssen die Interessen der Mitarbeiter stärker als bisher berücksichtigen, um gut ausgebildete Fachkräfte für sich zu gewinnen und an sich zu binden. Humanorientierung wird zunehmend zur Voraussetzung für die Mitarbeitergewinnung und -bindung.

Konsequentere Humanorientierung scheint auch erforderlich, um die Arbeitszufriedenheit alternder Belegschaften aufrecht zu halten oder zu erhöhen. Auswertungen des Sozio-Ökonomischen-Panels lassen den Schluss zu, dass die durchschnittliche Arbeitszufriedenheit mit dem Alter sinken kann. Die Gruppe der über 50-Jährigen wies 2009 den niedrigsten Zufriedenheitswert aller Altersgruppen auf, während sie in den 1980er-Jahren noch die höchsten Werte hatte (Bohulsky 2011).

2.4.3.3 Herausforderungen des Humanorientierten Produktivitätsmanagements

Die Wirkungen humanorientierter Faktoren auf die Produktivität sind indirekt und langfristig. Humanorientiertes Produktivitätsmanagement muss deshalb zunächst grundsätzlich für diese Zusammenhänge sensibilisieren und versuchen, positive Wirkungen langfristig nachvollziehbar zu machen. Dafür ist die Messung und Beobachtung der Produktivität und ausgewählter Einflussfaktoren über einen längeren Zeitraum erforderlich.
Wie in Kapitel 2.3.2 beschrieben, legt das Produktivitätsmanagement strategisch relevante Einflussfaktoren fest und versucht die Produktivität über geeignete Verbesserungsmaßnahmen zu diesen Faktoren positiv zu beeinflussen. Humanorientiertes Produktivitätsmanagement berücksichtigt zusätzlich die Wirkung der Mitarbeiter auf die Einflussfaktoren. Es versucht, auch über die Mitarbeiter langfristig positiv auf die Einflussfaktoren zu wirken beispielsweise durch Nutzung des Wissens und der Erfahrung, Qualifizierung und Personalentwicklung, Beteiligung, Kommunikation, Wertschätzung oder andere Maßnahmen, die Leistungsfähigkeit, Leistungsbereitschaft und Eigenverantwortlichkeit fördern.
Über die in Kapitel 2.3 beschriebenen Herausforderungen hinaus ergeben sich bei der Umsetzung eines Humanorientierten Produktivitätsmanagements noch besondere Anforderungen hinsichtlich der

- Einbeziehung und Beteiligung der Mitarbeiter,

- Kommunikation,

- Entwicklung, Messung und Interpretation humanorientierter Kennzahlen und Indikatoren und der

- operativen Einbindung sowie der Zusammenarbeit mit zusätzlichen Akteuren, wie der Personalabteilung und Personalentwicklung.

Zusammenfassung und Ausblick:

Erfolgreiche Unternehmen berücksichtigen die Erfolgskriterien Wirtschaftlichkeit und Humanorientierung und deren Teilkriterien, die in diesem Kapitel beschrieben sind. Aus den Teilkriterien leiten sie konkrete Ziele ab. Dieses Kapitel zeigt Erfolgsfaktoren auf, die Unternehmen wirkungsvoll dabei unterstützen, Erfolgskriterien und Ziele zu erreichen. Die Einführung und Anwendung dieser Erfolgsfaktoren berücksichtigt heute und in Zukunft vermehrt die Mitarbeiter, sowie ihre Interessen und Potenziale. Für den nachhaltigen Gesamterfolg eines Unternehmens ist zunehmend nicht nur ein systematisches Management der Produktivität, sondern auch die Einbeziehung der Humanorientierung in das Produktivitätsmanagement erforderlich. Am Ende des Kapitels 2 sind deshalb Grundzüge eines Humanorientierten Produktivitätsmanagements skizziert. REFA hat seit jeher die Entwicklung der Arbeits- und Betriebsorganisation mit praxistauglichen Modellen und Methoden begleitet und diese kontinuierlich weiter entwickelt und erneuert. „Humanorientiertes Produktivitätsmanagement" ergänzt das breite Angebot von REFA an die Unternehmen. Der Aufbau und die Nutzung eines Humanorientierten Produktivitätsmanagements ist ein zukunftsweisender Ansatz, der auf den bewährten Modellen und Instrumenten der REFA-Arbeitsorganisation basiert. Im nun folgenden Kapitel 3 werden globale Trends und Wandlungstreiber beschrieben sowie ihre Wirkung auf die Arbeitswelt und die Erfolgsfaktoren untersucht.

3 Globale Trends und Wandlungstreiber

 Trends zu erkennen und sich frühzeitig damit zu beschäftigen, kann erhebliche Wettbewerbsvorteile für die Unternehmen bringen. In diesem Kapitel werden globale Trends und Wandlungstreiber identifiziert, welche die künftige wirtschaftliche Entwicklung in Deutschland und somit auch die Unternehmen beeinflussen werden. Es wird aufgezeigt, welche Anforderungen an die Unternehmen aus diesen Trends resultieren, wie ihnen mit Hilfe der in Kapitel 2 definierten Erfolgsfaktoren erfolgreich entsprochen werden kann und wie sich die Bedeutung der Erfolgsfaktoren entwickelt.

Abbildung 3.1 gibt einen Überblick über die Gesamtstrukturierung des Bandes, Kapitel 3 ist hervorgehoben. Die in diesem Kapitel behandelten Themen und deren Wirkzusammenhänge erläutert Abbildung 3.2.

ERFOLGREICHE UNTERNEHMEN

Modernes Industrial Engineering

Globale Trends

Erfolgskriterien

Erfolgsfaktoren

Lokale Anforderungen

Humanorientiertes Produktivitätsmanagement

Abbildung 3.1: Gesamtstrukturierung des Bandes

Der Begriff „Trend" hat verschiedene Bedeutungen. In der Soziologie wird als Trend eine nachhaltige und besonders tiefgreifende gesellschaftliche Entwicklung verstanden. Darüber hinaus sind Trends im mathematischen, statistischen, messtechnischen und wirtschaftlichen Bereich bekannt. „Grundsätzlich ist ein Trend eine Komponente einer Zeitreihe, von der angenommen wird, dass sie längerfristig und nachhaltig wirkt" (Gabler 2011). So wird beispielsweise unter „Kurstrend" eine Entwicklung von Börsenkursen und unter „Markttrend" eine voraussichtliche Entwicklung der Nachfrage auf einem Markt verstanden.

Dieses Kapitel stellt Trends in den Mittelpunkt, die sich nachhaltig auf Marktbedingungen, Produkte und Dienstleistungen sowie die Arbeitsgestaltung der Unternehmen auswirken. In der Trendforschung werden Trends dieser Ausprägung als „Megatrends" bezeichnet.

Definition Megatrends

„Megatrends are large social, economic, political and technological changes (...), they influence us for some time – between seven and ten years, or longer." (Naisbitt 1982)
„Megatrends muss man nicht ‚voraussagen', denn sie sind schon da und markieren Veränderungen, die uns schon lange prägen und auch noch lange prägen werden. Megatrends sind Tiefenströmungen des Wandels. Als Entwicklungskonstanten der globalen Gesellschaft umfassen sie mehrere Jahrzehnte. Ein Megatrend wirkt in jedem einzelnen Menschen und umfasst alle Ebenen der Gesellschaft: Wirtschaft und Politik, sowie Wissenschaft, Technik und Kultur" (Horx 2007).

John Naisbitt hat 1982 den Begriff in der gleichnamigen Veröffentlichung „Megatrend" und nachfolgend „Megatrends 2000" (Naisbitt 1990) geprägt. Naisbitt machte u. a. den Begriff „Globalisierung" publik und gehört zu den bekanntesten Trend- und Zukunftsforschern. Megatrends sind demnach langfristige Transformationsprozesse des globalen Umfelds. Sie zeichnen sich durch breite und tiefgreifende Auswirkungen aus und schaffen Zukunftsmärkte.

Die Wirkrichtungen eines Megatrends sind allumfassend und betreffen soziale, ökonomische, politische und technische Bereiche. Diese werden über einen Zeitraum von mehreren Jahrzehnten beeinflusst und haben globalen Charakter – wenn auch nicht überall gleich stark ausgeprägt. Megatrends beeinflussen das gesellschaftliche Weltbild, die Werte und das Denken. In der Folge beeinflussen sie auch die Nachfrage und somit das Angebot an Waren und Dienstleistungen.

Nach Seiter und Ochs (2014) definiert sich ein Megatrend in vier Dimensionen, Tabelle 3.1.

Tabelle 3.1: Relevante Dimensionen und Ausprägungen bei der Definition von Megatrends (nach Seiter/Ochs 2014)

Dimension	Ausprägung
Dimension 1: Zeit	Mindestens 10 bis 20 Jahre
Dimension 2: Wirkungsstätte	Große Veränderungen mit Einfluss auf Verhaltensweisen, Lebensweisen und Wertesystem einer Gesellschaft, regional verschieden ausgeprägt
Dimension 3: Reichweite	Thematisch: Gesellschaft, Wirtschaft, Politik Geografisch: globaler Einfluss
Dimension 4: Entstehung/ Entfaltung	Langsame Bildung und rückschlagresistente Entfaltung

Megatrends heben sich somit in ihrer Auswirkung auf Wirtschaft, Politik und Technik von anderen Trends ab. Soziokulturelle Trends wie beispielsweise dem „Wellness-Trend" haben zwar eine vergleichbare Dauer von rund 10 Jahren (Horx 2010), wirken sich aber nur auf wenige Umweltbereiche aus. Zeitgeist- oder Konsumtrends (sehr kurzfristige sogenannte Modetrends) oder auch Mikrotrends sind noch kurzlebiger (meist nur eine „Saison") (Seiter/Ochs 2014).

Unternehmen, die für sich Megatrends analysieren, Rückschlüsse auf Folgen für das eigene Unternehmen ziehen und darauf basierend strategische Entscheidungen treffen, haben eine höhere Planungssicherheit und die Möglichkeit, an zukünftigen Entwicklungen überdurchschnittlich zu partizipieren (Seiter/Ochs 2014). Ihre strategischen Entscheidungen beruhen auf der genauen Analyse der Megatrends hinsichtlich ihrer Auswirkungen auf Kundenbedürfnisse, Produktgruppen und das eigene Unternehmen. Auf diese wird dann beispielsweise mithilfe von Produkt- und Prozessanpassungen oder -innovationen reagiert. So kann langfristig die positive wirtschaftliche Entwicklung des Unternehmens gewährleistet werden. Zur Vereinfachung und Abkürzung werden Megatrends in diesem Kapitel als „Trends" bezeichnet.

3.1 Synopse der Trendstudien

 In diesem Kapitel werden im Rahmen einer Synopse zahlreiche Studien zu künftigen Trends und Wandlungstreibern vorgestellt und daraus wesentliche Trends abgeleitet, die für Unternehmen und Arbeitsgestaltung relevant sind.

Abbildung 3.2 zeigt die Struktur des Kapitels 3 (der Inhalt des entsprechenden Kapitels ist hervorgehoben).

Begründete Aussagen über zukünftige Entwicklungen in Wirtschaft, Gesellschaft und Politik zu treffen ist Aufgabe sogenannter Zukunftsforscher. In der Zukunftsforschung gibt es eine Vielzahl von Dienstleistern, die in ihren Untersuchungen und Publikationen verschiedene Megatrends ausmachen und bewerten.

Ein Dilemma der Zukunftsforschung ist, dass beispielsweise Diskontinuitäten in der Politik (die Ereignisse in Fukushima forcierten den Ausstieg aus der Atomkraft) oder durch technische Revolutionen (die Erfindung des Transistors ersetzte die Elektronenröhren und ermöglichte somit die Markteroberung durch Personal Computer) sprunghafte, unstetige Entwicklungen bewirken können, welche die Genauigkeit der Vorhersage kommender Trends einschränken. In der Vergangenheit gab es zudem vielfältige Irrtümer von fachkompetenten Experten. Beispielsweise schätzte der Chef von IBM noch 1943 den weltweiten Bedarf von Computern auf 5 Stück ein. Gottlieb Daimler bezifferte die Nachfrage nach Kraftfahrzeugen – aus Mangel an verfügbaren Chauffeuren – auf weltweit eine Million.

Kondratieff legte bereits in den 1920er-Jahren dar, dass Innovationswellen und Wirtschaftszyklen in langen Wellen von 40 bis 50 Jahren Dauer verlaufen und die wirtschaftliche Entwicklung bestimmen: Im 1. Zyklus, ab 1800, prägte die Dampfmaschine die Textilindustrie und die beginnende Industrialisierung die Arbeits- und Betriebswelt. Diese Entwicklung wurde 1870 – im zweiten Zyklus – abgelöst durch die Basisinnovationen Eisenbahn und

Stahlindustrie. Von 1900 bis 1950 waren es Innovationen in der Elektrotechnik (elektrisches Licht, Straßenbahnen, Kühlschank, Unterhaltungsmedien) und ab 1950 Innovationen aus dem Automobilbau, der Petrochemie und der Kunststoffindustrie. Etwa 1990 begann der fünfte Zyklus mit der Informations- und Kommunikationstechnik (Computer, Internet und Mobilfunk). Wahrscheinlich steht der sechste sogenannte Kondratieff-Zyklus im Zeichen des Umweltschutzes sowie der Bio- und Medizintechnik (Eberl 2011).

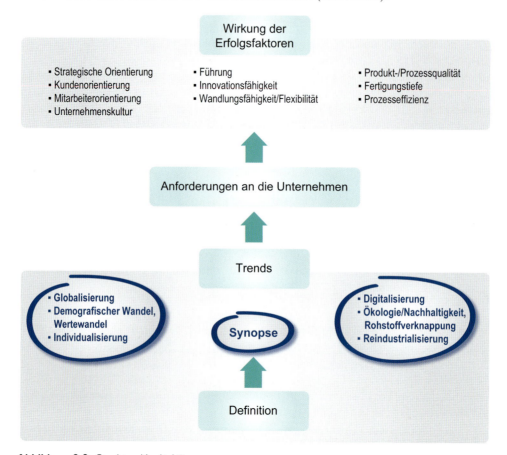

Abbildung 3.2: Struktur Kapitel 3

Die Arbeits- und Betriebswelt wandelte sich in der Vergangenheit aufgrund wechselnder gesellschaftlicher und technischer Rahmenbedingungen permanent. Die Modelle und Konzepte der Arbeits- und Betriebsorganisation mussten sich den Trends kontinuierlich anpassen oder wurden bereits teilweise neu entwickelt (vgl. Kapitel 2.3.1). Es ist davon auszugehen, dass Megatrends auch die Wirtschaftszyklen beeinflussen können und die Arbeitswelt sich darauf einstellen muss.

Zur Selektion der in diesem Kapitel beschriebenen Trends wurde eine Auswahl aus 17 Untersuchungen und Studien (siehe Anhang A) getroffen. Kriterien für die Auswahl der hier behandelten Trends waren die Häufigkeit der Nennung in den untersuchten Studien und die Bedeutung für die Arbeits- und Betriebsorganisation. Bei der Auswahl der Studien wurden auf der einen Seite allgemein bekannte und anerkannte Forschungsstellen berücksichtigt und auf der anderen Seite diejenigen, die einen Bezug zur Arbeits- und Betriebsorganisation haben und diesen in ihren Prognosen herstellen.

Folgende relevante Trends wurden zur weiteren Betrachtung in dieser Veröffentlichung identifiziert, Tabelle 3.2.

Tabelle 3.2: Auswahl relevanter Trends

Auswahl Trends
Globalisierung
Demografischer Wandel, Wertewandel, Individualisierung
Digitalisierung
Ökologie/Nachhaltigkeit, Rohstoffverknappung
Reindustrialisierung

Diese Auswahl wird im Folgenden exemplarisch anhand von drei der bedeutendsten Zukunftsstudien für Deutschland begründet. Eine ausführliche Darstellung der Trends und Wandlungstreiber findet sich in Kapitel 3.2.

In einem Bericht der Kommission „Zukunft der Arbeitswelt" der **Robert-Bosch-Stiftung GmbH** (Walter u. a. 2013) gehen die Autoren auf drei Kernentwicklungen und deren Auswirkungen bis zum Jahr 2030 ein, Tabelle 3.3.

Tabelle 3.3: Megatrends mit Einfluss auf die Arbeitswelt (nach Walter u. a. 2013)

Technisch-ökonomische Entwicklung	Demografische Entwicklung	Gesellschaftliche Entwicklung
Globalisierung	Alterung der Gesellschaft und der Beschäftigten	Sensibilisierung für Nachhaltigkeit
Integration der Informations- und Kommunikationstechnologie	Schrumpfung der Bevölkerung	Feminisierung
Entwicklung zur Wissens- und Innovationsgesellschaft	Verknappung der Nachwuchskräfte	Individualisierung
Verknappung der Rohstoffsituation und Energieversorgung	Verlängerung der Lebensarbeitszeit	Wertewandel

In dieser Studie stehen neben den Folgen der demografischen Entwicklung auch technisch-ökonomische und gesellschaftliche Entwicklungen im Mittelpunkt. Zu den technisch-ökonomischen Entwicklungen zählen u. a. die zunehmende Globalisierung und der rasante technische Fortschritt. Als besonders wichtig werden auch die Energieversorgung und die Rohstoffverknappung angesehen. Darüber hinaus wird die Arbeitswelt von morgen geprägt durch die Entwicklung hin zu einer Wissens- und Innovationsgesellschaft.

Gesellschaftliche Entwicklungen, hin zur Individualisierung und damit zu einer vielfältigeren Gesellschaft, haben wesentlichen Einfluss auf die Einstellungen, Erwartungen und Anforderungen der Menschen an die Arbeit. Von Bedeutung ist hierbei auch die zunehmende und gleichberechtigte Teilhabe von Frauen an der Erwerbsarbeit (Walter u. a. 2013).

Der **Bundesverband der Deutschen Industrie** (BDI 2011) betrachtet in seiner Untersuchung „Deutschland 2030 – Zukunftsperspektiven der Wertschöpfung" insbesondere die Chancen und Risiken des technologischen Wandels in Wirtschaft, Politik und Gesellschaft sowie die Möglichkeiten, Beschäftigung und Wertschöpfung in Deutschland zu halten. Die Ergebnisse gehen zurück auf eine Umfrage unter Unternehmen und Verbänden sowie auf Rechercheergebnisse der Zukunftsforschungsgesellschaft Z_punkt, The Foresight Company (BDI 2011).

Die Studie nennt die in Tabelle 3.4 abgebildeten Trends in der Wertschöpfung.

Tabelle 3.4: Aktuelle Trends in der Wertschöpfung (nach BDI 2011)

Aktuelle Trends in der Wertschöpfung
1. Zunehmende Bedeutung von branchenübergreifenden, internationalen Wertschöpfungspartnerschaften
2. Anhaltende Globalisierung
3. Verringerung der Fertigungstiefe – Reduzierung der Wertschöpfungstiefe
4. Wachsender Anteil von Dienstleistungen an der Wertschöpfung
5. Wissensintensivierung der Wertschöpfung
6. Wandel der Kundenanforderung
7. Individualisierung und Personalisierung von Angeboten
8. Automatisierung von Prozessstufen
9. Digitale Integration von Prozessen
10. Neue intelligente Logistikkonzepte
11. Verstärkter Einsatz von Materialien mit neuen Eigenschaften
12. Wandel der Rohstoffsituation
13. Zunehmende Bedeutung von Abfallmanagement und Recycling-Technologien
14. Zunehmende Bedeutung von Nachhaltigkeit
15. Diversity Management

Die zentralen Aussagen dieser Studie lassen sich wie folgt zusammenfassen:

- Klassische Branchengrenzen lösen sich auf und es entstehen neue Handlungsfelder, welche die Unternehmen – auch mit neuen Kooperationsformen – besetzen müssen. Als Beispiel hierzu sei die Elektromobilität genannt, die heute schon Allianzen von Energieanbietern, Automobilherstellern und IT-Dienstleistern hervorbringt. In diesem Zusammenhang wird ein ganzheitliches Verständnis von Innovation verlangt.

- Das sogenannte „Internet der Dinge" bzw. die Digitalisierung der Arbeitswelt steht mit seinen Potenzialen und Risiken im Mittelpunkt der technischen Entwicklung der Zukunft.

- Einen breiten Raum nehmen die Themen „Nachhaltigkeit", Rohstoffsituation und der Umgang mit Ressourcen sowie Recycling und Abfallmanagement ein.

- Durch die Individualisierung der Gesellschaft gewinnen die Bedürfnisse des Einzelnen an Bedeutung. Diesen – auch im Hinblick auf die demografische Entwicklung und den Fachkräftemangel – zu entsprechen, kann den langfristigen Unternehmenserfolg fördern.

Mögliche Auswirkungen der Trends auf die Mitarbeiter sind Schwerpunkt einer Untersuchung von **Rump u. a. (2011)**, („Strategie für die Zukunft - Ein Leitfaden für Unternehmen zur Bindung und Gewinnung von Mitarbeiterinnen und Mitarbeitern, Lebensphasenorientierte Personalpolitik 2.0"), Tabelle 3.5. Sie stellen die Megatrends und einen Handlungsrahmen für „Lebensphasenorientierte Personalpolitik" vor.

Die dargestellten Megatrends greifen ineinander, beeinflussen sich gegenseitig und ergeben ein komplexes Bild von Wirkungen und Abhängigkeiten, die Arbeitgeber und Arbeitnehmer tangieren. Insbesondere der demografische Wandel wird in dieser Studie als Treiber von Veränderungen gesehen.

Dem Wissen und der Kompetenz der Mitarbeiter wird zukünftig eine immer wichtigere Rolle zukommen. Resultierten in den 1950er-Jahren noch 50 % der Produktivitätszuwächse aus diesen Bereichen, so sind es heute bereits 80 % und bis zum Jahr 2022 wird es ein Anteil von 90 % sein (Rump 2011). Nachhaltigkeit wird in dieser Studie nicht nur im Sinne der Ressourcenschonung betrachtet, sondern auch als Nachhaltigkeit in der Personalarbeit, bei der die Unternehmen mit ihrem Verhalten zu einer intensiven und langfristigen Bindung des Mitarbeiters an das Unternehmen beitragen.

Der gesellschaftliche Wandel wird – wie bei den zuvor genannten Studien – anhand des Umgangs mit Vielfalt und der Individualisierung der Menschen beschrieben, wobei unter Individualisierung Selbstbestimmung in der individuellen Entwicklung verstanden wird. Diese Entwicklung und der damit einhergehende Wertewandel haben Auswirkungen auf die Bedeutung und Gestaltung von Arbeit.

Die **Bundesregierung** (Bundesministerium für Wirtschaft und Energie) beschäftigt sich ebenfalls mit den Auswirkungen von Megatrends und ruft zusammen mit Arbeitgeberverbänden (BDA) und Arbeitnehmervertretung (IG Metall) zur Gründung eines „Bündnis Zukunft der Industrie" auf. Ursächlich hierfür ist die angestrebte Bewahrung einer starken Industrie und die Bewältigung der auf die Industrie wirkenden Trends, die hier „Strukturverändernde Herausforderungen" genannt werden, Tabelle 3.6.

Die Industrie ist demnach mit umfassenden, strukturverändernden Herausforderungen konfrontiert. Diese umfassen den demografischen Wandel, den technologischen Fortschritt (Digitalisierung) und den veränderten Umgang mit Energie und Ressourcen. Eine weitere Herausforderung stellt aus politischer Sicht die Infrastrukturlücke dar, also der Modernisierungsbedarf der öffentlichen Infrastruktur, auf den in dieser Veröffentlichung nicht eingegangen wird, weil sie für die Gestaltung der betrieblichen Arbeitswelt nicht von besonderem Interesse ist.

Tabelle 3.5: Megatrends und Auswirkungen auf den Faktor Mensch (nach Rump u. a. 2011)

Megatrends	Konsequenzen
Demografischer Wandel	• Alterung der Belegschaft • Sinkender Anteil von Nachwuchskräften • Mittelfristig abnehmender Anteil und abnehmende Anzahl von Erwerbspersonen • Sinkender Bestand an Fachkräften • Verlängerung der Lebensarbeitszeit
Technische Entwicklungen	• Zunehmende Digitalisierung, Mediatisierung und Mobilisierung • Zunehmende Beschleunigung von Abläufen • Steigende Veränderungsgeschwindigkeit • Verdichtung von Arbeit • Steigende Komplexität
Wissens- und Innovationsgesellschaft	• Spannungsfeld zwischen Kostendruck und Innovationsdruck • Bedeutungszuwachs von Wissen und Kompetenz • Wissen und Kompetenz als Rohstoff für Innovationskraft • Steigende Wissensintensität am Arbeitsplatz • Zunehmender Bedarf an Fachkräften (bei sinkendem Bestand an Fachkräften)
Nachhaltigkeit	• Nachhaltigkeit im Umweltschutz und in der Energieeffizienz • Berücksichtigung von Nachhaltigkeit in der Personalarbeit • Berücksichtigung der Nachhaltigkeit in Unternehmenspolitik und Führung • Notwendigkeit, die Balance zu halten • Wunsch einiger Mitarbeiter nach Entschleunigung
Frauen	• Egalisierung des Bildungsniveaus zwischen den Geschlechtern • Steigender Anteil von Frauen auf dem Arbeitsmarkt • Veränderung des Rollenverständnisses • Trend zu ununterbrochenen bzw. nur kurzfristig unterbrochenen Erwerbsbiografien • Zunehmender Anteil von Frauen in Fach- und Führungspositionen
Gesellschaftlicher Wertewandel	• Wertepluralität aufgrund von Unterschieden in den Denk- und Handlungsmustern von Generationen • Entwicklung in Richtung der Individualisierung • Umgang mit Vielfalt (Gender, Kulturen, Generationen, Alter, sexuelle Orientierung etc.)

Der industrielle Sektor – mitsamt den dazugehörenden Dienstleistungen – ist ein wichtiger Wachstumstreiber der deutschen Wirtschaft. Im Gegensatz zu anderen Industrieländern blieb in Deutschland die Industriequote und der damit verbundene Wertschöpfungsanteil in den letzten Dekaden hoch. Dieser erfolgreich beschrittene Weg hat wiederum Debatten über eine Reindustrialisierung, der Steigerung des Anteils der Industrie bzw. des Verarbeitenden Gewerbes an der Bruttowertschöpfung einer Volkswirtschaft außerhalb Deutschlands hervorgerufen.

Tabelle 3.6: Herausforderungen an den Industriestandort Deutschland (nach Bundesministerium für Wirtschaft und Energie u. a. 2015)

Strukturverändernde Herausforderungen
Demographischer Wandel
Digitalisierung
Energiewende
Ressourcenknappheit
Infrastrukturlücke in Deutschland

Die Ergebnisse der dargestellten Untersuchungen lassen sich zusammenfassend auf die in Tabelle 3.2 aufgelisteten Megatrends verdichten. Der Wandel zur Wissens- und Innovationsgesellschaft, der in den Studien hervorgehoben wird, ist dabei als eine Entwicklung zu interpretieren, die aus der Globalisierung, dem demografischen Wandel und dem Fachkräftemangel sowie der Digitalisierung resultiert. Im folgenden Kapitel werden die fünf identifizierten relevanten Trends und ihre Wirkungen näher beschrieben (vgl. Abb. 3.3).

3.2 Beschreibungen der identifizierten relevanten Trends

 Aus der Fülle der vorliegenden Studien (siehe Anhang A zur Selektion der Trends aus den vorliegenden Studien) zu Veränderungen in der Arbeits- und Betriebswelt wurden die im Folgenden exemplarisch dargestellten Trends (Wandlungstreiber) abgeleitet.

Abbildung 3.3 zeigt die Struktur des Kapitels 3 (der Inhalt des an dieser Stelle behandelten Kapitels ist hervorgehoben).

3.2.1 Globalisierung

Globalisierung bedeutet „die ganze Welt betreffend" oder „weltumspannend". Der Begriff steht für die zunehmende weltweite Verflechtung aller gesellschaftlichen Bereiche von Wirtschaft, Politik, Kommunikation, Kultur und Umwelt. Wird allerdings von „Globalisierung" gesprochen, so ist zumeist der Bereich „Wirtschaft" und „Handel" gemeint. Im ökonomischen Sinn betrifft Globalisierung vor allem die Bereiche

1. Beschaffung von Material und Dienstleistungen,

2. Beschaffung von Personal,

3. Erweiterung der Absatzmärkte,

4. Ausdehnung des Dienstleistungsexports,

5. Auslagerung von Prozessen, die nicht die Kernkompetenz des Unternehmens betreffen („Outsourcing").

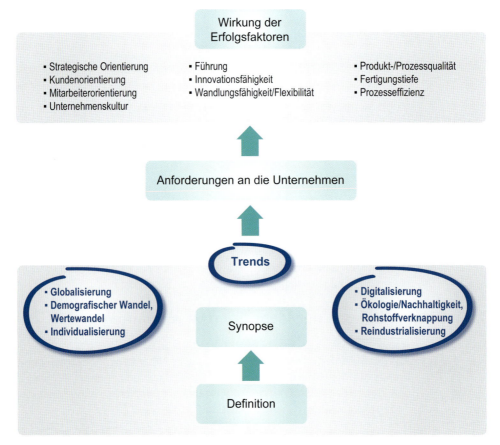

Abbildung 3.3: Struktur Kapitel 3 (der Inhalt des Kapitels ist hervorgehoben)

Als „Startpunkt" einer internationalen Globalisierung gilt das GATT-Abkommen (General Agreement on Tariffs and Trade). Dieses Allgemeine Zoll- und Handelsabkommen wurde kurz nach dem Zweiten Weltkrieg im Jahr 1947 zwischen 23 Ländern in Genf beschlossen. Deutschland ist diesem Abkommen 1951 beigetreten. Ziel war es, Zoll- und Handelshemmnisse abzubauen. Seit 1995 ist die Welthandelsorganisation die zugehörige Dachorganisation.

3.2.1.1   Beschaffung von Material und Dienstleistungen

Durch die Möglichkeiten der weltweiten Beschaffung vor allem von Material, aber im Einzelfall auch Personal verschieben sich die volkswirtschaftlichen Zentren der Wertschöpfung von Europa und den USA hin zu den asiatischen Ländern wie China und Volkswirtschaften wie Vietnam in Südostasien. Das bezieht sich nicht nur auf die Beschaffung von Baugruppen und Rohstoffen, sondern, im Zuge der Bestrebungen um den Abbau von Handelshemmnissen, auch auf den Bezug von Dienstleistungen. Grenzen werden teilweise durch Vereinbarungen zwischen Unternehmen, die im Ausland investieren, und den heimischen

Regierungen über den Umfang des sog. „Local Content", dem Anteil regionaler Wertschöpfung, bestimmt. In diesem Zusammenhang sollen auch die Anforderungen an die technischen Spezifikationen von Produkten und Baugruppen vereinheitlicht werden. Sind diese Regelungen verabschiedet, können auch kleinere Unternehmen sowohl weltweit ihre Zukaufteile beschaffen als auch ihre Produkte und Dienstleistungen anbieten.

3.2.1.2 Beschaffung von Personal

Während die weltweite Rekrutierung von Führungskräften schon längere Zeit üblich geworden ist, wurden im Rahmen der Finanzkrise zum Ende der 2000er-Jahre vor allem in Südeuropa insbesondere Fachkräfte einen Einsatz in Unternehmen in Deutschland gewonnen. Zum Teil haben die Unternehmen spezielle Programme für die Gewinnung und Integration dieser Personen aufgelegt, Tabelle 3.7.

Tabelle 3.7: Entwicklung der Fachkräfteakquise deutscher Unternehmen aus dem Ausland; Fragestellung: „Haben Sie in den letzten zwei Jahren gezielt Personen für qualifizierte Tätigkeiten aus dem Ausland angeworben?" (nach INQA 2013)

Mitarbeiteranzahl des Unternehmens	Anteil mit Akquise im Ausland
50 bis 99	6 %
100 bis 249	12 %
250 bis 499	16 %
ab 500	23 %

3.2.1.3 Erweiterung der Absatzmärkte

Neben dem Bezug von Baugruppen und Dienstleistungen kommen vor allem die erweiterten weltweiten Absatzmöglichkeiten in den Fokus der Unternehmen. Erkennbar ist das in dem zunehmenden weltweiten Handel, Tabelle 3.8.

Tabelle 3.8: Zunahme des internationalen Warenhandels (nach bpb 2009a)

Exporte aus …	Zielregion, Warenexporte in Mrd. US-Dollar 1980 (2007)			
	Nordamerika	Westeuropa	Asien/Pazifik	restliche Staaten
Nordamerika	–	74 (328,7)	59 (352,1)	72 (221,5)
Westeuropa	50 (458,5)	–	39 (433,7)	174 (636,4)
der Region Asien/Pazifik	70 (756,4)	53 (714,6)	–	67 (438,9)
den verbleibenden Staaten	96 (350,7)	208 (668,9)	95 (618)	–

Die Erweiterung der Absatzmärkte gilt in einem exportstarken Land wie Deutschland als Basis für das Wachstum der nationalen Industrie und als Basis für Wertschöpfung und für Beschäftigung im Land.

3.2.1.4   Ausdehnung des Dienstleistungsexports

Zunehmend konkurrieren die Unternehmen nicht nur bei dem Absatz von materiellen Produkten sondern auch bei Dienstleistungen. Das wird in dem Anwachsen des weltweiten Dienstleistungsexports deutlich, Tabelle 3.9 und 3.10.

Tabelle 3.9: Zunahme des Dienstleistungsexports in Mrd. US-Dollar (nach bpb 2009b)

	1980	1990	2000	2005	2006	2007 (geschätzt)
Welt	388,0	830,2	1526,6	2537,9	2826,0	3337,5
ökonomisch entwickelt Staaten	312,3	673,6	1155,2	1858,2	2038,6	2399,0
ökonomisch sich entwickelnde Staaten	71,1	150,2	348,1	622,5	718,1	848,1
Südosteuropa und GUS	4,6	6,4	23,4	57,3	69,2	90,4

Tabelle 3.10: Zunahme des Dienstleistungsexports in Prozent (nach bpb 2009b)

	1980	1990	2000	2005	2006	2007 (geschätzt)
Welt	100	100	100	100	100	100
ökonomisch entwickelt Staaten	80,5	81,1	75,7	73,2	72,1	71,9
ökonomisch sich entwickelnde Staaten	18,3	18,1	22,8	24,5	25,4	25,4
Südosteuropa und GUS	1,2	0,8	1,5	2,3	2,4	2,7

3.2.1.5   Auslagerung von Prozessen

Die Hauptgründe für die Auslagerung von Prozessen liegen zum einen in der Erschließung neuer Märkte durch die Produktion vor Ort und zum anderen in der angestrebten Kostenersparnis aufgrund lokaler Kostenvorteile beispielsweise durch niedrigere Löhne. Der Ort und die Zeit der Entstehung von Leistungen spielen zunächst keine entscheidende Rolle, wenn die Anforderungen detailliert spezifiziert sind und eingehalten werden. Wichtig ist allein das für den Kunden zufriedenstellende und für das Unternehmen positive wirtschaftliche Ergebnis. Abstimmungsprozesse über weite Entfernungen und unterschiedliche Zeitzonen sind zwar aufwändiger, aber mittlerweile dank technischer Unterstützung wie Telefon-, Video- und PC-Konferenzen ohne großen Reiseaufwand gut möglich. Die Anforderungen an die Organisation solcher Lieferbeziehungen steigen allerdings wegen der zunehmenden Anzahl von Schnittstellen.

Oft sind auch länderspezifische Produkt- und Dienstleistungsvarianten zu entwickeln und herzustellen. Unterschiedliche Kulturen können für die Kooperation ein Hindernis sein. Beispiele für funktionierende weltweite Prozesse sind die Abrechnung von Flugbuchungen in

Europa über Partner in Indien oder auch das Betreiben von Callcentern in diesen Ländern. Speziell in der internationalisierten Automobilindustrie werden seit geraumer Zeit auch internationale Zuliefersysteme eingesetzt. So sind die Fahrzeughersteller in der Lage, ihre Produkte in verschiedenen Regionen mit den gleichen Komponenten zu fertigen. Die Anteile an der Wertschöpfung liegen aufgrund dieser Entwicklungen bei den Herstellern im Schnitt nur noch bei rund 25 %. Der überwiegende Teil der Wertschöpfung liegt demnach bei den Zulieferern.

3.2.2 Demografischer Wandel/Wertewandel/Individualisierung

Die wirtschaftliche Entwicklung in den Volkswirtschaften wird künftig stark von der zahlenmäßigen Entwicklung der örtlichen Arbeitskräfte bzw. der Erwerbsfähigen abhängen. Erfahrungen von „klassischen" Einwanderungsländern wie den USA zeigen, welche positiven Einflüsse von einer gezielten Einwanderungspolitik für Fachkräfte auf die wirtschaftliche Entwicklung des Landes ausgehen können. Für Deutschland ist der Rückgang der Anzahl der Erwerbsfähigen bekannt und absehbar. Insbesondere ist künftig von durchschnittlich älteren Erwerbstätigen auszugehen. Das bedeutet nicht automatisch, dass diese Personen nicht in der Lage wären, die bisherigen Aufgaben weiterhin ausführen zu können. Aber im Einzelnen ist bei der Gestaltung von Arbeitsplätzen und -prozessen noch stärker zu berücksichtigen, welche Altersgruppen von Personen mit welchen Fähigkeiten dort eingesetzt werden. Eine gezielte Einwanderung zum Ausgleich des Rückgangs und zur Verschiebung der Altersstruktur des Erwerbstätigen-Potenzials ist bis jetzt allerdings noch nicht erkennbar.

Vielfach wird diskutiert, ob es neben dem demografischen Wandel zugleich noch zu einer Veränderung der Wertevorstellungen und Ziele der jüngeren Erwerbstätigen kommt. Stichworte sind z. B. „Generation X" bzw. „Generation Golf" oder „Generation Y". Letzterer wird zugesprochen, dass sie weniger über materielle Anreize, sondern eher über anspruchsvolle Aufgaben und Gestaltungsspielräume motiviert wird. Es ist schwierig einen solchen Wertewandel empirisch zu belegen, da die Ableitung auf Befragungen basiert, die oft keine eindeutigen Aussagen zulassen und die Fragen oder die verschiedenen Einflussgrößen auf die Antworten unterschiedlich interpretiert werden können.

Die Unterschiede zwischen der Generation Y und der Vorgängergeneration X in der Karriereorientierung sind oft geringer als angenommen, Tabelle 3.11. Entscheidend ist nicht die Werteorientierung einer Generation, sondern die des einzelnen Beschäftigten. Diese unterscheiden sich stärker als die zwischen den Generationen.

Es spricht aber vieles dafür, dass auch aufgrund der zunehmenden Vererbung von Vermögen nach mehr als 70 Jahren Frieden in Mitteleuropa für die jüngeren Erwerbstätigen materielle Anreize für eine Berufstätigkeit an Bedeutung verlieren. Auch über die Einführung von Elterngeld wird es vielen jungen Vätern ermöglicht bzw. erleichtert, zumindest für eine kurze Zeit aus der Berufstätigkeit auszusteigen. Die bei manchen abhängig Beschäftigten bestehende Befürchtung, dass solche „Pausen" der Berufskarriere nicht förderlich sind, lassen den Anteil derjenigen, die das Angebot nutzen, jedoch noch relativ gering ist, wenn auch mit steigender Tendenz. So nutzte nach einer Auswertung des Statistischen Bundesamtes von 2013 (Statistisches Bundesamt 2013) im Durchschnitt in Deutschland 2009 etwa jeder vierte Vater das Elterngeld. In 2012 stieg der Wert der Nutzung auf etwa jeden dritten Vater.

Tabelle 3.11: Zufriedenheit, Arbeitszeit, Betriebszugehörigkeit und Arbeitsplatzsorgen unterschiedlicher Generationen (Metzler u. a. 2015)

	Generation X	Generation Y	Differenz
Allgemeine Lebenszufriedenheit	7,35 von 10	7,40 von 10	0,05
Zufriedenheit mit der Arbeit	7,21 von 10	7,26 von 10	0,05
Zufriedenheit mit der Freizeit	6,85 von 10	6,71 von 10	-0,14
tatsächliche Wochenarbeitszeit (in Stunden)	40,49	39,45	-1,04
vereinbarte Wochenarbeitszeit (in Stunden)	37,18	36,07	-1,11
Betriebszugehörigkeit (in Jahren)	3,08	2,93	-0,15
Sorge um Arbeitsplatz (Differenz in Prozentpunkten)	49,2 %	47,5 %	-1,7 %

Nachfolgende Tabelle zeigt die Auswertung einer Befragung zu den Leistungen, die einen Arbeitgeber besonders attraktiv machen, Tabelle 3.12.
Die Befragungsergebnisse unterscheiden sich hinsichtlich der Reihenfolge der präferierten Arbeitgeberleistungen kaum zwischen den Generationen (maschinenmarkt 2014)

Tabelle 3.12: Bewertung betrieblicher Leistungen aus Sicht der Mitarbeiter (nach maschinenmarkt 2014)

Bedeutung betrieblicher Leistungen aus Sicht der Mitarbeiter			
Sicherheit des Arbeitsplatzes	64,3 %	Image des Unternehmens	14,4 %
Leistungsgerechte Bezahlung	63,6 %	Soziales Engagement	12,7 %
Flexible Arbeitszeiten	46,4 %	Fahrtkostenzuschuss	11,7 %
Arbeitsplatznähe zum Wohnort	42,1 %	Betriebskindergarten	10,4 %
Abwechslungsreiche Tätigkeit	31,5 %	Vermögenswirksame Leistungen	10,3 %
Weiterbildungsangebote	30,4 %	Gesundheitsvorsorge	10,2 %
Betriebliche Altersvorsorge	30,3 %	Prämiensystem für Betriebszugehörige	10,2 %
Urlaubsgeld	28,6 %	Kantine	4,1 %
Weihnachtsgratifikation	16,6 %	Viele Mitarbeiter (Großunternehmen)	4,0 %
Betriebsrat	15,0 %	Internationalität	3,9 %
Attraktiver Standort	14,9 %	Betriebssport	3,0 %

3.2.3 Digitalisierung

Dieser Wandlungstreiber wirkt sich vor allem auf die Produktentstehung, aber auch auf die Unternehmensprozesse aus:

- **Produktentstehung:** Die zunehmenden Möglichkeiten der Digitalisierung bieten die Chancen, Produkte als Datenmodell zu konfigurieren und diese Datenmodelle weltweit zu vertreiben. Sie können mit sogenannten 3D-Druckern aus pulverisiertem Material (Metall oder Kunststoffe) schichtweise ohne Formen direkt beim Kunden von diesem selber „gedruckt" werden. Wenn der Ersteller des Datenmodells es zulässt, können Kunden selber individuelle Veränderungen am Modell vornehmen und das geänderte Produkt herstellen. Die Distributionsprozesse der Produkte entfallen, wenn der Endkunde den Drucker selbst betreibt.

  Mit den Datenmodellen können im Rahmen von Simulationen die kollisionsfreien Zusammenbaumöglichkeiten überprüft werden und Ausschreibungen für Zulieferer beschrieben werden. Darüber hinaus bietet ein integrierter Produktentstehungsprozess die Möglichkeit – ausgehend von der digitalisierten Idee als Skizze – das CAD-Datenmodell, den digitalisierten Arbeitsplan, den Prüfplan und das Maschinensteuerungsprogramm inklusive aller Rückkopplungen bis hin zur Abrechnung zu generieren. Allerdings entstehen hierbei neue Fragestellungen auch hinsichtlich des Datenschutzes und es stellt sich gerade bei größeren Stückzahlen die Kostenfrage.

- **Unternehmensprozesse:** Bevor z. B. neue Fabrikationshallen erstellt werden, können die vorgesehenen Prozesse der Materialversorgung an Rechnern simuliert werden, die Auskunft über Materialströme sowie die Auslastungen von Anlagen und Maschinen geben. Auch die Gestaltung der Arbeitsplätze kann vor der Beschaffung der Arbeitsmittel zuerst digital abgebildet und so die ergonomische Situation beurteilt werden. Umgekehrt können so aber auch Anforderungen an die Arbeitsmittel definiert werden. Aktuell konzentriert sich die Diskussion unter dem Stichwort „Industrie 4.0" auf die Fragestellung, ob nicht auf der Datenbasis der Produkte Abläufe und Maschinen (und die Fabrik selbst) autonom und in Echtzeit gesteuert und optimiert werden können.

Unabhängig von den technischen Detailfragen, die bis dahin noch zu lösen sind, ist auch zu beantworten, ob und welche Unternehmen die notwendigen Investitionen in die volldigitalisierten Ausrüstungen finanzieren können. Eine große Rolle dürfte auch die Frage der Datensicherheit und die Stabilität der Prozesse spielen. Eine vollautomatische Ressourcenplanung auf der Basis von elektronischen Datenmodellen wird allgemein noch als eher in weiterer Zukunft für möglich angesehen. Eine Unterstützung von Beschäftigten durch Anweisungen über Tablet-PCs – z. B. zur Instandhaltung oder Produktionssteuerung – ist schon jetzt möglich, wird aber noch nicht flächendeckend, sondern eher als Einzelfall-Lösung eingesetzt, Tabelle 3.13.
Auch wenn in vielen Fällen der Eindruck vorherrscht, dass an Arbeitsplätzen nur noch mit Computern und digitalen Abbildern der Wirklichkeit gearbeitet wird, zeigt eine Befragung aus dem Jahr 2013 ein anderes Bild. Lediglich 61 % der Arbeitsplätze in Deutschland sind mit einem PC ausgestattet (BITKOM 2013, auf Grundlage von Daten der europäischen Statistikbehörde Eurostat). Die Zahl stagniert seit 2007. Beschäftigte in kleineren Unternehmen nutzen hierzulande seltener Computer als ihre Kollegen in großen Unternehmen. In Unternehmen mit 10 bis 49 Beschäftigten nutzten in Deutschland im Jahr 2012 nur 55 Prozent einen Computer. In großen Unternehmen mit mehr als 250 Beschäftigten waren es dagegen rund zwei Drittel (67 Prozent). Im europäischen Vergleich liegt Deutschland

auf dem vierten Platz, Tabelle 3.14. Die Computerausstattung von Arbeitsplätzen ist laut BITKOM ein Kriterium für die Innovationsstärke einer Volkswirtschaft.

Zukünftig ist jedoch auch der vermehrte Einsatz von Smartphones, Smartwatches etc. vorstellbar. Die technische Entwicklung als auch die preisliche Entwicklung machen den Einsatz dieser Hilfsmittel künftig für die Unternehmen attraktiv.

Tabelle 3.13: Einsatz von Tablet-PCs (nach Computerwoche 2012)

Einsatz von Tablet-PCs (n = 313)	
Ja, in sehr großem Stil im Einsatz	1,3 %
Ja, in großem Stil im Einsatz	11,0 %
Ja, Tablets im Einsatz	14,8 %
Nein, nur einzelne Tablets im Einsatz	51,3 %
Nein, keine Tablets im Einsatz	18,4 %
Tablet-Einsatz in Planung	3,2 %

Tabelle 3.14: Anteil der Beschäftigten, die bei der Arbeit einen PC verwenden (nach BITKOM 2013)

Anteil der Beschäftigten, die bei der Arbeit einen PC verwenden (2012)			
Finnland	72 %	Europäische Union (27 Länder)	53 %
Norwegen	71 %	Österreich	51 %
Niederlande	63 %	Slowakei	49 %
Belgien	61 %	Malta	48 %
Deutschland	61 %	Estland	47 %
Vereinigtes Königreich	60 %	Kroatien	46 %
Frankreich	57 %	Italien	45 %
Slowenien	56 %	Zypern	44 %
Irland	55 %	Litauen	43 %
Spanien	55 %	Polen	43 %

3.2.4 Ökologie, Nachhaltigkeit, Rohstoffverknappung

Preissteigerungen und starke Preisschwankungen bei Rohstoffen wie Metallen und soge-nannten seltenen Erden und Energie sprechen für deren längerfristig knappe Verfügbarkeit. Nach Auffassung einer EU-Expertengruppe sind 14 mineralische Rohstoffe für die Wirt-schaft in der Europäischen Union von entscheidender Bedeutung, nämlich Antimon, Beryl-lium, Kobalt, Flussspat, Gallium, Germanium, Graphit, Indium, Magnesium, Niob, Metalle der Platingruppe, seltene Erden wie z. B. Blei und Gold, Tantal und Wolfram. Prognosen zufolge wird sich bis zum Jahr 2030 die Nachfrage nach einigen dieser Rohstoffe gegenüber 2006 mehr als verdreifachen.

Es werden zwar auch immer wieder Ersatzstoffe z. B. für Metalle gefunden und eingesetzt, aber auch deren Verfügbarkeit ist begrenzt. Ein Lösungsansatz dafür besteht in der gezielten Wiederverwendung von knappen Rohstoffen. Das spielt besonders für Deutschland als rohstoffarmes Land eine große Rolle. Zunehmend werden auch die Entsorgungskosten vor allem von nicht sortenreinen Reststoffen zum Treiber für das Recycling von Produkten.

Dazu müssen Produkte so konstruiert sein, dass sie zum einen sortenrein recycelt werden können und es müssen zum anderen – auch von den Herstellern – Systeme für die Sammlung der ausgedienten Produkte etabliert werden. In den Unternehmen werden Reststoffe und Abfälle wie Metallspäne und Kunststoffe sortenrein gesammelt und können dem Materialkreislauf wieder zugeführt werden. In vielen Gemeinden werden Elektrogeräte aus privaten Haushalten nicht nur gezielt gesammelt, sondern anschließend auch geordnet in ihre Einzelteile zerlegt. Entweder können Bauteile so für einen Wiedereinsatz aufbereitet werden oder die beinhalteten Materialien können wiedergewonnen werden. Das betrifft vor allem die Produkte, in denen oft seltene und knappe Rohstoffe verbaut sind. Anhand von Handys sei dieser Punkt im folgenden Exkurs verdeutlicht.

 Exkurs: Das Handy als Rohstoffquelle

In Deutschland werden jährlich 35 Millionen Handys gekauft. Es ist davon auszugehen, dass in Deutschland rund 81 Millionen alte Handys ungenutzt bei deren Besitzern lagern. Der Materialwert der bis zu 80 % recycelbaren Materialien wird folgendermaßen geschätzt (nach udldigital 2012):

- 1,66 Tonnen Gold (in einem Wert von 67 Millionen Euro)

- 15 Tonnen Silber (11 Millionen Euro)

- 644 Tonnen Kupfer (4 Millionen Euro)

- 50 kg Palladium (0,8 Millionen Euro)

Es werden künftig also nicht nur die Herstellprozesse unter diesen Aspekten zu gestalten, sondern im Sinne eines Nutzungskreislaufes auch die Phasen des Einsatzes von Produkten und deren Verwertung nach Ende der Einsatzdauer zu organisieren sein. Gegebenenfalls werden die Produkte nicht mehr von den Herstellern verkauft, sondern nur für eine definierte und vereinbarte Nutzungsdauer verliehen. Danach werden sie vom Hersteller zurückgenommen und für eine neue Nutzungsphase wieder aufbereitet und eventuell modernisiert. Die notwendigen Prozesse müssen etabliert, optimiert und mit den Herstellprozessen verknüpft werden. Mittels elektronischer Bauteile wie RFID können „Lebensakten" die Einsatzbedingungen dokumentieren und eine weitere Zerlegung in Einzelbestandteile und -materialien erleichtern. Auch hier besteht die Aufgabe, Datendiebstahl und Fremdnutzung zu verhindern.

Da alle in der Produktion eingesetzten Ressourcen auch Kosten verursachen, haben die Unternehmen ein großes Eigeninteresse, deren Einsatz zu minimieren. Das gilt auch für die Energie. So gibt es viele Versuche z. B. Prozesswärme zurückzugewinnen und für eine Vorwärmung der zu bearbeitenden Materialien zu nutzen. Oft ist das auch ein Ansatz für die gemeinsame Ansiedlung von Unternehmen, die zusammen einen Kreislauf von Energie und/oder Materialien abbilden können.

 Exkurs: Möglichkeiten der Ressourcenschonung

Insbesondere im Automobilbau und in der Luftfahrtindustrie kommen Leichtbaustoffe zum Einsatz, um die erforderliche Antriebsenergie der Fahrzeuge zu verringern. Auch die Aufbereitung von Gießereisanden schont Ressourcen. Mit Bindemitteln verunreinigte Gießereisande werden thermisch behandelt, um dann nochmals eingesetzt zu werden. Der Vorteil liegt nicht nur in der Kostenersparnis für neuen Sand, sondern auch in den vermiedenen Transportkosten.

3.2.5   Reindustrialisierung

Im europäischen Vergleich war und ist die deutsche Volkswirtschaft stark von der Produktion hochentwickelter Güter geprägt, Abbildung 3.4. Bedeutende Branchen sind dabei die Automobilindustrie, der Maschinen- und Anlagenbau sowie die Elektrotechnische Industrie. Neben der materiellen Güterproduktion selbst spielt die Industrie auch eine große volkswirtschaftliche Rolle als Nachfrager von industrienahen und produktbegleitenden Dienstleistungen wie Forschung und Entwicklung, Marketing oder Finanzierung. Trotz eines leichten Rückgangs des Anteils des Produzierenden Gewerbes an der Bruttowertschöpfung von 2005 bis 2013 hat Deutschland einen im europäischen Vergleich recht hohen Anteil.

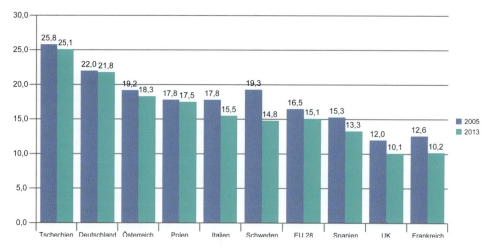

Abbildung 3.4: Anteil Verarbeitendes Gewerbe an der Bruttowertschöpfung im europäischen Vergleich – Angaben in Prozent (nach BMWi 2013)

Andere (ehemalige) Industrieländer wie Großbritannien oder Irland hatten in den Jahren vor 2008 eine andere Ausrichtung ihrer Volkswirtschaft bevorzugt und stärker auf Dienstleistungsunternehmen und die Finanzbranche gesetzt. Im Rahmen der Finanzkrise – im Jahr 2008 beginnend – zeigten sich insbesondere diejenigen Länder, die stärker auf eine Dienstleistungswirtschaft gesetzt hatten, als anfälliger für eine Rezession.

Nach Auswertung der wirtschaftlichen Folgen der Finanzkrise kann festgestellt werden, dass Deutschland im Vergleich zu anderen europäischen Volkswirtschaften mit einem relativ geringen Rückgang der Wirtschaftsleistung die Krise überstanden hat. Das hat seine Ursachen sicher nicht nur in der stärkeren industriellen Basis, sondern auch in den begleitenden Maßnahmen wie Regelungen zur Kurzarbeit und betrieblichen Regelungen zur Flexibilisierung von Arbeitszeiten.

Entgegen der lange diskutierten Entwicklung vom Ende der Industrie (in Europa) bieten Volkswirtschaften und Unternehmen mit hochwertigen Produkten und Anpassung an individuelle Wünsche eine gesunde Basis für eine Renaissance der Industrie(-arbeit).

Es müssen auch weiterhin die Möglichkeiten zum Erhalt der Wettbewerbsfähigkeit genutzt werden, d. h., es muss eine ausgewogene Entwicklung von Arbeitskosten und Arbeitsproduktivität bzw. von Kosten und Leistung erreicht werden. Allerdings wird z. B. allein eine Verlagerung von arbeitsintensiver Produktion in Niedriglohnländer für einen nachhaltigen „wirtschaftlichen" Erfolg nicht ausreichen. Entscheidend dürfte in Zukunft eine auf die konkreten Kundenanforderungen maßgeschneiderte (effektive) und effiziente Verbindung zwischen Produktentwicklung und -gestaltung mit den Produktionsnetzwerken sein, die entlang der Wertschöpfungskette der Produkte und Dienstleistungen schnell und flexibel auch die Kundenwünsche hinsichtlich Qualität, Preis, Verfügbarkeit und Lieferzeit bestmöglich sicherstellen kann. Dazu bietet die deutsche Industrie mit den eingespielten Liefernetzwerken gute Voraussetzungen – auch für die Zukunft.

3.3   Zentrale Anforderungen an die Unternehmen

 Dieses Kapitel beschreibt in Stichworten, welche zentralen Anforderungen sich für die Unternehmen aus den in Kapitel 3.1 identifizierten und in Kapitel 3.2 beschriebenen Megatrends ergeben.

Abbildung 3.5 zeigt die Struktur des Kapitels 3 (der Inhalt des an dieser Stelle behandelten Kapitels ist hervorgehoben).

Bevor in Kapitel 3.4 die Wirkungen der Trends auf die Erfolgsfaktoren intensiv beschrieben werden folgt nachstehend eine stichwortartige Abhandlung der Herausforderungen, die die globalen Trends und Wandlungstreiber für die Unternehmen haben.

- **Globalisierung:**
  Wie kaum ein anderer Megatrend beeinflusst die Globalisierung fast alle Lebensbereiche. Unternehmen sind in besonderer Weise gefordert. Sie müssen sich mit Folgendem intensiv beschäftigen:

Abbildung 3.5: Struktur Kapitel 3

– Beobachtung und Analyse der globalen Märkte, um langfristig die Entwicklung marktgerechter, kundenorientierter Produkte und Dienstleistungen zu sichern und eine wirtschaftliche und marktnahe Produktion einzurichten, gegebenenfalls unter Nutzung der Digitalisierung sowie unter Einbeziehung und Entwicklung geeigneter Partner und Netzwerke, um zunehmend kurzlebigere Produktlebenszyklen und wachsende Variantenvielfalt zu bewältigen,

– ggf. Aufbau neuer Fertigungsstätten in Abhängigkeit von Produktions- und Marktstrategien des Kunden, insbesondere für Zulieferer,

– Schaffung der Voraussetzungen durch Qualifikation der Mitarbeiter, beispielsweise durch Vermittlung von Sprach- und Kulturkenntnissen,

– Mitarbeiter auf zunehmend internationale Arbeit vorbereiten,

– standortbedingte Produktivitäts- und Kostennachteile durch Umsetzung eines humanorientierten Produktivitätsmanagements verhindern und die

– zunehmende Innovationsstärke bisheriger „Billiglohnländer" bewältigen.

- **Demografischer Wandel/Wertewandel/Individualisierung:**
  Um den Bedarf an Fachkräften langfristig zu sichern, müssen die Unternehmen:

  - die Arbeitsfähigkeit ihrer Mitarbeiter präventiv fördern und sichern,

  - die Arbeitsbedingungen so gestalten, dass auch Mitarbeiter mit körperlichen Beeinträchtigungen oder zeitlichen Einschränkungen (beispielsweise infolge Kinderbetreuung oder Teilzeitwunsch) einsetzbar sind und sich bemühen und

  - für ihre derzeitigen und potentiellen Mitarbeiter ein attraktiver Arbeitgeber zu sein.

- **Digitalisierung:**
  Die Digitalisierung erfasst fast alle Bereiche des Lebens in modernen Gesellschaften. Unternehmen können diesen Trend auch für ihre Interessen nutzen mittels:

  - Identifikation der Unternehmenspotenziale, die durch Digitalisierung sinnvoll und wirtschaftlich erschlossen werden können,

  - schrittweiser Einführung identifizierter Möglichkeiten unter Berücksichtigung der Kompatibilität zu einem unternehmensspezifischen strategischen Gesamtkonzept,

  - Beobachtung und Bewertung der technischen Möglichkeiten und ihrer Entwicklung,

  - Schaffung der Voraussetzungen durch Qualifizierung und Einbeziehung der vorhandenen Mitarbeiter sowie die Beschaffung geeigneter zusätzlicher Fachkräfte und der

  - Nutzung der Berufserfahrung älterer Mitarbeiter in Wissensmanagementsystemen.

- **Ökologie/Nachhaltigkeit/Rohstoffverknappung:**
  Die Energiekosten werden immer mehr zum Kriterium des wirtschaftlichen Erfolges eines Unternehmens. Positiv auf die Kosten wirken sich für die Unternehmen aus:

  - die Senkung des Materialverbrauchs, beispielsweise durch Leichtbautechnologie,

  - Identifikation und Einsatz alternativer Werkstoffe,

  - die Konzeption wiederverwertbarer Produkte beispielsweise durch geeignete Demontagekonzepte oder die Vermeidung von Verunreinigungen,

  - die Verschwendung in den Unternehmensprozessen erkennen und beseitigen und die

  - Gestaltung und Einführung energieeffizienter Prozesse und Anlagen.

- **Reindustrialisierung:**
  Staaten mit einer hohen Industriequote haben die weltweite Wirtschafts- und Finanzkrise Ende der 2000er-Jahre besser überstanden als Länder mit niedriger Quote. Um den wirtschaftlichen Erfolg auch in solchen Situationen zu gewährleisten, sollten die Unternehmen sich beschäftigen mit:

- der Entwicklung und Identifikation geeigneter Produkte für eine Fertigung in Deutschland, beispielsweise Produkte und Komponenten mit hohem Bedarf an Fertigungs-Know-how oder automatisierungsfähige Massenprodukte,

- der Entwicklung und Identifikation geeigneter produktnaher Dienstleistungen,

- der Entwicklung, Einführung und ständige Verbesserung geeigneter Produktionsprozesse, beispielsweise für die flexible Fertigung von Einzel- oder Kleinserienteilen oder flexible hochautomatisierte Anlagen auch unter Nutzung der Möglichkeiten der Digitalisierung,

- der Etablierung stabiler und verschwendungsfreier Prozesse und dem

- dem Aufbau und der Pflege geeigneter Produktionsnetzwerke und Partner, die für das eigene Unternehmen unwirtschaftliche Arbeiten übernehmen und in Abhängigkeit von der Auslastung Arbeiten kurzfristig flexibel übernehmen.

3.4   Wirkungen der Trends auf die Erfolgsfaktoren

 Dieses Kapitel beschreibt, wie die in Kapitel 2.1 dargestellten unternehmerischen Erfolgsfaktoren die Unternehmen dabei unterstützen können, den Folgen der Megatrends erfolgreich zu begegnen. Es verdeutlicht, dass die Bedeutung aller identifizierten Erfolgsfaktoren unter dem Einfluss der identifizierten Trends künftig zunehmen wird. Für die Auswahl und Gestaltung der relevanten Faktoren gibt es keine generelle Empfehlung. Sie muss unternehmensspezifisch erfolgen.

Abbildung 3.6 zeigt die Struktur des Kapitels 3 (der Inhalt des an dieser Stelle behandelten Kapitels ist hervorgehoben).

Eine genaue Beobachtung und Analyse des nationalen und internationalen Marktes bringt Erkenntnisse für die Entwicklung neuer Produkte und Dienstleistungen sowie zur Ausrichtung auf neue Märkte oder Marktsegmente und kann so zum Management der Auswirkungen der Globalisierung beitragen. Eine erfolgreiche Strategie berücksichtigt zudem gesellschaftliche Entwicklungen und die damit verbundenen Anforderungen der Mitarbeiter und der Kunden.

Die Digitalisierung von Produktion, Produkten und anderen Lebensbereichen erfordern ebenso eine strategische Ausrichtung wie der ressourcenschonende Umgang mit Rohstoffen und Energie. Das gilt auch für Tendenzen zur Reindustrialisierung, die aus betrieblicher Perspektive eine Stärkung bzw. Ausweitung der inländischen Produktion bedeuten. Dies erfordert u. a. den Aufbau und die langfristige Integration in Unternehmensnetzwerke und Cluster.

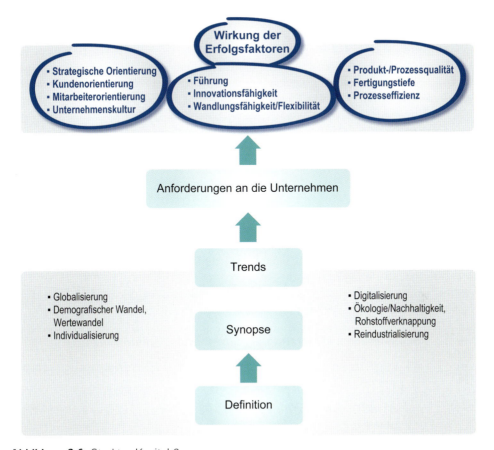

Abbildung 3.6: Struktur Kapitel 3

3.4.1   Strategische Orientierung

Insgesamt wird die Bedeutung des Erfolgsfaktors „strategische Orientierung" unter dem Einfluss der identifizierten Trends zunehmen.

 Konsequenzen und Herausforderungen für die Unternehmen:

- Know-how für die Strategieplanung entwickeln und im Unternehmen verbreiten

- Standardisierte und stabile Prozesse für die Strategieplanung und -verfolgung im Unternehmen etablieren

- Ressourcen für strategische Abteilungen und Prozesse bestimmen und bereitstellen

- Regelmäßige Prüfung und ggf. Diversifizierung der strategischen Ausrichtung

3.4.2 Kundenorientierung

Kundenorientierung berücksichtigt die Interessen möglicher Kunden weltweit. Je nach Produkt müssen im globalen Markt Kundenspezifikationen und Sonderwünsche aufgrund lokaler Gegebenheiten berücksichtigt werden. Dies gilt beispielsweise für die besondere Korrosionsfestigkeit von Bauteilen beim Einsatz in tropischen Ländern oder für die religionsspezifische Zusammensetzung von Nahrungsmitteln. Ebenso müssen die individuellen Belange der Kunden verstärkt in die Produkt- und Prozessplanung mit einbezogen werden.

Aufgrund des zunehmenden Anteils älterer Menschen in den Industrieländern sollte generell die Nutzbarkeit der Produkte für diese Zielgruppe sichergestellt sein. Zunehmend ziehen Verbraucher auch die Nachhaltigkeit von Produkten und deren Herstellungsprozess in ihre Kaufentscheidung mit ein. Dabei werden z. T. auch im Inland produzierte Produkte bevorzugt.

Innovative Produkte von morgen müssen – auch für die betriebliche Nutzung – zudem den neuesten Anforderungen hinsichtlich der Digitalisierung entsprechen, d. h., dass beispielsweise die Produkte für eine mögliche digitale Vernetzung von Produkten mit dem Internet und der Bedienung mit einem Smartphone „offen" sind.

Zusammenfassend resultiert hieraus eine zunehmende Bedeutung des Erfolgsfaktors „Kundenorientierung" durch die Wirkung der identifizierten Trends und Wandlungstreiber.

Konsequenzen und Herausforderungen für die Unternehmen:

- Prozesse zur Bestimmung der Wünsche und Bedürfnisse externer (und interner) Kunden definieren und etablieren

- Kundenindividualisierte Produkte und Dienstleistungen entwickeln und anbieten

- Zunehmende Komplexität und Flexibilität in Entwicklungs-, Produktions- und Dienstleistungsprozessen beherrschen

- Sprach-, Markt- und Kundenkenntnisse relevanter Mitarbeitergruppen sicherstellen und entwickeln

3.4.3 Mitarbeiterorientierung

Die demografische Entwicklung wird vielfältige Auswirkungen auf die wirtschaftliche Entwicklung in Deutschland haben. Eine lebenssituationsorientierte Personalpolitik unterstützt Unternehmen dabei, die Auswirkungen des demografischen Wandels zu bewältigen. Eine Vernetzung bzw. die Digitalisierung von Arbeitsinhalten kann die Flexibilisierung von Arbeitsort und Arbeitszeit unterstützen und somit wiederum ein Argument für die Wahl des Arbeitgebers sein.

Personalakquise erfolgt zunehmend international (siehe Tabelle 3.7). Entsprechend sind auch die besonderen Bedarfe dieser Mitarbeiter mittels Integrationshilfen (Sprachkurse, Hilfen bei Wohnungssuche und Behördengängen) zu gewährleisten. Bei global verteilten Unternehmensstandorten müssen Kommunikationsabläufe durch neue Modelle und Instrumente wie Videokonferenzen oder über digitale Lösungen organisiert werden.

Die Globalisierung und der demografische Wandel werden somit die Bedeutung des Erfolgsfaktors „Mitarbeiterorientierung" erhöhen. Die Digitalisierung bietet den Unternehmen die Chance, diesen Erfolgsfaktor effektiver als bisher einzusetzen. Produkte und Prozesse ressourcen- und energieeffizient zu gestalten erfordert – ebenso wie Reindustrialisierung, also der Ausbau einer wettbewerbsfähigen Produktion im Hochlohnstandort Deutschland – motivierte Mitarbeiter, die unternehmerisch und eigenverantwortlich handeln. Auch diese Trends fördern somit die künftige Bedeutung der Mitarbeiterorientierung, denn diese ist eine Voraussetzung für motivierte und qualifizierte Mitarbeiter.

Konsequenzen und Herausforderungen für die Unternehmen:

- Sicherung der Arbeitsfähigkeit bis in das künftig angehobene Renteneintrittsalter

- Neue Ansätze für die Mitarbeiterbindung und -motivation entwickeln und umsetzen

- Mitarbeitergerechte Konzepte für digitale Kommunikation und Kooperation entwickeln und umsetzen

- Kommunikation und Kooperation in zunehmend diversifizierten Belegschaften sichern

- Ausweitung der Mehrsprachigkeit

- Steigende Ansprüche an Qualität und Umfang der Mitarbeiterbetreuung (z. B. Employee Assistance Programs, EAP)

3.4.4   Unternehmenskultur

Der Trend zur internationalen Ausrichtung betrifft alle Unternehmensbereiche. Auch Belange des demografischen Wandels, des Wertewandels sowie der Individualisierung (siehe auch Kapitel 3.4.3 „Mitarbeiterorientierung") müssen in die Unternehmenskultur einfließen. Unternehmen müssen aufgrund der Ressourcenverknappung und der Käufersensibilität zunehmend ihren sogenannten „ökologischen Fußabdruck" auf den Prüfstand stellen. Die Betrachtung der sogenannten Ökobilanz wird zunehmend wichtiger für das Image eines Unternehmens und muss sich auch in einer offensiv kommunizierten und gelebten Unternehmenskultur wiederfinden. Unternehmen, die in sogenannten Schwellenländern Produkte beziehen, werden auch im Hinblick darauf bewertet, wie hoch die Emissionen ihrer Produkte und Produktionsstätten sind und welche Arbeitsbedingungen dort herrschen. Die Zielsetzung der Realisierung von Mindeststandards für Zulieferer sowie der Arbeits- und Produktionsbedingungen in internationalen Zulieferketten muss sich auch in der Unternehmenskultur wiederfinden.

„Unternehmenskultur" als Erfolgsfaktor wird demnach bei der Bewältigung der Globalisierung, den Auswirkungen des demografischen Wandels und der Ökologie an Bedeutung gewinnen. Auch für die betriebliche Gestaltung der Digitalisierung ist die Unternehmenskultur von Bedeutung. Sie bestimmt die Rolle des Menschen in diesem Prozess und dem künftigen Arbeitssystem. Ebenso wird eine nachhaltige Reindustrialisierung ohne entsprechende Kultur und Werte im Unternehmen nicht umsetzbar sein.

Konsequenzen und Herausforderungen für die Unternehmen:

- Identifikation und Abstimmung von Werten, Prinzipien und „Leitplanken" für eine strategiekonforme Unternehmenskultur

- Entwicklung einer betrieblichen Strategie für den Aufbau einer positiven Unternehmenskultur

- Umsetzung der Strategie und Erfolgskontrolle

3.4.5 Führung

Globalisierte Systeme sowie Strukturen mit zunehmend flexiblen Arbeitszeiten und -orten sind neue Herausforderungen an die Führung, die sich aus der Globalisierung und dem demografischen Wandel bzw. der Individualisierung ergeben.

Mitarbeiter in Heimarbeit, die nicht direkt für den Vorgesetzten „greifbar" sind – ebenso wie im internationalen Einsatz befindliche Vertriebsmitarbeiter (in sogenannten dynamischen Arbeitsbereichen) – oder Mitarbeiter in der IT-Administration, die teilweise ortsungebunden arbeiten, können nicht mit den gleichen Methoden geführt werden wie beispielsweise ortsgebundene Mitarbeiter in der Produktion. Hierfür sind neue Ansätze und Modelle erforderlich.

Die fortschreitende Digitalisierung stellt neue Anforderungen an die Gestaltung von Führung, beispielsweise in virtuellen Teams oder komplexen selbststeuernden Systemen. Sie bietet jedoch auch neue technische Möglichkeiten der Führungsunterstützung, beispielsweise die Einsatzplanung über soziale Netzwerke.

Die Sensibilisierung für einen schonenden Umgang mit Ressourcen und für einen nachhaltigen Einsatz bzw. die Wiederverwertung von Materialien, im Sinne eines KVP im Bereich der Nachhaltigkeit, könnte eine weitere neue Führungsaufgabe sein. Auch die Schaffung effektiver Abläufe und Prozesse, die Voraussetzung für eine Erweiterung des inländischen Produktionsanteils (Reindustrialisierung) sind, ist ohne eine intensive und erweiterte Nutzung des Erfolgsfaktors „Führung" nicht möglich.

Insgesamt nimmt die Bedeutung des Erfolgsfaktors „Führung" unter der Wirkung der identifizierten relevanten Trends zu.

Konsequenzen und Herausforderungen für die Unternehmen:

- Sensibilisierung und Befähigung der Führungskräfte für ihre Aufgaben in einer mitarbeiterorientierten Unternehmenskultur, in der sie u. a. Kulturbotschafter sind und Werte konsequent vorleben müssen,

- zur Führung älterer Mitarbeiter oder von Mitarbeitern der „Generation Y" mit individualisierten Bedürfnissen und

- zur Führung international zusammengesetzter Teams oder virtueller Teams, deren Mitglieder dauerhaft an unterschiedlichen Orten arbeiten.

Konsequenzen und Herausforderungen für die Unternehmen: (Fortsetzung)

- Schaffung betrieblicher und organisatorischer Rahmenbedingungen, die Führungskräften eine mitarbeiterorientierte Führung, Präsenz am Ort der Wertschöpfung, den täglichen Dialog mit den Mitarbeitern und deren Coaching ermöglichen.

3.4.6 Innovationsfähigkeit

Die Nachfrage nach neuartigen und gleichzeitig sehr spezifischen Produkten und Dienstleistungen steigt, u. a. infolge der zunehmenden Globalisierung und Individualisierung. Beispiele hierfür sind Billighandys für Wachstumsmärkte in Indien und Afrika oder individuelle Gesundheitsdienstleistungen wie das Biodatenmonitoring Alleinlebender oder IT-Produkte für ältere Menschen. Diese vielfältigen Marktnischen erfolgreich zu erkennen, zu erschließen und zu besetzen, verlangt eine ausgeprägte Innovationsfähigkeit bei der Entwicklung und Gestaltung.

Die Innovationsrate ist ein guter Indikator zur Messung der Innovationskraft eines Unternehmens und seines Innovationsmanagements. Sie gibt Auskunft über das Verhältnis von Umsatz der in einer bestimmten Periode eingeführten neuen Produkte zum Gesamtumsatz der Periode.

Der demografische Wandel und die Globalisierung erfordern auch eine ausgeprägte Innovationsfähigkeit bei der Gestaltung von Produktionsprozessen zur Sicherung der positiven Entwicklung der Produktivität.

Energiespartechnik, Speichersysteme, Kraftwerkstechnologien, Kreislaufwirtschaft und Ressourceneffizienz sind wichtige Innovationen, die einerseits für eine erfolgreiche Produktion in Deutschland erforderlich sind, andererseits die Ressourcen schonen und Chancen für die deutsche Exportwirtschaft bieten.

Die Digitalisierung ist sowohl ein Trend, auf den die Unternehmen reagieren müssen, als auch ein unterstützender Faktor, der die Wirkung des Erfolgsfaktors Innovationsfähigkeit verstärken kann. So können Produktinnovationen über die digitale Durchgängigkeit des Industrial Engineering sowie durch die horizontale Integration von Wertschöpfungsketten schneller entwickelt und umgesetzt werden.

Die Bedeutung des Erfolgsfaktors Innovationsfähigkeit nimmt unter der Wirkung der identifizierten Trends insgesamt zu.

Konsequenzen und Herausforderungen für die Unternehmen:

- Beschleunigung der Innovation von Produkten und Prozessen durch Verbesserung der bereichsübergreifenden Kommunikation

- Senkung der Risiken bei der zunehmend schnelleren Entwicklung von Produkten, Dienstleistungen und Prozessen

- Aufbau und Pflege des dafür erforderlichen Know-hows

Konsequenzen und Herausforderungen für die Unternehmen: (Fortsetzung)

- Einführung eines funktionierenden Changemanagements als Reaktion auf die Zunahme der Geschwindigkeit des Wandels und die daraus resultierenden Anforderungen an Menschen, Prozesse und die Organisation

- Aufbau eines pragmatischen unternehmensspezifischen Wissensmanagements

3.4.7   Wandlungsfähigkeit / Flexibilität

Globalisierung, Wertewandel, Individualisierung, Digitalisierung und Rohstoffverknappung erfordern mehr denn je Wandlungsfähigkeit der Unternehmen. 3D-Druckverfahren haben beispielsweise das Potenzial, die Ersatzteilwirtschaft zu revolutionieren. Die Substitution knapper Rohstoffe oder verbotener Substanzen wie beispielsweise FCKW oder Chromverbindungen kann vorhandene und bewährte Technologien sowie damit verbundene Geschäftsmodelle „von einem Tag auf den anderen" infrage stellen und impraktikabel machen. Volatile Märkte und eng vernetzte weltweite Wertschöpfungsnetzwerke mit echtzeitnaher Informationsbereitstellung und Steuerung erfordern eine zunehmend ausgeprägtere Mengen-, Produktions- und Betriebsmittelflexibilität. Das heißt, die Menge der wirtschaftlich herstellbaren Produkte sowie die dabei eingesetzten Produktionsverfahren und Betriebsmittel müssen in hohem Maße veränderbar oder austauschbar sein.

In entwickelten liberalen Gesellschaften vollzieht sich ein einschneidender Wertewandel. Die Bedeutung von Selbstverwirklichung und Kommunikation wächst neben der von Vermögen und Besitz. Der Wertewandel erklärt auch die zu beobachtende Individualisierung und Pluralisierung sozialer Milieus und Lebensstile. Im Zuge der auch durch Wohlstandssteigerung, Verkürzung der Arbeitszeit sowie Steigerung des Bildungsniveaus verstärkten Individualisierung werden sich auch die Bedarfe des Einzelnen an Produkten und Dienstleistungen verändern (Walter u. a. 2013). Erhöhte Produktflexibilität kann den geänderten und individuelleren Ansprüchen an Produkte und Dienstleistungen gerecht werden.

Flexible und lebenssituationsspezifische Arbeitszeitmodelle und eine Öffnung für die Feminisierung der Arbeitswelt können dabei unterstützen, die Bedürfnisse der Mitarbeiter möglichst flexibel zu berücksichtigen. Lebenslanges Lernen und Lernen im Prozess der Arbeit kann den flexiblen Einsatz von Mitarbeitern unterstützen.

Die zunehmende Digitalisierung ist für die Unternehmen zunächst eine Herausforderung. Sie müssen die wachsende technische Komplexität in der Produktion beherrschen und Antworten auf Fragen der Sicherheit persönlicher und betrieblicher Daten sowie der Auswirkungen auf Arbeitsbedingungen, Qualifikation und Führung finden. Die Vernetzung der Systeme birgt aber auch Chancen und technische Unterstützung für den Erfolgsfaktor Flexibilität. Die Digitalisierung wird eine individualisierte Industrieproduktion bis hin zur Losgröße 1 unter Nutzung der Kostenvorteile einer Serienproduktion ermöglichen (Mass Customization) und so Mengenflexibilität und Individualisierung unterstützen. Produkte, die ihren Weg durch die Fertigung selbst steuern können, erhöhen die Produktions- und Betriebsmittelflexibilität und Assistenzsysteme die Einsatzflexibilität der Mitarbeiter.

Hinsichtlich der Betriebsmittel müssen Unternehmen beispielsweise flexibel auf veränderte Kostenstrukturen bei Rohmaterialien oder gesetzliche Bestimmungen reagieren können. Wandlungsfähige und flexible Unternehmen sind zudem in der Lage, Produkte in flexiblen Wertschöpfungsnetzwerken in stark schwankenden Mengen wirtschaftlich zu fertigen und so ihre Fertigungstiefe zu variieren und dem Trend zur Reindustrialisierung zu folgen. Wandlungsfähigkeit und Flexibilität bleiben zentrale Erfolgsfaktoren, deren Bedeutung vermutlich noch weiter zunehmen wird.

Konsequenzen und Herausforderungen für die Unternehmen:

- Sensibilisierung von Mitarbeitern und Führungskräften für die Zunahme der Wandlungsgeschwindigkeit. Mitarbeiter und Führungskräfte müssen verinnerlichen, dass Veränderung nicht die Ausnahme, sondern zunehmend der „Normalfall" ist mit entsprechenden Auswirkungen auf betriebliche Abläufe und Regelungen

- Lernfähigkeit aller Mitarbeiter über das Erwerbsleben hinweg erhalten

- Alltagsflexibilität und Reaktionsfähigkeit des Unternehmens verbessern und gleichzeitig die Interessen zunehmend individualisierter Mitarbeiter berücksichtigen

- Ansätze zur Verbesserung des Geschäftsmodells ständig verfolgen und umsetzen

3.4.8 Produkt-/Prozessqualität

In einem globalisierten Markt können Qualitätsmängel sehr schnell zu einem dramatischen Imageverlust von Unternehmen führen, mit weitreichenden Folgen – auch für andere Produkte des Unternehmens. So ist beispielsweise das über Jahrzehnte gereifte positive Qualitätsimage von Toyota durch fehlerhafte Teile beschädigt worden, die aufgrund der Plattformstrategie zu Rückrufen in großem Ausmaß führten. Die dargestellten Risiken aus diesem Beispiel aus der Automobilbranche stehen stellvertretend für Massenhersteller anderer Branchen.

Hohe Produktqualität kann nur mit stabilen und sicher beherrschten Prozessen gewährleistet werden. Dies stellt heute und auch in Zukunft hohe Anforderungen an die Planung, Gestaltung und Optimierung komplexer globaler Prozessketten und die Organisation des Arbeitsablaufs vor allem bei fertigungstechnisch anspruchsvollen und sicherheitsrelevanten Bauteilen und Komponenten. Digitalisierung kann einerseits bei der Komplexitätsbewältigung unterstützen, schafft aber auch andererseits zumindest in der Planungs- und Einführungsphase zusätzliche Komplexität, die zunächst beherrscht werden muss. Der Trend zur Reindustrialisierung erhöht die künftige Bedeutung des Erfolgsfaktors Produkt- und Prozessqualität.

Auch die Anforderungen infolge des demografischen Wandels oder der Rohstoffverknappung erfordern eine hohe Qualität der Prozesse, beispielsweise hinsichtlich der auftretenden mentalen und physischen Belastungen, Emissionen oder Abfallmengen.

Produkt- und Prozessqualität sind stets das Ergebnis des Zusammenwirkens verschiedener Erfolgsfaktoren. Neben den klassischen Instrumenten der Qualitätssicherung sind auch strategische Orientierung, Kunden- und Mitarbeiterorientierung, Unternehmenskultur und Führung Faktoren, die Qualität stark beeinflussen. Für diese Faktoren müssen Messgrößen, Ziele und Maßnahmen vereinbart werden, die kontinuierlich verfolgt und entwickelt werden. Ansätze wie das EFQM-Modell bieten hierzu Unterstützung.

Konsequenzen und Herausforderungen für die Unternehmen:

- Alle Prozesse – auch indirekt wertschöpfende Prozesse und Führungsprozesse – transparent machen und planbar gestalten

- Sicherung hoher Produkt- und Dienstleistungsqualität auch in zunehmend komplexeren, internationalen Prozessketten

- Sicherung der Qualität, auch bei Einsatz alternativer Materialien oder Leichtbauweise

- Beherrschung einer zunehmenden Produktkomplexität aufgrund steigender Variantenvielfalt

- Prozesse für Ältere und leistungsgewandelte Mitarbeiter gestalten und dabei angemessene Belastung und Qualität sichern

3.4.9 Fertigungstiefe

Eine hohe Fertigungstiefe beugt der Gefahr von Urheber- bzw. Patentrechtsverletzungen vor, die mit der Verlagerung lohnintensiver Bauteile an Zulieferer im In- und Ausland verbunden sein kann. Die Digitalisierung bietet Potenziale zur Kostensenkung in der Produktion beispielsweise mit „Mass Customization", der Optimierung von Steuerung und Materialfluss oder der Senkung des Dokumentationsaufwands. Ebenso ermöglicht die Digitalisierung jedoch auch mehr Transparenz und schnelle Kommunikation in firmen- und länderübergreifenden Netzwerken und kann so Outsourcing vereinfachen und einer Erhöhung der Fertigungstiefe entgegenwirken.

Der demografische Wandel und die Individualisierung fördern die Herstellung von Produkten in kleinen Losgrößen oder der Stückzahl 1. Eine höhere Fertigungstiefe kann die Abwicklung einer Vielzahl unterschiedlicher Aufträge vereinfachen.

Ein hoher Eigenfertigungsanteil unterstützt den Trend der Ökologie und Nachhaltigkeit. Er ermöglicht kurze Transportwege und fördert den Einsatz effizienter und ressourcenschonender Fertigungstechnologien, was wiederum positive Auswirkungen auf die Ökobilanz der Produkte und Prozesse hat. Das sogenannte „global sourcing" könnte zudem auf den Prüfstand kommen, wenn die Rentabilität des transportintensiven globalen Zukaufs aufgrund hoher Frachtraten und Energiepreise abnimmt. Insourcing könnte zur Alternative werden, was auch den Trend der Reindustrialisierung unterstützen würde.

Wie in Kapitel 2 dargelegt, gibt es keine einheitlich anzustrebende Fertigungstiefe, die für alle Unternehmen empfehlenswert ist. Es ist ein wichtiger Erfolgsfaktor die geeignete betriebsspezifische Fertigungstiefe zu ermitteln und umzusetzen. Auch wenn die weiter zunehmende Globalisierung und die Digitalisierung eine Reduzierung der Fertigungstiefe erleichtern, muss dies nicht unbedingt die beste Lösung sein.

Konsequenzen und Herausforderungen für die Unternehmen:

- Entwicklung und Anwendung betriebsindividueller Modelle zur Bestimmung der optimalen Fertigungstiefe (inkl. anfallenden Kosten und Berücksichtigung der Faktoren Qualität, Flexibilität, Innovation und Mitarbeiterorientierung)

- kontinuierliche Prüfung der etablierten Fertigungstechnologien, Netzwerke und Partner

- ständige Kontrolle der Prozesskosten im eigenen Hause und bei Zulieferern sowie Ermittlung der Ursachen von Abweichungen

- ständige Beobachtung von Entwicklungen der Fertigungstechnik und der Digitalisierung

- kontinuierliche Qualifizierung der verantwortlichen Mitarbeiter

3.4.10   Prozesseffizienz

Die Optimierung von Unternehmensprozessen bzw. die Steigerung der Prozesseffizienz kann die Wettbewerbsfähigkeit inländischer Fertigung trotz zunehmender Globalisierung erhöhen und unterstützt den Trend der Reindustrialisierung.

Die Vermeidung von Verschwendung kann durch Digitalisierung vereinfacht und gefördert werden. Echtzeitdaten aus der Produktion unterstützen beispielsweise eine energieeffiziente Anlagensteuerung und die Vermeidung unnötiger innerbetrieblicher Transporte.

Effiziente Prozesse zeichnen sich nicht nur durch eine hohe Produktivität und Wirtschaftlichkeit aus, was nicht nur Reindustrialisierung und Insourcing fördert, sondern auch durch einen effektiven Energie- und Ressourceneinsatz im Sinne des Trends der Ökologie und Nachhaltigkeit. Verschwendungsarme und störungsfreie Prozesse reduzieren auch die Belastung der Mitarbeiter und unterstützen so die Beschäftigung durchschnittlich immer älter werdende Mitarbeiter.

Es ist somit absehbar, dass die Bedeutung des Erfolgsfaktors Prozesseffizienz unter der Wirkung der identifizierten Trends zunehmen wird.

Konsequenzen und Herausforderungen für die Unternehmen:

- Verschwendung in Wertschöpfungs-, Unterstützungs-, Führungs- und Verwaltungsprozessen erkennen

- Ursachen der Verschwendung konsequent und methodisch ermitteln und beseitigen

- Umfassende und kontinuierliche Qualifikation und Motivation der Mitarbeiter

- Gestaltungsspielräume und Ressourcen dafür festlegen und bereitstellen

3.4.11   Schlussfolgerungen

Tempo und Umfang der Veränderungen werden unter der Wirkung der identifizierten Trends weiter zunehmen. Die Anforderungen an die Unternehmen, diesen erfolgreich zu begegnen werden noch wachsen. Die Zunahme der Wandlungsgeschwindigkeit und das Wachstum der Komplexität zeigen sich in allen Gesellschafts- und Wirtschaftsbereichen. Der Wandel wird zukünftig nicht die Ausnahme, sondern die Regel sein.

Es deutet jedoch vieles darauf hin, dass bislang bekannte und bewährte Erfolgsfaktoren auch in der Zukunft relevant sein werden und ihre Bedeutung zum Teil zunehmen wird. Wie die Entwicklungen im Detail verlaufen werden und welche Faktoren dabei von besonderer Bedeutung sein werden, kann nicht generell beantwortet werden. Hierzu sind branchen- oder betriebsspezifische Überlegungen und Szenarien notwendig. Die Ausführungen in diesem Kapitel sollen dafür eine Grundlage bieten.

Zusammenfassung und Ausblick:

Zur Erreichung ihrer Unternehmensziele nutzen erfolgreiche Unternehmen Erfolgsfaktoren, die sie dabei unterstützen, ihre selbst gewählten Erfolgskriterien und Ziele zu erfüllen. Die äußeren und inneren Bedingungen der Unternehmen werden sich durch die Einflussnahme von Megatrends auf den Markt, die Technologie, die Rohstoffe und auf den Menschen in Zukunft stark verändern. Diese Megatrends zu erkennen und entsprechend darauf zu reagieren kann ein entscheidender Wettbewerbsvorteil sein. Die heutigen Erfolgsfaktoren werden weiterhin zur Bewältigung der Aufgaben Bestand haben, sich in ihrer Bedeutung allerdings unterschiedlich entwickeln und es werden ggf. neue Erfolgsfaktoren hinzukommen.

Auch wenn die Aussagen zu den Trends und deren Auswirkungen naturgemäß nicht kausal sein können, steht schon heute relativ sicher fest, dass ein wirksames Industrial Engineering künftig stärker die Gestaltung komplexerer Prozessketten, die Umsetzung ergonomischer Belange und die Beherrschung neuer digitaler Strukturen in den Mittelpunkt seiner Aufgaben stellen muss. Dazu muss es die insgesamt vielfältigeren Prozesse – vor allem auch in den indirekten Bereichen – transparenter und produktiver machen. Geeignete Methoden sind zu beschreiben und bei Bedarf neue zu entwickeln. Die arbeitswissenschaftlich und wirtschaftlich relevanten Daten sind zu benennen und zu erfassen. Mit diesen Themen befasst sich das folgende Kapitel.

4 Modernes Verständnis des Industrial Engineering

 Dieses Kapitel beschreibt aktuelle und zukünftige Arbeitsfelder und Aufgaben des Industrial Engineering unter der Leitperspektive des Humanorientierten Produktivitätsmanagements (HOP). Im Anschluss an Definition, Begriffsentwicklung, Verständnis und organisatorische Einbindung werden in den Kapiteln 4.2 bis 4.4 Ansätze des Industrial Engineering in direkten und indirekten Unternehmensbereichen sowie in der Produktentwicklung dargestellt. Interessierte können hier exemplarisch Eindrücke von den Methoden und Möglichkeiten des Industrial Engineering sammeln. Um den Wirkungen der in Kapitel 3 dargestellten Trends erfolgreich begegnen zu können, ist künftig jedoch ein erweitertes, auf das HOP ausgerichtetes, Industrial Engineering erforderlich, das über den bis dahin beschriebenen Wirkungsbereich hinaus agiert und in Kapitel 4.5 skizziert. Hier werden diese Überlegungen fortgeführt und aufgezeigt, wie ein erweitertes Industrial Engineering über die Entfaltung der Erfolgsfaktoren aus Kapitel 2 zur Bewältigung ausgewählter Herausforderungen aus Kapitel 3.4 beitragen kann. Den Abschluss bildet eine Beschreibung der erforderlichen Kompetenzen des Industrial Engineer in Kapitel 4.6.

Abbildung 4.1 verortet das Kapitel 4 in der Gesamtstruktur dieses Bandes (Kapitel 4 ist hervorgehoben). Die in diesem Kapitel behandelten Themen und deren Wirkzusammenhänge verdeutlicht Abbildung 4.3.

Abbildung 4.1: Gesamtstrukturierung des Bandes

4.1   Industrial Engineering

Das Industrial Engineering (IE) kann in Deutschland auf eine lange Tradition zurückblicken. REFA hat seit den 1960er-Jahren in Deutschland den Begriff mit geprägt. Das IE und seine Methoden mussten sich im Laufe der Zeit immer wieder aktuellen Rahmenbedingungen anpassen. Doch bereits seit den 1930er-Jahren versteht sich REFA als Organisation, die sich nicht nur an Zeitdatenermittlungsmethoden ausrichtet. Bereits im zweiten REFA-Buch aus dem Jahr 1939 heißt es: „Die Arbeitszeitstudien aber führen zwangsläufig zum Erkennen vorhandener Mängel im Arbeitsablauf. Damit gibt die REFA-Arbeit den Anstoß zu nötigen Betriebsverbesserungen, zur Leistungssteigerung, zur Bestgestaltung der Arbeit" (REFA 1939). Damit macht REFA deutlich, dass umfassende Prozessbewertung, -gestaltung und -optimierung im Zentrum des REFA-Methodenspektrums liegen.

 Definition Industrial Engineering:

REFA definiert Industrial Engineering wie folgt:

Industrial Engineering besteht in der Anwendung von Methoden und Erkenntnissen zur ganzheitlichen Analyse, Bewertung und Gestaltung komplexer Systeme, Strukturen und Prozesse der Betriebsorganisation.

Ziel des Industrial Engineering ist es, sowohl Produktgestaltung als auch die Prozessgestaltung unter Beachtung des sozialen, ökonomischen und ökologischen Rahmens zu optimieren. Als Ergebnis führt angewandtes Industrial Engineering zur Verbesserung der Produktivität in den Unternehmen und zu einer humanorientierten, menschengerechten Arbeitswelt (REFA 2004).

Das Industrial Engineering ist somit die ingenieurwissenschaftliche Gestaltung von Leistungserstellungsprozessen (Produkte oder Dienstleistungen), wobei „Industrial" nicht streng als nur „industriell" und „Engineering" nicht nur im Sinne von „Technik" zu verstehen ist. Das Vorgehen des Industrial Engineering eignet sich auch zur Gestaltung „nicht industrieller" Prozesse, wie Dienstleistungen und „nicht technischer" Prozesse, wie z. B. in der Pflege.

4.1.1   Begriffsentstehung

Die Wurzeln des Industrial Engineering reichen zurück bis zu dem durch Frederick Winslow Taylor begründeten Scientific Management (Wissenschaftliche Betriebsführung) Anfang des letzten Jahrhunderts (Taylor 1911). In Deutschland wurde dieses Thema vom 1924 gegründeten und heutigen REFA – Verband für Arbeitsgestaltung, Betriebsorganisation und Unternehmensentwicklung als damaliger „Reichsausschuss für Arbeitszeitermittlung" aufgegriffen.

Bereits in den 1930er-Jahren bestand bei REFA Konsens darüber, dass die Zeitstudien allein – ohne die Betrachtung aller Einflussgrößen – die Steigerung der Wirtschaftlichkeit der Unternehmen dauerhaft nicht gewährleisten können (REFA 1939). Inspiriert durch eine Studienreise in die USA im Jahr 1952, bei der eine REFA-Studiengruppe von der Existenz eines Studienfachs Industrial Engineering für Ingenieure erfuhr, wollte man an deutschen Hochschulen ebenfalls Ingenieure dieses Typs ausbilden. Dafür sollten auch Lehrstühle für

Betriebsführung, Arbeitsstudien, menschliche Beziehungen, Arbeitsphysiologie etc. aufgebaut werden, um den Anforderungen der Industrial-Engineering-Ausbildung gerecht zu werden. 1953 wurde dann das erste Seminar für „Betriebsleitung und Arbeitskunde" eröffnet. In diesem Zusammenhang wurde auch eine entsprechend gehobene Position des Industrial Engineer im Unternehmen eingefordert, da von seiner Arbeit der Unternehmenserfolg wesentlich abhängt. Der REFA-Ingenieur „muss, wenn er seiner Zukunftsaufgabe gerecht werden will, noch mehr als bisher Vermittler zwischen dem technischen Fortschritt und den wirtschaftlichen Möglichkeiten sein, weil an dieser Nahtstelle immer wieder menschliche Probleme auftauchen" (Krüger 1984).

Seit 1952 veröffentlichte der REFA-Arbeitskreis Industrial Engineering zudem die Zeitschrift „Arbeitswissenschaftlicher Auslandsdienst" (ab 1959: „Fortschrittliche Betriebsführung", später: „Fortschrittliche Betriebsführung und Industrial Engineering"), um der eigenständigen deutschen Entwicklung auf diesem Gebiet Ausdruck zu verleihen. Seit den 1960er-Jahren beschäftigte sich der REFA-Verband intensiv mit der Sammlung, Sichtung und methodischen Aufbereitung des Wissens auf dem Gebiet des Industrial Engineering. Dies führte zu einer Konsolidierung innerhalb der Produktion von Einzelwerken auf diesem Gebiet. REFA konzentrierte sich auf die Erarbeitung der REFA-Methodenlehre, die das Gebiet des Industrial Engineering abdeckt (Müller 1984).

Seit 1964 existiert der REFA-Arbeitskreis Industrial Engineering, der in verschiedenen Regionalgruppen organisiert wird. Hiermit wird den Absolventen der „Seminare Industrial Engineering" die Möglichkeit zum fachlichen Erfahrungsaustausch gegeben. Nach erfolgreichen überregionalen Fachtagungen wurden ab 1975 die jährlich stattfindenden Deutschen IE-Fachtagungen als wesentlicher Bestandteil fest in das REFA-AKIE-Programm aufgenommen. Die Jahrestagungen stellen sowohl national als auch international eine anerkannte Plattform des IE-Erfahrungstausches dar.

1971 legte REFA die neue „Methodenlehre des Arbeitsstudiums" vor. Noch immer hatte REFA mit der weitverbreiten Ansicht zu kämpfen, alleine ein System zur Ermittlung von Akkord-Vorgabezeiten mithilfe einer Stoppuhr vorzuhalten. Doch bereits damals waren die REFA-Bücher nicht nur für das Arbeitsstudium, sondern auch für die Ablaufplanung und -steuerung sowie für das Industrial Engineering von Bedeutung und man hat das „immer komplizierter werdende Zusammenwirken von Mensch und Betriebsmittel innerhalb der betrieblichen Organisation thematisiert" (Krüger 1984).

Das Seminar Industrial Engineering (SIE) wird seit rund 50 Jahren mit Erfolg durchgeführt und richtet sich an Hochschulabsolventen und REFA-Techniker. Von 1964 bis heute hat es mehr als 10000 Absolventen hervorgebracht. Das SIE dient der Gestaltung einzelner Arbeitsplätze ebenso wie der Optimierung von Betriebsabläufen bis hin zur Entwicklung effizienter Unternehmensstrukturen mithilfe des interdisziplinären Denkens zur Beherrschung komplexer Strukturen des Unternehmens. Ziel von SIE war und ist es, ein Methodenspektrum zu vermitteln, welches zur systematischen Lösung von betrieblichen Aufgaben im Rahmen einer wirtschaftlichen und humanen Betriebsführung führt (REFA 2004).

Der Begriff „Industrial Engineering" findet seit Mitte der 1970er-Jahre im deutschen Sprachraum Verwendung, ausgehend von der Übersetzung des „Industrial Engineering Handbook" von Harold Bright Maynard (Maynard 1956). Der Begriff Industrial Engineering hat sich mittlerweile hier als eigenständiger Begriff etabliert und den Begriff „Arbeitsingenieurwesen" abgelöst.

Bis heute existiert aber keine einheitliche Definition, weder im deutschen noch im englischen Sprachraum. Eine Analyse nationaler und internationaler Beschreibungen von Stowasser charakterisiert das Industrial Engineering folgendermaßen (Stowasser 2009):

- „Das Industrial Engineering zielt auf eine hohe Produktivität der Führungs-, Kern- und Unterstützungsprozesse des Unternehmens ab.

- Das Industrial Engineering definiert und entwickelt Soll-Zustände und Standards der Prozesse.

- Hierbei sorgt das Industrial Engineering für eine hohe Transparenz, um Abweichungen vom Standard erkennen und wirksame Gegenmaßnahmen ergreifen zu können.

- Das Industrial Engineering verwendet hierzu geeignete Methoden und Instrumente und bedient sich arbeits-, ingenieur- und betriebswirtschaftlicher Kenntnisse und Grundlagen."

4.1.2   Aufgaben des Industrial Engineering

Ausgehend von der ursprünglichen Kernaufgabe, der Ermittlung von Daten für die Auftragsplanung und Entgeltgestaltung, entwickelt sich das Industrial Engineering zum Treiber eines unternehmensweiten Humanorientierten Produktivitätsmanagements. Die folgende Abbildung 4.2 verdeutlicht anhand ausgewählter Thesen den Wandel der Anforderungen sowie die Änderung des Rollenverständnisses des Industrial Engineering.

Entwicklung

- IE und Produktionssystem gehören zusammen und treiben ganzheitlich die Produktivitätsentwicklung unter Berücksichtigung von Humanaspekten.

- IE gestaltet den Wertstrom von der Produktplanung über die Produktionsplanung / Prozessplanung bis zur Fertigungsoptimierung.

- IE liefert Methoden/Vorgehensweisen/Bewertungen für die ganzheitliche Gestaltung des Zusammenspiels von Organisationseinheiten (Elementen des Arbeitssystems).

- IE gestaltet das optimale Zusammenspiel von Mensch und Technik in Produktionsprozessen (zukünftig Unternehmensprozessen) und der dazugehörigen Organisation.

- IE liefert Daten, Kennzahlen und Analysen für die Unternehmensführung und operativen Bereiche zur Planung und Steuerung.

- IE schafft Prozesstransparenz durch Standardisierung und definiert Leistungsstandards (Leistungsbemessung und -bewertung).

- IE ermittelt arbeitswirtschaftlich relevante Daten und stellt Methoden zur Verfügung.

- IE bietet Problemlösekompetenz und qualifiziert für Produktivitätsmanagement.

- IE liefert Kernkompetenz zur Zeitwirtschaft, Ergonomie und Entgeltgestaltung.

Basis

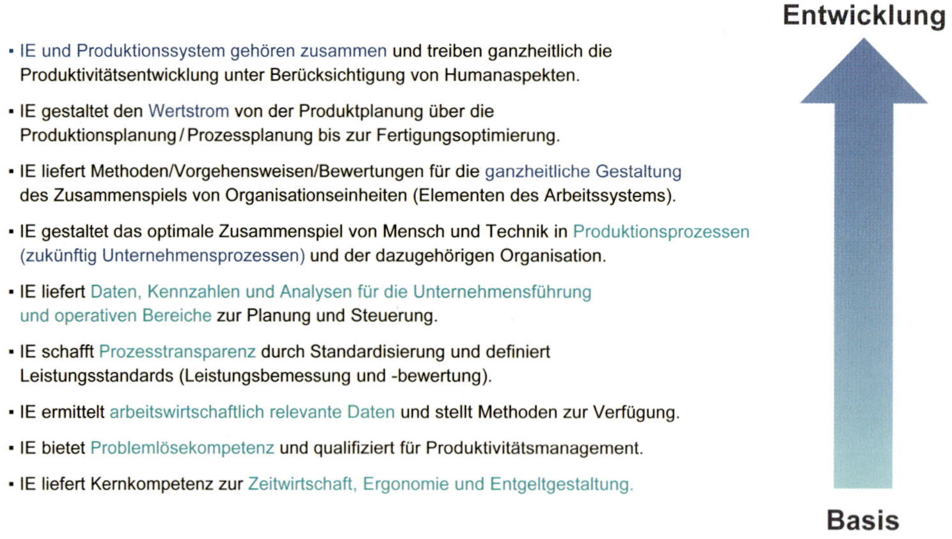

Abbildung 4.2: Thesen zum Verständnis des Industrial Engineering von „klassisch" bis „modern" (nach ifaa 2010)

4.1.3   Organisatorische Einbindung des Industrial Engineering im Unternehmen

Die Einbindung der Aufgaben des Industrial Engineering erfolgt in zahlreichen Unternehmen in eigenen funktionalen Einheiten, die häufig auch die Bezeichnung „Industrial Engineering" tragen. Allerdings gibt es keinen einheitlichen Ansatz der Institutionalisierung in den Unternehmen. Dieser hängt vielmehr von unternehmensspezifischen Rahmenbedingungen ab, wie z. B. Branche, Markt- und Kundenstruktur, Unternehmensgröße, Managementsystem, Unternehmenskultur etc. (Stowasser 2010a).

Unterschiede bei der funktionalen und organisatorischen Institutionalisierung bestehen beispielsweise hinsichtlich

- der aufbauorganisatorischen Einbindung (Stabstelle oder Einbindung in andere Bereiche),

- der Durchdringung in den Unternehmensebenen (Konzern-, Bereichs-, Werks-, Abteilungsebene),

- des Aufgabenspektrums und

- der Gestaltung der Schnittstellen und Aufgabenzuordnung zu fachlich nahen Disziplinen (z. B. Logistik, Lean Management . . .).

Das Industrial Engineering ist eine Querschnittfunktion, die auch andere Bereiche berät und unterstützt. In dieser Funktion steht es in unmittelbarem Kontakt zu allen betrieblichen Fachbereichen, der Personalabteilung und dem Controlling. Aufgrund der Mitwirkungsrechte des Betriebsverfassungsgesetzes ist der Betriebsrat als zentraler Ansprechpartner bei der Gestaltung der Prozesse mit einzubeziehen.

 Exkurs: Abgrenzung direkte und indirekte Bereiche

In den folgenden beiden Kapiteln wird das Industrial Engineering in den direkten und indirekten Unternehmensbereichen betrachtet. Die Unterscheidung in direkte und indirekte Bereiche stammt ursprünglich aus der betrieblichen Kostenrechnung. Demnach sind „direkte" Betriebsbereiche solche, die unmittelbar die Hauptleistung eines Unternehmens erbringen und deren Kosten direkt dem Produkt oder der Dienstleistung zugeordnet werden können. Indirekte Unternehmensbereiche sind hingegen diejenigen, deren Kosten dem Endprodukt oder der Dienstleistung nicht direkt, sondern nur indirekt über Verrechnung zugeordnet werden können.

In den Unternehmen werden neben „direkt" und „indirekt" auch andere Bezeichnungen genutzt und die Abgrenzungen sind nicht einheitlich. In der folgenden Abbildung ist eine Abgrenzung der Bereiche anhand der darin umgesetzten Prozesse dargestellt. Die indirekten Bereiche sind darin noch einmal unterteilt in wertschöpfungsnahe und wertschöpfungsferne Bereiche. Tabelle 4.1 fasst dies zusammen.

Wertschöpfung und direkte Bereiche gibt es sowohl in der Produktion als auch in der Dienstleistung.

Exkurs: Abgrenzung direkte und indirekte Bereiche (Fortsetzung)

Im Fall der Dienstleistung entspricht der Wertschöpfungsprozess beispielsweise der Kundenberatung im Callcenter oder der Reinigung von Industrieanlagen. Auch dafür ist Unterstützung durch indirekte Bereiche, beispielsweise die IT oder die Fuhrparkwartung und pflege, erforderlich.

Tabelle 4.1: Abgrenzung direkte – indirekte Bereiche/Prozesse (nach Dorner/Baszenski 2013, modifiziert)

Überwiegend direkte Bereiche	Überwiegend indirekte Bereiche	
Direkt leistungsmengenabhängige Prozesse	Indirekt leistungsmengenabhängige Prozesse	Nicht leistungsmengenabhängige Prozesse
Direkt wertschöpfende Prozesse	Indirekt wertschöpfende Prozesse	Nicht wertschöpfende Prozesse
Fertigungsprozesse	Fertigungsunterstützende Prozesse	Administrative Prozesse, Verwaltungsprozesse
Bereiche wie z. B. Fertigung und Montage	Bereiche wie z. B. Instandhaltung, Werkzeugbau und Werkslogistik	Bereiche wie z. B. Forschung und Entwicklung, Personalwesen und Controlling
Dienstleistungsprozesse (z. B. Reinigung von Industrieanlagen)	Dienstleistungsunterstützende Prozesse (z. B. Personaldisposition oder Fuhrparkwartung)	Administrative Prozesse, Verwaltungsprozesse
Bereiche wie z. B. Hotline und Agents im Callcenter	Bereiche wie z. B. IT	Bereiche wie z. B. Personalwesen und Controlling

4.2   Industrial Engineering in direkten Bereichen

Die Unternehmen sind vor dem Hintergrund der aktuellen Marktbedingungen und zukünftiger Trends großen Herausforderungen ausgesetzt. Um die Zukunftsfähigkeit und die Wettbewerbsfähigkeit des Unternehmens zu sichern, ist u. a. ein Produktivitätsmanagement erforderlich, für das auch Humanaspekte bedeutend sind, um alle Erfolgskriterien zu erfüllen. Für dessen Aufbau und Entwicklung ist ein modernes, zukunftsorientiertes und umfassendes Industrial Engineering unverzichtbar. In vielen Unternehmen ist dies – zumindest im direkten Bereich – in unterschiedlichem Umfang umgesetzt. Perspektiven und Potenziale sind in der Praxis jedoch noch nicht flächendeckend definiert und erschlossen.

Abbildung 4.3 zeigt die Struktur des Kapitels 4 (der Inhalt des an dieser Stelle behandelten Kapitels ist hervorgehoben).

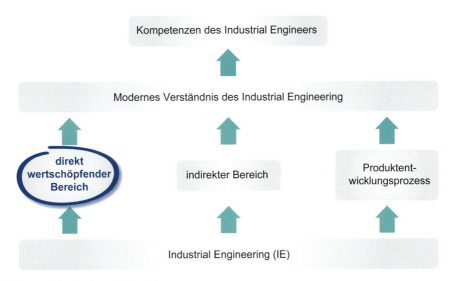

Abbildung 4.3: Struktur Kapitel 4

4.2.1 Direkte Bereiche

Wie in Abbildung 4.3 dargestellt, dienen die Prozesse dieser Bereiche unmittelbar der Leistungserstellung für den Kunden (Bearbeitung von Materialien und Baugruppen oder der Erbringung von Dienstleistungen). Sie machen die Kernkompetenz eines Unternehmens aus. Dabei kann es sich in der Metall- und Elektroindustrie z. B. um spanende oder andere formgebende Verfahren sowie Montagen handeln. In der chemischen Industrie sind es Prozesse, welche die Eigenschaften von Stoffen verändern oder neue Substanzen synthetisieren, im Gesundheitssektor sind es die Prozesse zur Behandlung von Personen und im Dienstleistungsbereich beispielsweise die Kundenberatung im Callcenter oder ein Arbeitsplatz für die Ferndiagnose von Maschinen und Anlagen. Bereiche und Prozesse können je nach Unternehmen in einem Fall direkt (z. B. Steuerunterlagen bearbeiten in einem Steuerberatungsbüro), in einem anderen Fall indirekt sein (z. B. Steuerunterlagen bearbeiten in einem Industrieunternehmen).

4.2.2 Ansätze des Industrial Engineering in direkten Bereichen

In den 1980er- und 1990er-Jahren wurden im Rahmen der Diskussion um schlankere Unternehmensstrukturen und den Abbau von Personal in vielen Unternehmen die Abteilungen für Aufgaben des Industrial Engineering – beispielsweise Arbeitsvorbereitung oder Prozessentwicklung – entweder aufgelöst oder deutlich reduziert. Die Vorstellung dabei war oft, dass die von diesen Abteilungen wahrgenommenen Aufgaben im Rahmen von autonomer oder teilautonomer Gruppenarbeit von den ausführenden Beschäftigten selbständig übernommen würden oder vielleicht sowieso entbehrlich wären. Die Erfahrung zeigt, dass sich diese Erwartungen nicht erfüllt haben. Allerdings hat sich die nachteilige Wirkung des Abbaus der genannten Bereiche auf die Produktkostenkalkulation, die Produktionsplanung und -steuerung sowie die Arbeitsplatzgestaltung teilweise erst viele Jahre später in vollem Umfang offenbart.

Ein funktionsfähiges Industrial Engineering ist eine der Voraussetzungen, um die oben genannten Aufgaben zuverlässig erfüllen zu können. Neben klassischen Methoden der Arbeitswirtschaft bzw. des Industrial Engineering wie z. B. der REFA-Zeitstudie, REFA-Arbeitssystemgestaltung, REFA-Arbeitsablaufanalyse und Arbeitsstrukturierung gehören dabei inzwischen auch Methoden und Instrumente des aus Japan stammenden Lean Managements zum Standard, obwohl diese von zentralen Paradigmen der Produktion in Europa und der westlichen Welt abweichen. Im Mittelpunkt stehen nicht die Produktion möglichst großer Lose zur Optimierung von Nutzungsdauer und Stundensätzen kapitalintensiver Produktionseinrichtungen, sondern das Erkennen und die Vermeidung von Verschwendung und ein am Endkundenbedarf ausgerichteter Produktionsfluss. Dabei kommen unter anderem die Methoden 5S zur Arbeitsplatzgestaltung, Kanban zur bedarfsgesteuerten Produktionssteuerung, KVP-Workshop zur systematischen Verschwendungsreduzierung, SMED (Single Minute Exchange of Die) zur Rüstzeitminimierung, schlanke Liniengestaltung, Produktionsglättung, TPM (Total Productive Maintenance) zur Steigerung der Maschinenverfügbarkeit zum Einsatz.

Taiichi Ohno (Ohno 1993) definierte sieben Hauptverschwendungsarten, die zum Teil voneinander abhängig sind und sich gegenseitig beeinflussen. Tabelle 4.2 beschreibt die Verschwendungsarten für Produktionsprozesse im direkten Bereich:

Tabelle 4.2: Beispiele für die sieben Arten der Verschwendung im direkten Bereich (nach Ohno 1993, ergänzt)

Verschwendungsart	Beispiele/Auswirkungen im direkten Bereich
1. Überproduktion	Mehr Produkte produziert als vom internen oder externen Kunden benötigt. Puffer und Lagerbestände binden Kapital.
2. Lagerbestände	Bestände von Rohmaterialien, Halbfertig- und Fertigprodukten binden Kapital und fördern Transport, Warten sowie unnötige Bewegungen.
3. Transporte	Unnötige und/oder weite Wege, häufige Transporte, Mehrfachtransporte (z. T. "notwendige"Verschwendungen, da Materialtransport in der Produktion) bindet Personal, das wertschöpfend arbeiten könnte.
4. Warten	Warten auf Material, Unterlagen oder Mitarbeiter, Prüfungen, Umrüstungen, ausgefallene Anlagen sowie Liegezeiten von Produkten etc. stören den Produktionsfluss, erhöhen Bestände und können die Motivation negativ beeinflussen.
5. Umständliche Arbeitsabläufe / Prozesse	Ungünstig gestaltete Arbeitsplätze oder Arbeitssysteme (Anordnung von Werkzeugen, Vorrichtungen, Werkstücken und Vorratsbehältern) verursachen unnötige Belastung und können zu Unfällen oder schlechter Qualität führen.
6. Qualitätsmängel	Fehlerhafte Produkte, die verschrottet oder nachgearbeitet werden müssen, sind direkte Verschwendung und führen zu Unzufriedenheit oder Verlust von Kunden, Regressansprüchen oder ggf. Rückrufaktionen. Die Gründe können intern (Konstruktion, Produktion, Personal) oder extern (Lieferanten, Zulieferteile) auftreten.
7. Verschwendung am Produkt	Aufwändige, nicht fertigungs-, montagegerechte oder wartungsgerechte Konstruktionen, Produkte mit zu hohem Materialeinsatz, mangelnde Vereinheitlichung, wenig Wiederholteile, Över Engineering"verursachen Mehraufwand.

Ergänzt werden kann die Liste der Verschwendungsarten nach Ohno noch durch:

8. **Nicht- oder Falschnutzung der Mitarbeiterpotenziale:**
   Die Potenziale der Mitarbeiter gelten insbesondere in technologisch orientierten Unternehmen als größte Ressource, werden allerdings oftmals vernachlässigt. Oft erkennen die in den jeweiligen Prozessen arbeitenden Mitarbeiter die Verbesserungspotenziale am besten. Dieses Wissen bleibt jedoch oft ungenutzt.

9. **Energieverschwendung:**
   In Zeiten steigender Energiekosten ist die Beschäftigung mit ressourcenschonender oder energieoptimierter Produktion lohnend. Sie gehört inzwischen zu den „klassischen" Aufgaben des Industrial Engineering. Galten beispielsweise Stromkosten im Verarbeitenden Gewerbe noch zum Ausgang des 20. Jahrhundert mit einem Anteil von 2 bis 4 % an den Produktgesamtkosten als vernachlässigbar, so haben sich die anteiligen Kosten inzwischen auf 4 bis 8 % verdoppelt. Dies bringt eine erhebliche Kostensteigerung mit sich, die durch intelligenten und ressourcenschonenden Umgang mit Energie gedämpft werden kann.
   Neben der Optimierung der Gebäudetechnik können auch im Bereich der Fertigung Einsparpotenziale genutzt werden, um Energiekosten zu reduzieren. Dies unterstützt auch den Schutz von Umwelt und Klima, der von vielen Verbrauchern erwartet und gewürdigt wird.

Besonders anschaulich lassen sich verschiedene Arten der Verschwendung im direkten Bereich mittels REFA-Materialflussanalyse darstellen, Abbildung 4.4.

REFA-Materialflussanalyse		Ablaufarten									
Artikel:	Unterbaugruppe 1	Wertschöpfen									
Bereich:	STA1		fördern, transportieren								
Ersteller:				prüfen							
Team:					liegen						
Datum:	14.06.2006					lagern					
Nr.:	Ablaufschritt	●	➡	■	◆	◆	Menge (Stk.)	Weg in (m)	Weg in (m/Stk.)	Zeit in (sec)	Weg in (sec/Stk.)	Bemerkungen
1	Auftrag empfangen, listen und Dokumente, Zeichnungen prüfen			■						60		
2	Materialbeschaffung, Fahrt mit Wagen ins Lager		➡				36	22	0,6	40	1,1	Wege sind verstellt
3	Blöcke lagern im Lager					◆						Beladen im Durchgangsweg
4	Wagen mit Blöcken beladen		➡				36		0,0	620	17,2	
5	Blöcke liegen in Transportwagen				◆							
:	:						:	:	:	:	:	
							:	:	:	:	:	
n-1	Montageplatte (Vorderseite) aus Karton entnehmen, am Block festschrauben	●					1		0,0	92	92	
n	Block auf Transportwagen		➡				1		0,0	11	11	
	Geamtwerte						127	15,1	xx	xx		
	Anstelle der Ablaufarten nach Anzahl der Schritte	44 %	31 %	6 %	16 %	3 %						
	Anstelle der Ablaufarten nach Zeit	54 %	41 %	5 %								

Abbildung 4.4: Beispiel für eine REFA-Materialflussanalyse (Nübel/Wette 2008)

Das Beispiel aus der Untergruppenmontage weist Verschwendung in mehrfacher Form auf: hohe Zeitanteile im Bereich fördern, transportieren (Transporte), lagern und liegen (Warten) sowie prüfen (Qualitätsmängel). In Summe sind dies 46 % der Prozesszeit, lediglich 54 % der Zeit ist wertschöpfend. Die anderen Verschwendungsarten wie Überproduktion, umständliche Arbeitsabläufe/Prozesse, Lagerbestände und Verschwendung am Produkt sind hier nicht direkt erfasst.

Abbildung 4.5 zeigt Möglichkeiten der rechnerunterstützten Videoanalyse eines Prozesses. In der Videoaufzeichnung werden Wertschöpfungs- und Verlustanteile des Prozesses gekennzeichnet. Die Verlustanteile bieten Ansätze für Verbesserungen. Eine Reduzierung der Verlustanteile führt häufig auch zu einer Senkung der Mitarbeiterbelastung.

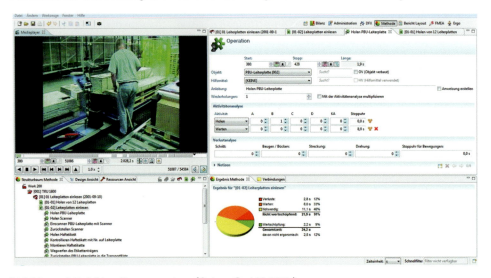

Abbildung 4.5: Video-Prozessanalyse (Solme GmbH 2015)

Beim „Cardboard Engineering" sind die Mitarbeiter in die Arbeitsplatzgestaltung aktiv einbezogen und können den „Kartonarbeitsplatz" so lange anpassen, bis er ihren Bedürfnissen am besten entspricht, Abbildung 4.6. Diese partizipative Gestaltungsmethode berücksichtigt die Kriterien „Produktivität" und „Ergonomie". Das Ergebnis ist verschwendungs- und belastungsarm und wird dann in robuster Bauweise für den Industrieeinsatz nachvollzogen. Das Industrial Engineering hat die Aufgabe, die verschiedenen Elemente des Arbeitssystems im Sinne einer Orchestrierung aufeinander abzustimmen und so zu einem Ganzheitlichen Produktions- und Unternehmenssystem zu formen, Abbildung 4.7. Wichtig ist – neben der umfassenden Anwendung von Industrial-Engineering-Methoden – weiterhin, dass diese unternehmensweit einheitlich angewendet werden. Dies setzt auch die Einbindung der gewählten Methoden des Industrial Engineering in die Ausbildung und betriebliche Qualifizierung der Beschäftigten voraus.

Die Möglichkeiten der Umsetzung von Humanorientierung mittels Industrial Engineering im direkten Bereich sind vielfältig und betreffen alle Ebenen der Humanorientierung. Analysen von Belastungen der Mitarbeiter (beispielsweise durch Leitmerkmalmethode) oder die Anwendung einer Aufgabenmatrix (Jobrotation) dienen der Sicherung und Schädigungslosigkeit. Bei der Optimierung seines Arbeitsplatzes sollte der Mitarbeiter immer involviert sein, da er einerseits am ehesten seine Bedürfnisse kennt und andererseits durch sein Wissen zur Produktivitäts- und Belastungsoptimierung seines Arbeitsplatzes beitragen kann. Durch transparente Strukturen sind dem Mitarbeiter die Schnittstellen zu vor- und nachgelagerten Bereichen bekannt. Das Verständnis für Zusammenhänge wird gefördert. Mitarbeiter können an Verbesserungen mitarbeiten, z. B. durch Ideenmanagement oder KVP-Workshops. Dies kann die Zufriedenheit mit der Arbeit und die Persönlichkeitsförderlichkeit der Arbeit erhöhen. Letzteres kann zudem durch die Ausweitung von Tätigkeiten und die Übergabe von Verantwortung im Rahmen der Arbeitsgestaltung erreicht werden.

Abbildung 4.6: Cardboard Engineering (IEL 2015)

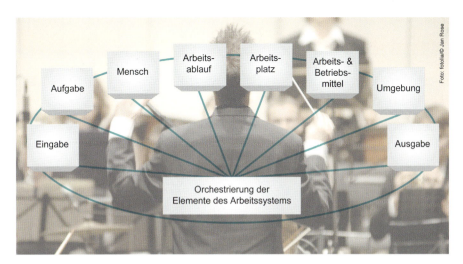

Abbildung 4.7: Orchestrierung der Elemente des Arbeitssystems als eine Aufgabe des IE (nach Dorner/Baszenski 2013, Foto: fotolia/Jan Rose)

4.3   Industrial Engineering in indirekten Bereichen

Prozessverbesserungen im direkten Bereich produzierender Unternehmen haben in den zu-
rückliegenden Jahrzehnten die Effizienz in der Produktion erheblich gesteigert. Die direkten
Bereiche der Dienstleistungsbranche, produktnaher Dienstleistungen von Produktionsun-
ternehmen sowie die indirekten Bereiche produzierender Unternehmen waren hingegen –
trotz hoher Potenziale – bei Maßnahmen zur Effizienzsteigerung oft nicht im Fokus. Mithilfe des Industrial Engineering lassen sich jedoch auch in diesen Bereichen „stille" Produktivitätsreserven heben. In Analogie zu den direkten Produktionsbereichen sind beispielsweise
ein kennzahlenbasiertes Produktivitätsmanagement oder eine Bewertung hinsichtlich Wertschöpfung und Verschwendung auch in indirekten Bereichen möglich.

Abbildung 4.8 zeigt die Struktur des Kapitels 4 (der Inhalt des an dieser Stelle behandelten
Kapitels ist hervorgehoben).

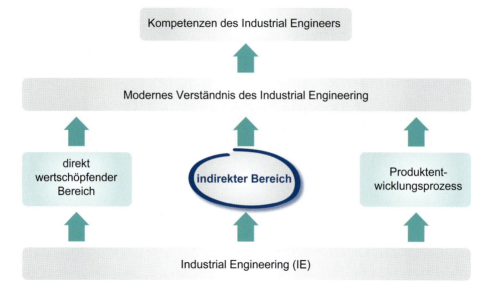

Abbildung 4.8: Struktur Kapitel 4 (der Inhalt dieses Kapitels ist hervorgehoben)

4.3.1   Indirekte Bereiche

Indirekte Unternehmensbereiche sind laut Definition (Kapitel 4) diejenigen Bereiche, die für
die wertschöpfenden Tätigkeiten der direkten Bereiche eines Unternehmens unterstützende
Leistungen erbringen. Solche indirekten Bereiche sind beispielsweise:

- Einkauf

- Arbeitsvorbereitung

- IT-Abteilung

- Controlling und Revision

- Geschäftsleitung

- Industrial Engineering

- Marketing und Werbung

- Organisationsabteilung

- Personalwesen

- Rechtsabteilung

- Unternehmenskommunikation

Indirekte Bereiche sind branchenunabhängig in allen Unternehmen vorhanden, sowohl in der Metall- und Elektroindustrie, der chemischen Industrie, dem Gesundheitswesen oder der Dienstleistungsbranche. Das Produkt bzw. die Dienstleistung bestimmen jedoch die Art und den Umfang der indirekten Bereiche sowie deren Aufwand. Dieser ist beispielsweise für den Einkauf eines Maschinenbauunternehmens mit breiter Produktpalette wesentlich höher als für den einer Lohndreherei oder eines Dienstleisters für die Reinigung von Industrieanlagen. Der Anforderungswechsel der Märkte bewirkte in vielen Industrieunternehmen in den letzten Jahrzehnten unter anderem einen beschleunigten technologischen Fortschritt, eine Verkür-zung der Produktlebenszyklen und eine Individualisierung der Produkte. Die Unternehmen versuchten in der Vergangenheit diesen geänderten Rahmenbedingungen vorwiegend mit innovativen Produkten zu begegnen, um Kundeninteressen zu befriedigen. Dabei blieb oft-mals der strukturelle Ablauf von Prozessen in den indirekten Bereichen, wie beispielsweise in der Planung, Entwicklung oder Administration, unverändert (Magenheimer 2014).

Mit dieser Entwicklung ging eine Verschiebung der Kostenschwerpunkte hin zu den indirek-ten Bereichen einher. In der Nachkriegszeit waren noch rund 90 % der Beschäftigten in den direkten Bereichen tätig. Deren Anteil ist bis in die 1990er-Jahre auf unter 50 % gesunken (Striening 1991). Das heißt, mehrheitlich findet Beschäftigung inzwischen in indirekten Bereichen statt. Im Maschinenbau beispielsweise arbeiten mittlerweile weniger als 40 % der Mitarbeiter in den Bereichen Montage und Fertigung, die Mehrheit in den indirekten Bereichen (VDMA 2007).

Die Betrachtung der Produktivität in den indirekten Bereichen erscheint daher naheliegend. Vielfach bleibt jedoch dieser Bereich bei Produktivitätsanalysen unberücksichtigt, obwohl hier erhebliches Verbesserungspotenzial existiert. Studien zufolge betragen diese Potenziale beispielsweise über 35 % beim Zeitbedarf und rund 50 % beim Raumbedarf (Wittenstein u. a. 2006). Die Verbesserungspotenziale in den indirekten Bereichen entsprechen denen der Produktion vor der Integration des Lean-Management-Gedankens in den 1990er-Jahren (Magenheimer 2014). Aktuell ist deshalb ein wachsender Trend zu Produktivitätsanalysen in den Dienstleistungsbereichen sowie in den indirekten Bereichen festzustellen (Bartsch 2011). Die Bergung dieser „stillen" Produktivitätsreserven kann neben der Technologie- und Innovationsführerschaft zu einem entscheidenden (globalen) Wettbewerbsfaktor werden.

Der Bedarf an effizienter und kundenorientierter Arbeit ist in den indirekten Bereichen der Unternehmen genauso ausgeprägt wie in den Produktionsbereichen. In einer Studie des Fraunhofer-Institutes für Produktionstechnik und Automatisierung beziffern die 162 befragten Unternehmen den Anteil der Verschwendung an der Arbeitszeit im Bürobereich mit durchschnittlich 32 %. In Einzelfällen ist dieser Wert je nach Branche, Bereich und Größe des Unternehmens teilweise sogar noch erheblich höher (Wittenstein u. a. 2006).

Die Möglichkeiten der Verschwendung in den indirekten Bereich sind vielfältig. Nachfolgend werden die in Kapitel 4.2 beschriebenen sieben Verschwendungsarten nach Ohno auf den administrativen Bereich übertragen, Tabelle 4.3.

Tabelle 4.3: Beispiele für die sieben Arten der Verschwendung im Bürobereich (nach Wittenstein u. a. 2006, ergänzt nach Klevers 2013)

Verschwendungsart	Beispiele/Auswirkungen im Bürobereich
1. Informationsüberfluss	mehr Informationen in Form von E-Mails, Kopien, Memos, Berichte als benötigt werden; Überdimensionierung von Ressourcen
2. Unnötiger Informationstransport	Bewegen von Dokumenten von Arbeitsplatz zu Arbeitsplatz, abteilungsübergreifend, Durchlaufen von Autorisierungsketten, Ablage nicht brauchbarer Akten
3. Unnütze Wege	Bewegung von Mitarbeitern auf der Suche nach Dokumenten, räumliche Trennung von Kollegen, hinderliche Bürogestaltung; mangelndes Layout
4. Wartezeiten	Warten auf Entscheidungen von Verantwortlichen, auf Rückgaben von Akten, auf Auftragsweitergabe; technische Anlaufzeit von Bürogeräten; mangelnde Verfügbarkeit von Prozessbeteiligten und -ressourcen (Software)
5. Nutzlose Tätigkeiten	Berichte und Protokolle, die niemand liest; wiederholte manuelle Dateneingabe; unnötige Vervielfältigung von Dokumenten
6. Fehler	fehlerhafte Dateneingabe und Auskünfte; unlesbare Mitschriften; unvollständige Spezifikationen; Nachfragen; Wiederholtätigkeiten
7. Nicht benötigte Bestände	Anhäufungen von Zwischenprodukten (elektronisch, Papier, Unterlagen abgeschlossener Projekte; ungenutzte Arbeitsmittel und Datenbestände; Mehrfachablage)

Ergänzt werden kann auch diese Liste der Verschwendungsarten nach Ohno im indirekten Bereich noch durch:

8. **Nicht- oder Falschnutzung der Mitarbeiterpotenziale:**
   Die Arbeit in den indirekten Bereichen wie Konstruktion und Entwicklung (vgl. Kapitel 4.4), Arbeitsvorbereitung, Marketing und Vertrieb hat erheblichen Einfluss auf den wirtschaftlichen Unternehmenserfolg. Die Auswahl der Mitarbeiter muss daher sehr sorgsam erfolgen. Vorhandenes Wissen und gesammelte Erfahrung dürfen nicht ungenutzt bleiben.

9. **Energieverschwendung:**
   Die Gebäude- und Produktionstechnik (Heizung, Licht, Luft bzw. Druckluft, Kälte- und Fördertechnik) bietet große Einsparpotenziale. Der Umfang dieser Potenziale und deren Nutzung werden überwiegend durch die planerische Arbeit in den indirekten Bereichen bestimmt. Die indirekten Bereiche können also direkt und indirekt zum ressourcenschonenden Einsatz der Betriebsmittel und zur Kostenoptimierung beitragen.

Nicht nur bei der Energieeffizienz hat die Arbeit der indirekten Bereiche erheblichen Einfluss auf den Aufwand und die Verschwendung, die in den indirekten Bereichen auftreten können. Wechselt beispielsweise der Einkauf ohne Abstimmung die Rohmateriallieferanten, um die Einkaufspreise zu senken, kann dies die Prozessstabilität und die Produktqualität in der mechanischen Bearbeitung beeinträchtigen und so umständliche Prozesse und Arbeitsabläufe sowie Qualitätsmängel in der Produktion verantworten. Zugekaufte Werkzeuge von unerfahrenen Lieferanten können beispielsweise in einer Kunststoff-Spritzgießerei ähnliche negative Wirkungen entfalten.

Die Arbeit indirekter Bereiche kann auch für Kundenreklamationen verantwortlich sein. In Studien konnten beispielsweise bis zu 70 % der Reklamationsursachen auf Fehler der Administration zurückgeführt werden (Wittenstein u. a. 2006). In diesen Fällen war nicht die Produktqualität Ursache für unzufriedene Kunden. Die Gründe waren vielmehr Fehler in produktionsvorbereitenden Bereichen wie Auftragsannahme, Konstruktion, Arbeitsvorbereitung, Einkauf, aber auch in nachgelagerten Bereichen wie Verpackung, Versand oder Fakturierung bzw. in den Schnittstellen.

4.3.2   Ansätze des Industrial Engineering in indirekten Bereichen

In Analogie zu den direkten Bereichen ist auch im indirekten Bereich die Produktivität eine sinnvolle Kennzahl für die Effizienz der Prozesse. Während im Bereich der direkten Wertschöpfung zu deren Bestimmung üblicherweise verschiedene Kenngrößen gemessen und erhoben werden, ist dies im indirekten Bereich bislang selten vorzufinden. Die in der Produktion angewandten Methoden und Prinzipien des Industrial Engineering lassen sich aber auch hier – gegebenenfalls mit Anpassungen – sinnvoll nutzen und bewährte Vorgehensweisen des Industrial Engineering erfolgreich zur Verbesserung der Abläufe und des Ressourceneinsatzes einsetzen (Dorner/Baszenski 2013).

Es gilt, auch in indirekten Unternehmensbereichen

- Prozesstransparenz zu schaffen,

- Standards zu etablieren und

- Daten und Kennzahlen zu erheben und zu analysieren für die Prozessplanung, -steuerung und -verbesserung.

Dieses Vorgehen eignet sich für die Optimierung direkter Prozesse, wie beispielsweise der Herstellung von Blechteilen oder Fahrzeugkomponenten. Ebenso gut kann es jedoch beispielsweise auch für den Prozess der Produktionsplanung, der Planung und Umsetzung von Instandhaltungsmaßnahmen oder der Erstellung von Entgeltabrechnungen eingesetzt werden.

Auf diese Weise kann auch in den indirekten Bereichen die Grundlage für ein Produktivitätsmanagement etabliert werden. Voraussetzungen hierfür sind die Anwendung geeigneter Methoden und die Akzeptanz der Mitarbeiter gegenüber regelmäßigen Messungen von Daten und Kennzahlen. Erfahrungen aus der Praxis zeigen jedoch, dass eben diese Messung und die Schaffung von Transparenz bei Beschäftigten in indirekten Bereichen noch auf eher geringe Akzeptanz und Einsicht in die Notwendigkeit trifft.

Auf der anderen Seite ist es Mitarbeitern der direkten Bereiche, deren Arbeit zum Teil seit Jahrzehnten transparent ist und auf vielfältige Art und Weise analysiert sowie verbessert wurde, schwer zu vermitteln, dass dies bei den Kollegen aus dem administrativen Bereich nicht erfolgt. Auch dort müssen Produktivitätssteigerungen erzielt werden, die zu einem positiven Betriebsergebnis beitragen. Diese Überzeugung zu vermitteln, ist eine wichtige Führungsaufgabe. Produktivitätsmanagement im indirekten Bereich muss als Teil der Unternehmenskultur etabliert werden.

4.3.2.1   Prozessanalyse und kontinuierliche Verbesserung von Prozessen in indirekten Bereichen

Basis der Verbesserungsmaßnahmen mittels Industrial Engineering sind auch im indirekten Bereich belastbare Zahlen, Daten und Fakten zur Ist-Situation in den Prozessen. Zu deren Ermittlung eignen sich verschiedene Methoden, von denen nachfolgend einige exemplarisch vorgestellt werden. Die Wahl geeigneter Methoden richtet sich u. a. nach den vermuteten Potenzialen bzw. dem erkannten Verbesserungsbedarf, z. B. Erhöhung der Transparenz, Verkürzung von Durchlauf-, Liege- und/oder Bearbeitungszeiten, Verringerung der Schnittstellen, Reduzierung der Rückfragen, Verbesserung der Erreichbarkeit von Ansprechpartnern, bessere Erfüllung der Anforderungen interner Kunden in den direkten Bereichen usw.

Einen ersten Überblick zur bestehenden Situation kann eine **Arbeitsablaufanalyse** geben. Ziel ist es, Prozesse oder Arbeitsabläufe zu erfassen, grafisch darzustellen und zu bewerten. Im Ergebnis entsteht ein realistisches Bild des Ablaufs, das z. B. wertschöpfende und nicht wertschöpfende Ablaufschritte deutlich erkenntlich macht (siehe Abbildung 4.4: REFA-Materialflussanalyse). Das Vorgehen aus dem direkten Bereich ist analog auch auf Prozesse im indirekten Bereich übertragbar beispielsweise für den Einkauf oder die IT. Die einfache Visualisierung des Ablaufs bietet bereits Anregungen für technische, organisatorische und ergonomische Verbesserungen. Auch Durchlauf- und Bearbeitungszeiten können im Verlauf der Arbeitsablaufanalyse festgehalten und ausgewertet werden.

Vergleichbare Informationen können auch im indirekten Bereich mit der **Wertstromanalyse** ermittelt werden. Diese betrachtet auch aktuelle Prozessdaten wie Prozesszeiten, Anzahl Mitarbeitende etc. Mithilfe der Visualisierung des Ist-Wertstroms werden Verschwendungen „sichtbar" und bewertet. Im weiteren Verlauf entsteht nach der Bestimmung von Ursachen und Verbesserungsmaßnahmen als Ergebnis ein neuer „Soll-Wertstrom". Abbildung 4.9 zeigt in der Übersicht das Ergebnis einer Wertstromanalyse einer Erstfreigabe im Bereich Postpress Commercial bei der Heidelberger Druckmaschinen AG in Leipzig. Analysiert wurde die Freigabe einer Baugruppe bis zum Produktionsstart. Die wesentlichen Prozessschritte finden in den Bürobereichen (Konstruktion, Einkauf, Normabteilung …) statt. Aufgrund der Erkenntnisse konnte ein Ablauf generiert werden, der den Prozess zeitlich entzerrt, sodass bei der Freigabe kein „Stau" mehr entsteht und die Durchlaufzeit erhöht wird (Dorner/Baszenski 2013).

Tätigkeitsanalysen eignen sich zur einfachen, schnellen und kostengünstigen Generierung von Ist-Daten zu Art, Häufigkeit und Dauer der Tätigkeiten von Mitarbeitern in indirekten Bereichen. Hierzu notieren die Mitarbeiter beispielsweise selbst die Zeiten, die sie mit vordefinierten Aufgaben verbringen. Die Auswertung ergibt wirtschaftlich bewertbare Daten zum Ressourceneinsatz, die auch Vergleiche mit anderen Unternehmen oder

Abbildung 4.9: Ergebnis einer Wertstromanalyse im indirekten Bereich (Dorner/Baszenski 2013)

Unternehmensteilen erlauben und kann als Basis für die Definition von Zielen und weiterführenden Maßnahmen dienen. Neben der **Selbstaufschreibung** kann hierzu beispielsweise auch die **Multimomentaufnahme** genutzt werden. **Durchlaufzeitanalysen** können detaillierte Informationen zum Bearbeitungszeitbedarf und den auftretenden Streuungen liefern. **ABC-Analysen** eignen sich beispielsweise zur Ermittlung häufig auftretender Aufgaben oder Störungen.

4.3.2.2 Kontinuierliche Verbesserung und Entwicklung von Prozessen in indirekten Bereichen

Im Anschluss an die Analyse müssen die erkannten Hemmnisse im Prozess beseitigt werden. Dies kann beispielsweise geschehen durch die:

- detaillierte Festlegung und verbindliche Vereinbarung der Anforderungen interner Kunden, die interne und externe Lieferanten berücksichtigen müssen (die analysierten Bereiche können dabei sowohl Kunden als auch Lieferanten sein),

- Beseitigung oder Verringerung von Schnittstellen durch Aufgabenintegration,

- Neugestaltung von Material- und/oder Informationsflüssen,

- Neu- oder Umgestaltung von Arbeitsplätzen und/oder Arbeitsmitteln oder durch die

- Verbesserung der Kapazitätsplanung.

Wenn die probeweise Umsetzung dieser oder weiterer Maßnahmen erfolgreich ist, muss der „neue" Prozess standardisiert und weiterentwickelt werden. Bezogen auf die Auslöser der Verbesserung sind für die Beteiligten dann in der Regel Verbesserungen spürbar. Sollen diese jedoch quantifiziert und ihre Wirkung dauerhaft verfolgt und gesichert werden, müssen geeignete Kennzahlen definiert und regelmäßig erfasst werden. Beispiele hierfür sind:

- Anzahl der Reklamationen/Nachfragen von Kunden aus den direkten Bereichen,

- Durchlaufzeit je Auftrag oder Auftragsposition,

- Anzahl bearbeiteter Aufträge oder Auftragspositionen je Zeitraum oder

- Anzahl der Änderungen je Auftrag usw.

Bei einer Produktivitätsbestimmung oder dem Management der indirekten Bereiche können solche Kennzahlen auch als „Ergebnis" in der Produktivitätsformel (siehe Abbildung 2.14) genutzt werden. Der Einsatz wird in den indirekten Bereichen vorwiegend durch die Mitarbeiter sowie deren Qualifikation bestimmt; Betriebsmittel spielen in der zunehmend digitalisierten Arbeitswelt eine immer wichtigere und Werkstoffe in den indirekten Bereichen kaum eine Rolle.

Wie bereits angesprochen, regt sich bei den Mitarbeitern oft Widerstand gegen die Einführung und Erfassung solcher Kennzahlen. Zum Teil ist dies verständlich. Nicht alle Kennzahlen sind geeignet. Die Anzahl der vom Einkauf bearbeiteten Stücklistenpositionen im Anlagenbau kann beispielsweise als unreflektierte Kennzahl in „die Irre" führen. Während die Bestellung einer Normschraube bei einem Standardlieferanten in Sekunden bearbeitet ist, kann sich die Bestellung eines tonnenschweren Freiformschmiedestücks mit Lieferantensuche, Ausschreibung und Sondertransport über Monate hinziehen. Beide sind jedoch eine Stücklistenposition. In diesem Fall könnte es sinnvoll sein, parallel beispielsweise auch den Wert der Bestellpositionen zu erfassen.

Kennzahlen müssen also sorgfältig gewählt werden und betriebliche Besonderheiten berücksichtigen. Praxistauglichkeit und Relevanz müssen teilweise über längere Zeiträume hinweg geprüft werden, bis genug Erfahrung zur Interpretation des Kennzahlverlaufs vorliegt.

Sind jedoch geeignete Kennzahlen gefunden, sensibilisiert deren kontinuierliche Verfolgung sowohl Mitarbeiter als auch Führungskräfte für die von ihnen erreichte Prozessleistung und Produktivität. Hierdurch können Potenziale zur Produktivitätssteigerung ermittelt und die Motivation der Mitarbeiter gesteigert werden. Ebenso bietet der Kennzahlverlauf die Grundlage für die Steuerung und das Management der Produktivität durch Mitarbeiter und Führungskräfte. Führungskräfte können langfristigen Handlungs- und Verbesserungsbedarf besser erkennen, beispielsweise den Bedarf für Schulungen, Technikeinsatz, oder Zusatzpersonal. Mitarbeiter können beispielsweise bei schwankendem Arbeitsaufkommen motiviert werden, durch eigenverantwortliche Gestaltung der Anwesenheitszeit Prozesse produktiv und kundenorientiert zu steuern.

Die in Kapitel 2.3 behandelten Ebenenmodelle der Humanorientierung unterscheiden Ausführbarkeit, Schädigungslosigkeit, Beeinträchtigungsfreiheit/Zumutbarkeit und Persönlichkeitsförderlichkeit. Ausführbarkeit wird im indirekten Bereich erfüllt, wenn u. a. die nötigen Informationsflüsse und die technische Infrastruktur vorhanden sind und die Mitarbeiter mit dem Umgang dieser und der dazugehörigen Software vertraut sind. Das IE kann hierzu beispielsweise mit Prozess- und Informationsflussanalysen oder Qualifizierungsmatrix beitragen.

Erträglichkeit und Schädigungslosigkeit kann beispielsweise gesichert werden, indem Normen und Verordnungen, wie beispielsweise zur Bildschirmarbeit, berücksichtigt werden. Die Reduzierung vermeidbarer körperlicher und mentaler Belastungen kann hierzu beitragen. Solche Belastungen stehen häufig in Verbindung mit Verschwendung in Prozessen. Das Industrial Engineering ermittelt diese in Analysen als Störungen, Rückfragen, Schnittstellenproblemen oder unnötigen Wegen. Die Belastungsreduzierung trägt auch zur Gewährleistung der Beeinträchtigungsfreiheit und Zumutbarkeit bei. Das gilt auch für den Abgleich von Arbeitsaufkommen und Personalkapazität. Das IE fördert dies durch Zeitstudien und Nachfrageanalysen.

Auch Anforderungen hinsichtlich der Persönlichkeitsförderung der Mitarbeiter können in indirekten Bereichen durch das IE erfüllt werden. Arbeitsgestaltung mit entsprechenden Handlungsspielräumen der Mitarbeiter und individuellen Entwicklungsmöglichkeiten können sich positiv auf die Leistungsfähigkeit und deren Erhalt sowie Zufriedenheit und Motivation auswirken.

4.4   Industrial Engineering im Produktenwicklungsprozess

Auch die Produktentwicklung zählt zu den in Kapitel 4.3 beschriebenen indirekten Bereichen. Sie wird in diesem Kapitel jedoch noch einmal gesondert betrachtet, weil ein Großteil der Kosten, die im gesamten Produktentstehungsprozess anfallen, bereits in der Produktentwicklung festgelegt wird. Für diesen Prozess gilt der Immanuel Kant zugeschriebene Ausspruch „Die Notwendigkeit zu Entscheiden reicht weiter als die Fähigkeit zu Erkennen." Um Produkte und Dienstleistungen so zu gestalten, dass alle nachgelagerten Bereiche verschwendungsfrei und mit minimalem Aufwand arbeiten können, müssten diese direkt am Entwicklungsprozess beteiligt sein.

Dies ist jedoch in der Regel nicht praktikabel. Deshalb müssen die Anforderungen der nachgelagerten Bereiche auf andere Weise in den Entwicklungsprozess einfließen. Das Industrial Engineering kann die Entwicklung und die nachfolgenden Bereiche bei dieser Aufgabe unterstützen und dabei sowohl technische Hilfsmittel als auch bewährte IE-Methoden einsetzen. Auch der Entwicklungsprozess selbst kann mit Methoden des Industrial Engineering untersucht und effizient gestaltet werden.

Dieses Kapitel beschreibt Möglichkeiten des Industrial Engineering im Produktentwicklungsprozess. Viele der dargestellten Überlegungen – insbesondere zur Bedeutung des Informationsaustauschs mit den nachgelagerten Bereichen – sind auf die Planung und Entwicklung von Dienstleistungen übertragbar.

Abbildung 4.10 zeigt die Struktur des Kapitels 4 (der Inhalt des an dieser Stelle behandelten Kapitels ist hervorgehoben).

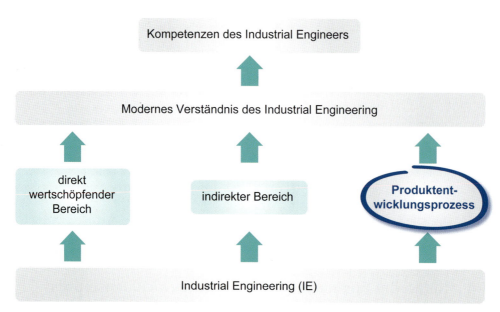

Abbildung 4.10: Struktur Kapitel 4

4.4.1   Der Produktentwicklungsprozess

Aufgaben der Produktentwicklung sind vor allem die Definition und die Lösung einer technischen Aufgabe. Die Produktentwicklung umfasst das Entwickeln und Konstruieren. Sie beginnt mit der am Anfang stehenden Idee und reicht bis zur Markteinführung. Nach Pahl und Beitz (2006) gehören zur Produktentwicklung die Schritte:

- Planung,

- Konzipierung,

- Entwurf und

- Ausarbeitung.

Der Ablauf ist in der Regel iterativ. Ergebnisse früherer Schritte können in späteren Phasen erneut aufgegriffen und verändert oder korrigiert werden. Im Simultaneous Engineering werden die Schritte teilweise parallel bearbeitet. Ziel ist vor allem eine deutliche Verkürzung der Entwicklungszeiten und ein schnellerer Markteintritt (Time to Market). Zugleich ist eine höhere Qualität des Entwicklungsprozesses erreichbar sowie die Einbindung externer Partner bei der Kopplung von Unternehmens-, Lieferanten- und Kundenprozessen.
Die Planungsphase als erster Schritt dient der Klärung der Aufgabe des Produkts oder der Dienstleistung. Ergebnis ist ein Lastenheft, in dem die Anforderungen des Kunden zusammengestellt und dokumentiert sind. Das Lastenheft erstellt das Unternehmen entweder im Rahmen einer Marktanalyse selbst, oder es wird vom Kunden vorgegeben.
Im Falle der Marktanalyse sind u. a. folgende Fragen relevant:

- „Wer ist unser Kunde?"

- „Was braucht unser Kunde?"

- „Welchen Nutzen bietet unser Produkt/unsere Dienstleistung dem Kunden?"

- „Welche Lösungen bietet die Konkurrenz an?"

Ergänzend zum Lastenheft erstellt die Produktentwicklung ein Pflichtenheft. Dieses enthält die Beschreibung der Realisierung der Anforderungen aus dem Lastenheft.

In der Konzeptphase wird die Gesamtfunktion des Produkts in Teilfunktionen zerlegt. Jede Teilfunktion kann mit unterschiedlichen physikalischen Wirkprinzipien realisiert werden. Die möglichen Lösungen je Teilfunktion werden gesammelt und festgehalten. Mögliche Gesamtlösungen ergeben sich aus der Verknüpfung der Lösungsprinzipien für die Teilfunktionen. Die zahlreichen Varianten sind mittels systematischer und methodischer Bewertung zu reduzieren. Dies ist eine der wesentlichen Aufgaben der Produktentwicklung.

Die als Konzept vorliegende gewählte Gesamtlösung wird in der Entwurfsphase gestalterisch festgelegt. Zuerst entsteht ein grober Entwurf der Elemente oder Funktionsträger, der anschließend verfeinert werden muss. Anhand maßstäblicher Modelle wird die äußere Form konkretisiert sowie die Gesamtfunktion nachvollzogen und geprüft.

Dieser Entwurf wird in der Ausarbeitungsphase so detailliert und beschrieben, dass das Produkt mit den dann vorliegenden Informationen vollständig herstellbar ist. Diese Ausarbeitung entspricht dem klassischen Konstruieren. Ergebnisse dieser Phase sind die Konstruktionsunterlagen, die unter anderem Einzelteil-, Zusammenstellungs- und Montagezeichnungen umfassen können. Ist eine Großserienfertigung des Produktes geplant, werden anhand der Einzelteilzeichnungen Prototypen gefertigt und geprüft, um Zeichnungs- oder andere Fehler zu erkennen und zu beseitigen. Sofern erforderlich beginnt dann die Montageplanung. In einer Nullserie werden danach alle Materialien, Abläufe, Anlagen, Maschinen und Hilfsmittel abschließend auf ihre Serientauglichkeit geprüft.

4.4.2 Ansätze des Industrial Engineering im Produktenwicklungsprozess

In der Phase der Produkt- oder Dienstleistungsentwicklung wird bereits der Großteil aller insgesamt anfallenden Kosten festgelegt, Abbildung 4.11. Während der Anteil der verursachten Kosten in dieser Phase der Produktentstehung noch sehr gering ist, werden Struktur, Komponenten und Gestalt des Produktes hier bestimmt.

Die Abbildung 4.11 verdeutlicht, dass es vor allem in der Entwicklung und Konstruktion sowie Produktionsvorbereitung auf eine konsequente Anwendung der Methoden des Industrial Engineering ankommt, um Potenziale zu nutzen und im Ergebnis ein wettbewerbsfähiges Produkt anbieten zu können. Der Aufwand für die Arbeitsvorbereitung oder die Produktionsplanung, die Produktion, den Einkauf, die Materialwirtschaft und die Logistik wird während der Produktentwicklung definiert. Zwar arbeiten Konstrukteure und Entwickler meist mit allgemeinen oder betriebsspezifischen Gestaltungsleitlinien, die elementare Anforderungen nachfolgender Bereiche sichern, dennoch können diese Leitlinien den Dialog und eine intensive Abstimmung zwischen den Bereichen oder ein „Ausprobieren" in vielen Detailfragen nicht ersetzen.

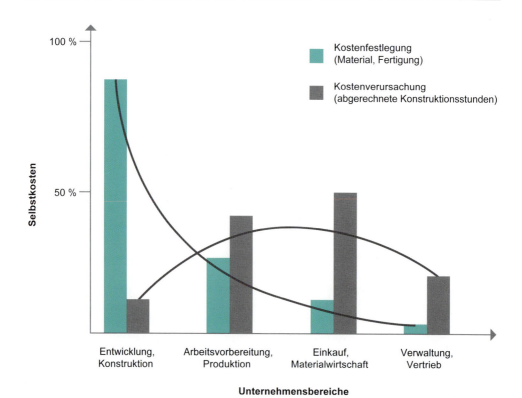

Abbildung 4.11: Kostenfestlegung und -verursachung im Produktentstehungsprozess (nach VDI-Richtlinie 2235, VDI 1987)

Eine gute Abstimmung ist zunehmend auch unter den direkt an der Entwicklung beteiligten Bereichen und Personen erforderlich. Weil die Bedeutung von Elektronik und Software in der modernen innovativen Produktentwicklung wächst, ist enge interdisziplinäre Arbeit in gegenseitigem Verständnis und Respekt erforderlich (Eigner u. a. 2012).
Entscheidend für den Aufwand, der im Verlauf der Entwicklung betrieben wird, um die Herstellbarkeit zu sichern und die Anforderungen der nachgelagerten Bereiche zu ermitteln und zu erfüllen, ist die Art der späteren Produktion. Bei der Konstruktion von Großserienprodukten ist ein erheblicher Aufwand für die entwicklungsparallele Planung der Produktion und anderer nachfolgender Bereiche üblich. Bei Produkten für die Kleinserien- oder Einzelfertigung ist dies hingegen meist nicht der Fall.
In Abbildung 4.12 sind die Entwicklungsphasen eines Großserienproduktes mit entsprechenden Meilensteinen sowie exemplarischen Einsatzfeldern und Methoden des Industrial Engineering dargestellt.
Vor allem in der Serienfertigung hat es sich bewährt, mit der Prozess- und Produktionsplanung möglichst früh zu beginnen und den späteren Produktionsprozess zu simulieren. Dabei können Produktdaten aus der Entwicklung unmittelbar genutzt und unterschiedliche Ebenen des Produktionsprozesses berücksichtigt werden.

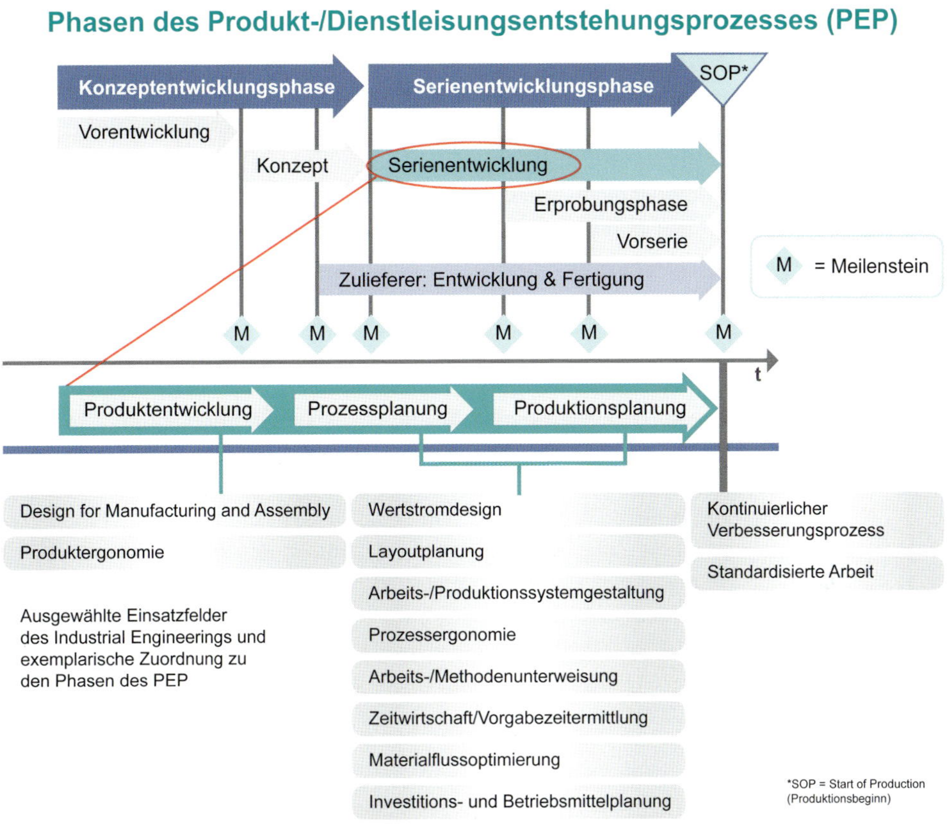

Phasen des Produkt-/Dienstleisungsentstehungsprozesses (PEP)

Abbildung 4.12: Phasen des Produktentstehungsprozesses mit zugeordneten Aufgaben und Einsatzfeldern des Industrial Engineering (Fischer/Stowasser 2013)

Auf der Arbeitsplatzebene wird die Anordnung von Werkstück und Arbeitsmitteln visuell dargestellt und die zeitliche Abfolge und Dauer von Arbeitsschritten sowie die Erreichbarkeit benötigter Arbeitsmittel sowie die Ergonomie des Arbeitsplatzes geprüft. Körperliche Belastungen der Mitarbeiter an diesem Arbeitsplatz sind mithilfe biomechanischer Modelle oder einfacher Checklisten ermittelbar.

Auch verkettete Arbeitsplätze oder Bereiche sind simulationsfähig. Ganze Fabrikhallen oder Werke können einschließlich des Materialflusses realitätsnah und in Echtzeit dargestellt und geprüft werden. Dabei werden auch die räumliche Anordnung von Arbeitsplätzen oder -bereichen sowie die auf die Mitarbeiter wirkenden Lichtverhältnisse und Schallemissionen berücksichtigt.

Exkurs: Die digitale Fabrik

Die VDI-Richtlinie 4499 definiert die digitale Fabrik und ihre Instrumente (VDI 2008). Diese eignen sich zur Planung der immer komplexeren Produktions- und Produktentstehungsprozesse. Das beinhaltet auch die Anwendung der Modelle, Methoden und Werkzeuge, die zur Planung, Inbetriebnahme und den Betrieb einer Fabrik eingesetzt werden. Die Richtlinie beschreibt und erläutert den digitalen Fabrikbetrieb und umfasst die Lebenszyklusphasen eines Produktionssystems von der Montage- und Fertigungsprozessplanung bis hin zur Serienproduktion. Ein durchgängiges Datenmanagement in Kombination mit virtuellen und/oder realen Anlagen und Anlagensteuerungen koppelt die Realität mit den Modellen der digitalen Fabrik.

Digitale Menschmodelle spielen bei Planung von Teilefertigungs- und Montagesystemen eine immer bedeutendere Rolle. Sie erlauben es, zukünftige Arbeitssysteme im Vorhinein in ergonomischer und zeitwirtschaftlicher Hinsicht zu bewerten. In der VDI-Richtlinie sind beispielsweise digitale Menschmodelle für die ergonomische Arbeitsplatzgestaltung dargestellt und wesentliche rechtliche Aspekte der Menschmodellierung beschrieben. Die digitale Modellierung von Menschen im Zusammenwirken mit Arbeitsgegenständen und Arbeitsmitteln in ihrer Arbeitsumgebung wird beschrieben und genutzt, um sie bereits im Vorfeld unter ergonomischen, arbeitsmethodischen und zeitwirtschaftlichen Kriterien zu bewerten.

Die im vorigen Absatz beschriebenen Möglichkeiten der technischen oder simulationsgestützten Optimierung sind der Beginn einer Entwicklung, die sich weiter fortsetzen und langfristig eine hohe Bedeutung und Praxisrelevanz gewinnen wird.

Die weitere Optimierung des Entwicklungsprozesses selbst wird zudem u. a. bestimmt sein von organisatorisch neu gestalteten Informationsflüssen, die mithilfe von IT-Systemen teilweise automatisiert werden (Fischer/Stowasser 2013). Diese Entwicklungen erfordern eine sehr enge Vernetzung der Entwicklung mit der IT und umfangreiche Investitionen. Deshalb werden sie vor allem bei der Herstellung großer Serien zum Einsatz kommen.

Gerade für Produkte mit Einzel- und Kleinserienfertigung sind jedoch in der Entwicklung auch ohne Technikeinsatz noch unerkannte und ungenutzte Potenziale zur Senkung von Kosten und Belastungen mit geringem Aufwand und ohne hohe Investitionen zu erschließen.

Das Industrial Engineering besitzt i. d. R. nicht die Kompetenz, alle nachgelagerten Bereiche im Produktentwicklungsprozess selbst zu vertreten. Es muss deshalb den Informationsaustausch zwischen der Entwicklung und den nachgelagerten Bereichen fördern und koordinieren. Diese Rolle erfordert neben umfassenden Fach- und Methodenwissen auch eine hohe Sozialkompetenz, um den Austausch erfolgreich in Gang zu setzen, aufrecht zu erhalten sowie erforderliche Maßnahmen zu erkennen und umzusetzen.

Gerade für die Einzel- und Kleinserienproduktion ist diese Aufgabe von besonderer Bedeutung. Ein offener Dialog zwischen den Bereichen kann bereits erhebliche Vorteile bringen. Voraussetzung hierfür ist die Etablierung eines partnerschaftlichen internen Kunden-Lieferanten-Verhältnisses. Konstrukteure und Entwickler müssen neutral darüber informiert werden welche Konsequenzen ihre Entscheidungen im weiteren Produktentstehungsprozess für die nachgelagerten Bereiche auch in Bezug auf die Ebenen der Humanorientierung (Ausführbarkeit, Schädigungslosigkeit, Beeinträchtigungsfreiheit/Zumutbarkeit und Persönlichkeitsförderlichkeit) haben und auf welche Weise die Kriterien der Humanorientierung erfüllt werden können. Im Detail ist diese Kenntnis über die Konsequenzen häufig nicht vorhanden. Ebenso fehlt den nachfolgenden Bereichen oft das Verständnis für die Anforderungen und Zwänge, die Konstrukteure und Entwickler berücksichtigen müssen.

Eine zuverlässige und einfache Möglichkeit, diesen Austausch praxistauglich umzusetzen, ist, Teams zu bilden, in denen alle am Produktentstehungsprozess beteiligten Bereiche vertreten sind und die den Entwicklungsprozess begleiten und bewerten (Brombach u. a. 2010). Dies kann zudem das Kriterium der Persönlichkeitsförderlichkeit bzw. die Teilnahme der Mitarbeiter an der Entwicklung der Arbeit stärken und den Betriebserfolg steigern.

Ein Beispiel aus dem Anlagenbau verdeutlicht, dass mithilfe eines bereichsübergreifenden Teams, das die Entwicklung begleitete, für Kernbauteile die Fertigungszeiten um 36 % und die Herstellkosten um insgesamt 21 % reduziert werden konnten (Lennings 1997).

Um die Produktentwicklung oder parallele Prozess- und Produktionsplanung über begleitende Teams hinaus zu unterstützen, stehen dem Industrial Engineering weitere Möglichkeiten und Methoden zur Verfügung. „Design for Manufacturing and Assembly" (DFMA) beispielsweise dient der Reduzierung der Produktkomplexität, um eine kostenminimierte Herstellung mit beherrschbaren und fähigen Prozessen zu ermöglichen. Ähnliches gilt für das „produktionsgerechte Konstruieren", wobei der Begriff „Produktion" als Oberbegriff für Fertigung und Montage anzusehen ist (REFA 2011).

Eine weiteres Arbeitsfeld für das Industrial Engineering ist die Analyse und Verbesserung des Produktentwicklungsprozesses selbst. Hierfür stehen die in Kapitel 4.4 beschriebenen Möglichkeiten und Methoden zur Verfügung. Die Arbeitsablaufanalyse kann beispielsweise einen ersten Überblick zur bestehenden Situation geben. Die einzelnen Ablaufschritte können gemeinsam mit allen beteiligten Bereichen erfasst, bewertet und verbessert werden.

Ebenso besteht die Möglichkeit Kennzahlen zu definieren, die beispielsweise berücksichtigen, wie oft Anforderungen nachgelagerter Bereiche keine Berücksichtigung fanden oder wie häufig welche entwicklungsbedingten Änderungen und Probleme in der Produktion oder Montage auftreten. Die Erfassung dieser Daten ist Indikator für Belastungen in den nachgelagerten Bereichen und ist sowohl bei der Umsetzung der Kriterien der Humanorientierung als auch bei der Kontrolle der Umsetzung hilfreich.

Eine Selbstaufschreibung der Tätigkeiten der Entwickler kann zudem Auskunft über die Nutzung der personellen Ressourcen geben. Häufig wird dabei ein hoher Anteil an entwicklungsfremden Tätigkeiten festgestellt, der zu Belastungen und Stress führen kann. Wird dieser Anteil anderen Personen übertragen und damit Belastung und Stress abgebaut, kann die Entwicklungskapazität oft kostenneutral oder mit geringem Aufwand erhöht werden. Hierdurch können sich die Rahmenbedingungen für eine fertigungs- und montagegerechte Entwicklung und die Qualität der Entwicklungsergebnisse deutlich verbessern.

Das IE kann im Produktentwicklungsprozess auf vielfältige Weise dazu beitragen, Anforderungen eines HOP zu erfüllen. Fertigungs- und montagegerechte Produkte reduzieren Belastungen bei Produktions- und Servicemitarbeitern sowie beim Anwender. Simulations- und anwendungsgestützte Fertigungs-, Montage-, Demontage- und Anwendungsanalysen bereits während der Entwicklung tragen in besonderem Maße dazu bei, Ausführbarkeit,

Schädigungslosigkeit und Beeinträchtigungsfreiheit bzw. Zumutbarkeit zu berücksichtigen. Die beschriebene Verbesserung und Optimierung des PEP selbst unterstützt dies ebenfalls und sichert u. a. Beeinträchtigungsfreiheit/Zumutbarkeit und Persönlichkeitsförderlichkeit der Mitarbeiter im Produktentwicklungsprozess.

Die Reduzierung der Produktkomplexität bringt einfachere, für den Mitarbeiter beherrschbare Prozesse mit sich. Dies birgt Potenziale für Mitarbeiter, sich in den Produktentwicklungsprozess einzubringen und sich vermehrt mit Verbesserungsmöglichkeiten zu beschäftigen, was wiederum Zufriedenheit fördert und die Persönlichkeitsförderlichkeit ausweitet.

4.5 Modernes Verständnis des Industrial Engineering

Dieses Kapitel beschreibt die Grundzüge eines „Modernen Industrial Engineering", das zur Bewältigung künftiger Herausforderungen erforderlich sein wird und über die bisher vorgestellten Ansätze und Handlungsbereiche hinausgeht.

Darüber hinaus wird skizziert, wie das Industrial Engineering dazu beitragen kann, den in Kapitel 3.4 exemplarisch skizzierten Herausforderungen bei der Aktivierung der Erfolgsfaktoren zu begegnen und damit zugleich auch die Umsetzung eines Humanorientierten Produktivitätsmanagements zu unterstützen.

Das Industrial Engineering muss künftig z. T. neue Handlungsfelder besetzen und Methoden weiter oder neu entwickeln. Entscheidend ist aber vor allem, dass es die betriebliche Auseinandersetzung mit diesen Herausforderungen anregt und begleitet oder koordiniert. Das Industrial Engineering ist für diese Aufgabe besonders geeignet und kann sie mit einem ganzheitlichen Verständnis verfolgen, weil es von den operativen Bereichen den umfassendsten Blick auf die verschiedenen Abteilungen und Prozesse im Unternehmen sowie ihr Zusammenwirken hat.

Dabei wird das Industrial Engineering die Umsetzung eines Humanorientierten Produktivitätsmanagements (HOP) sichern und dazu beitragen, dass die Kriterien der Humanorientierung in allen Unternehmensbereichen und -ebenen Berücksichtigung finden. Einerseits berücksichtigt das HOP Mitarbeiterbelange und erschließt Mitarbeiterpotenziale, mit denen die Unternehmen künftige Herausforderungen besser bewältigen können. Andererseits resultieren aus der Etablierung eines HOP auch wiederum selbst neue Herausforderungen. Diese sind im folgenden Kapitel benannt und sind insbesondere bei der Erschließung der Erfolgsfaktoren strategische Orientierung, Mitarbeiterorientierung, Unternehmenskultur und Führung zu bewältigen.

Erfolgreichen Unternehmen gelingt es, die Belange ihrer Mitarbeiter zu berücksichtigen und gleichzeitig deren Potenziale vollumfänglich zu entfalten und partnerschaftlich zu nutzen.

Abbildung 4.13 zeigt die Struktur des Kapitels 4 (der Inhalt des an dieser Stelle behandelten Kapitels ist hervorgehoben).

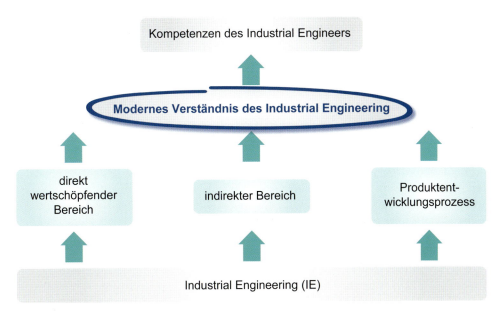

Abbildung 4.13: Struktur Kapitel 4

Das zu Beginn dieses Kapitels dargestellte Verständnis des Industrial Engineering nach REFA und die bisher vorgestellten Ansätze in direkten und indirekten Bereichen sowie der Produktentwicklung sind bereits sehr weitreichend. In vielen Betrieben ist ein Industrial Engineering dieser Form nicht oder noch nicht realisiert. Viele Unternehmen sind davon sogar noch sehr weit entfernt. Dennoch zeichnet sich bereits ab, dass auch ein solches – umfassend ausgeprägtes – Industrial Engineering nicht ausreichen wird, um die künftigen Herausforderungen zu bewältigen, die aus den in Kapitel 3 dargestellten Megatrends resultieren.

Auch wenn Industrial Engineering in direkten und indirekten Bereichen sowie der Produktentwicklung etabliert ist und im beschriebenen Umfang wirksam ist, sind die Voraussetzungen und Ansprüche eines „modernen Industrial Engineering" noch nicht erfüllt. Dieses muss auch noch weiter vor- und nachgelagerte Bereiche und Prozesse berücksichtigen.

Dazu gehören beispielsweise der – Produktion nachgelagert – auch die Verpackung und der Versand, sowie der Service mit Wartung und Reparatur. Anforderungen dieser Bereiche sind häufig unbekannt und bleiben unberücksichtigt. Beispielsweise kann die Produktentwicklung Einfluss darauf haben, welche Verpackungs- oder Versandformen möglich sind, wie gut Produkte zu demontieren sind, wie häufig und mit welchen Werkzeugen sie zu warten sind, ob die Möglichkeit der Ferndiagnose oder -wartung besteht, usw. Diese und andere – oft unbekannte – Faktoren können über die Wettbewerbsfähigkeit der Produkte in einem globalen Markt entscheiden.

Auch weiter vorgelagerte Prozesse und Bereiche wie beispielsweise Marketing und Vertrieb müssen künftig enger mit den übrigen Abteilungen im Produktentstehungsprozess verzahnt werden, um steigenden Anforderungen an Kundenorientierung und Individualisierung besser gerecht werden zu können. Dann kann schneller und zuverlässiger geprüft werden, ob neue Kundenforderungen umsetzbar sind und falls ja wie. Organisatorisch haben sich Marketing und Vertrieb in vielen Branchen und Unternehmen bereits deutlich geändert: Es werden zukünftig noch mehr IT-Fachleute im Onlineverkauf arbeiten und die Zahl der Vertriebsmitarbeiter für den Einsatz beim Kunden vor Ort wird abnehmen. Ebenfalls im Sinne einer stärkeren Kundenorientierung kann es künftig sinnvoll sein, auch den Kunden und Lieferanten (Open Innovation) stärker in den Produktentwicklungs- und ggf. auch den Produktentstehungsprozess einzubeziehen, beispielsweise mit Mitteln der Digitalisierung.

Im Sinne einer ganzheitlichen Betrachtung, die nicht nur den Produktentstehungsprozess sondern den gesamten Produktlebenszyklus berücksichtigt, müssen neue bislang unberücksichtigte Anforderungen einbezogen werden. Die Wiederverwendung von Komponenten und Materialien, aber auch die gezielte Handhabung, Aufbereitung oder Entsorgung giftiger Stoffe stellen Anforderungen an die Demontage, die insbesondere bei Konsumgütern bisher kaum Berücksichtigung findet. Noch steht im Vordergrund, Produkte schnell und kostengünstig zu montieren. Die Demontage wird hingegen nicht berücksichtigt. Ob Produkte demontierbar sind sowie welcher Aufwand dafür erforderlich und zulässig ist, muss bereits in der Produktentwicklung berücksichtigt werden. Hier ist festzulegen, welche Einheiten des Produktes einfach zu demontieren sein müssen, damit wertvolle Rohstoffe oder belastende Stoffe für eine Wiederverwendung bzw. Entsorgung zugänglich sind.

Ebenfalls in der Produktentwicklung ist zu klären, welche Dienstleistungen das Unternehmen künftig in Verbindung mit seinem Produkt anbieten möchte oder muss. Möglichkeiten hierzu sind Ferndiagnose oder Fernwartung, die Überwachung des Produktes oder das Sammeln und Auswerten von Daten über den Produktlebensweg hinweg (Big Data). Zu klären ist, ob diese Dienstleistungen durch das eigene Unternehmen erbracht werden oder hierzu gegebenenfalls strategische Partnerschaften initiiert werden.

Nicht nur innerhalb des Unternehmens muss das Industrial Engineering seinen Handlungsbereich erweitern, auch außerhalb. Überbetriebliche Wertschöpfungsketten und Netzwerke erfordern überbetriebliche Prozesse, die schnell und flexibel aktuelle Kapazitäts- und Auslastungssituationen berücksichtigen müssen. Diese Prozesse müssen sicher und zuverlässig gestaltet sein. Ihre Schnittstellen und Qualitätsanforderungen müssen zudem definiert und abgestimmt sein.

Auch in den „klassischen" Handlungsfeldern des Industrial Engineering ergeben sich infolge der komplexen Herausforderungen erweiterte und neue Aufgaben, von denen hier einige exemplarisch genannt werden.

- Welche Maßnahmen der Arbeitsplatz- und Prozessgestaltung sichern die Arbeitsfähigkeit alternder Belegschaften?

- Wie können Betriebsmittel bei stark volatilen Absatzmengen und individualisierten Interessen der Mitarbeiter wettbewerbsfähig genutzt werden?

- Wie lassen sich Produktentwicklungszeiten weiter verkürzen und welche Auswirkungen hat eine Verkürzung auf die Sicherheit und die Planbarkeit von Prozessen sowie den Qualifikationsbedarf des Personals?

- Wie kann Komplexität in der Produktion gemanagt werden (beispielsweise Austaktung, Layout und Materialfluss in Mehrproduktlinien)?

- Was sind betriebsspezifische Szenarien der Digitalisierung?

- Welche Organisationsprozess-, Materialfluss-, Informationsflussstrukturen sind erforderlich, um diesen Aufgaben gerecht zu werden und Lösungsansätze zu kombinieren?

Das Industrial Engineering kann all diese Aufgaben nicht allein lösen. Entscheidend ist jedoch, dass es die Auseinandersetzung mit diesen Aufgaben initiiert, daran beteiligt ist oder sie ggf. koordiniert. Das Industrial Engineering kann dann das unternehmensweite und sogar unternehmensübergreifende Zusammenwirken aller Akteure aus der Perspektive des Gesamtunternehmens aufeinander abstimmen und in Anlehnung an Abbildung 4.7 „orchestrieren".

In Kapitel 3.4 wurden künftige Herausforderungen je Erfolgsfaktor exemplarisch benannt. Modernes Industrial Engineering muss diesen Herausforderungen im Sinne des Humanorientierten Produktivitätsmanagements begegnen. In den folgenden Kapiteln sind zu Beginn die Herausforderungen aufgelistet und nachfolgend mögliche Beiträge des modernen Industrial Engineering beschrieben.

4.5.1 Strategische Orientierung

Strategische Orientierung und die daraus abgeleiteten langfristigen Ziele der Unternehmensleitung fordern Unternehmen insbesondere hinsichtlich:

- Know-how für die Strategieplanung entwickeln und im Unternehmen verbreiten

- Standardisierte und stabile Prozesse für die Strategieplanung und -verfolgung im Unternehmen etablieren

- Ressourcen für strategische Abteilungen und Prozesse bestimmen und bereitstellen

- Regelmäßige Prüfung und ggf. Diversifizierung der strategischen Ausrichtung

Die Strategieplanung und die Bereitstellung der erforderlichen Ressourcen gehören in den meisten Unternehmen nicht zu den Kernaufgaben und -kompetenzen des Industrial Engineering. Es kann dabei jedoch unterstützen, indem es sein Know-how zur Gestaltung, Messung und zur kontinuierlichen Verbesserung einbringt und auf den Prozess der Strategieplanung anwendet. Zudem kann es die Schwerpunkte der strategischen Orientierung bei der Planung, Umsetzung und Verbesserung von Wertschöpfungs- und Unterstützungsprozessen im Unternehmen gezielt fördern sowie Entwicklungen beobachten und messbar machen.

Strategische Ausrichtung kann ein humanorientiertes Produktivitätsmanagement in mehrfacher Hinsicht fördern und zur Wirkung bringen. Mitarbeiterorientierung, Unternehmenskultur und Führung können zu Elementen der Strategie erklärt werden. Dann werden hierzu konkrete Ziele formuliert und verfolgt. Dies unterstützt, dass die Beachtung humanorientierter Kriterien in allen Unternehmensbereichen und -ebenen zur alltäglichen Routine wird. Außerdem werden alle relevanten Unternehmensziele bis auf die Mitarbeiterebene „transformiert". So kann auch der Einzelne erkennen, welchen Beitrag er zum Unternehmenserfolg leistet. Dies trägt zur Persönlichkeitsförderlichkeit der Arbeit bei.

4.5.2   Kundenorientierung

Die umfassende Berücksichtigung der Kundenbedürfnisse erfordert nicht nur das Wissen über deren Wünsche, sondern hat weitreichende Auswirkungen im gesamten Unternehmen:

- Prozesse zur Bestimmung der Wünsche und Bedürfnisse externer (und interner) Kunden definieren und etablieren

- Kundenindividualisierte Produkte und Dienstleistungen entwickeln und anbieten

- Zunehmende Komplexität und Flexibilität in Entwicklungs-, Produktions- und Dienstleistungsprozessen beherrschen

- Sprach-, Markt- und Kundenkenntnisse relevanter Mitarbeitergruppen sicherstellen und entwickeln

Das Industrial Engineering kann hier sein Know-how zur Prozessgestaltung und -verbesserung – insbesondere hinsichtlich der Schnittstellengestaltung und der Definition der Anforderungen interner und externer Kunden – einbringen und so helfen, Standards zu etablieren und Entwicklungsprozesse für Produkte und Dienstleistungen zu beschleunigen sowie effektiver und effizienter zu gestalten. Dies trägt auch zur Komplexitätsreduzierung und somit zur sicheren Beherrschung von Prozessen bei. Zur Förderung von Sprach-, Markt- und Kundenkenntnissen kann das Industrial Engineering hingegen kaum Beiträge leisten.
Diese und ähnliche Beiträge des modernen Industrial Engineering unterstützen ein Humanorientiertes Produktivitätsmanagement. Sie tragen zu einer bedarfs- und belastungsoptimierten Gestaltung von Arbeitsplätzen und der Personalentwicklung sowie zu deren Etablierung im Alltag bei. Außerdem fördern sie bereichsübergreifendes Wissen und Verständnis.

4.5.3   Mitarbeiterorientierung

Eine hohe Mitarbeiterorientierung der Unternehmen begründet sich aus der demografischen Entwicklung und aus dem Bedarf der Nutzung des Mitarbeiterwissens. Unternehmen sind daher gefordert:

- Sicherung der Arbeitsfähigkeit bis in das künftig angehobene Renteneintrittsalter

- Neue Ansätze für die Mitarbeiterbindung und -motivation entwickeln und umsetzen

- Mitarbeitergerechte Konzepte für digitale Kommunikation und Kooperation entwickeln und umsetzen

- Kommunikation und Kooperation in zunehmend diversifizierten Belegschaften sichern

- Ausweitung der Mehrsprachigkeit

- Steigende Ansprüche an Qualität und Umfang der Mitarbeiterbetreuung (z. B. Employee Assistance Programs, EAP)

Das Industrial Engineering trägt durch eine geeignete Arbeitsplatz- und Prozessgestaltung dazu bei, physische und mentale Belastungen der Mitarbeiter zu reduzieren. Es unterstützt dabei, Prozesse so zu gestalten, dass sie auch für Mitarbeiter mit Beeinträchtigungen generell geeignet sind. Hierzu muss es geeignete betriebsspezifische „Leitplanken" definieren. In Einzelfällen kann das Industrial Engineering ggf. auch personenbezogene Anpassungen planen und umsetzen.

Das Industrial Engineering fördert die Mitarbeiterbindung und -motivation entscheidend, indem es bei der kontinuierlichen Prozessverbesserung (KVP) belastende sowie demotivierende Schwachstellen und Probleme in den Prozessen erkennt und beseitigt. Dabei bindet es die Mitarbeiter ein und ermöglicht ihnen eigenverantwortliches Handeln.

Im Rahmen von Prozessanalysen und -verbesserungen kann das Industrial Engineering geeignete Informationsflussstrukturen für die Unternehmensprozesse entwickeln und so Grundlagen für die Planung der digitalen Kommunikation und Kooperation liefern. Auf dieser Basis lässt sich auch eine sichere Kommunikation und Informationsübermittlung in Unternehmen mit zunehmend diversifizierten und mehrsprachigen Belegschaften planen, beispielsweise durch standardisierte Informationskanäle und automatisierte Informationsverarbeitung sowie allgemein verständliche Darstellungen (z. B. Piktogramme).

Die Mitarbeiterbetreuung fällt nicht in den Kompetenzbereich des Industrial Engineering, es kann jedoch Hinweise zu möglichen „Brennpunkten" sowie zur Gestaltung und Erfolgskontrolle von Personalunterstützungsprozessen liefern.

Modernes Industrial Engineering fördert mit diesen und weiteren Beiträgen die Entfaltung eines Humanorientierten Produktivitätsmanagements. Sie dienen der Sicherung der Arbeits- und Leistungsfähigkeit und helfen, die Berücksichtigung von Humankriterien aller Ebenen – also Ausführbarkeit, Schädigungslosigkeit, Beeinträchtigungsfreiheit/Zumutbarkeit und Persönlichkeitsförderlichkeit – im gesamten Unternehmen zu etablieren.

4.5.4 Unternehmenskultur

Gemeinsame Werte und Normen für Entscheidungen und Verhalten aller Mitarbeiter sind wichtige strategische Elemente eines Unternehmens. Daher bedarf es:

- Identifikation und Abstimmung von Werten, Prinzipien und „Leitplanken" für eine strategiekonforme Unternehmenskultur

- Entwicklung einer betrieblichen Strategie für den Aufbau einer positiven Unternehmenskultur

- Umsetzung der Strategie und Erfolgskontrolle

Die Entwicklung, Abstimmung und Etablierung einer positiven Unternehmenskultur ist Kernaufgabe der Unternehmensleitung und der Führungskräfte. Das Industrial Engineering kann dazu beitragen, erforderliche Inhalte zu identifizieren und zu vereinbaren sowie geeignete Indikatoren für den Reifegrad der Kulturumsetzung zu entwickeln und diese zu verfolgen. Es kann zudem bei Mitarbeitern und Führungskräften das Bewusstsein für zentrale Werte und Prinzipien der Kultur fördern und dazu beitragen, diese in den betrieblichen Prozessen zu verankern.

Je nach Ausrichtung und Elementen der Unternehmenskultur fördert deren Etablierung auch ein Humanorientiertes Produktivitätsmanagement. Ähnlich wie bei der strategischen Orientierung ist dies vor allem der Fall, wenn beispielsweise Gesundheit, Arbeitsschutz und -sicherheit, Vertrauen, Eigenverantwortlichkeit usw. in der Unternehmenskultur von Bedeutung sind. Die Unternehmenskultur unterstützt dann in der Regel die Umsetzung der strategischen Ausrichtung.

4.5.5   Führung

Der Stellenwert von Führung mit all seinen Facetten wird zunehmen. Unternehmen müssen daher Sorge tragen für:

- Sensibilisierung und Befähigung der Führungskräfte für ihre Aufgaben in einer mitarbeiterorientierten Unternehmenskultur, in der sie u. a. Kulturbotschafter sind und Werte konsequent vorleben müssen,

- zur Führung älterer Mitarbeiter oder von Mitarbeitern der „Generation Y" mit individualisierten Bedürfnissen und

- zur Führung international zusammengesetzter Teams oder virtueller Teams, deren Mitglieder dauerhaft an unterschiedlichen Orten arbeiten.

- Schaffung betrieblicher und organisatorischer Rahmenbedingungen, die Führungskräften eine mitarbeiterorientierte Führung, Präsenz am Ort der Wertschöpfung, den täglichen Dialog mit den Mitarbeitern und deren Coaching ermöglichen.

Führung im Sinne der Unternehmenskultur zu sichern, ist Kernaufgabe der obersten Unternehmensleitung. Das Industrial Engineering unterstützt Führungskräfte u. a., indem es prozess- oder bereichsbezogene Zahlen, Daten und Fakten als Basis für Entscheidungen und die Priorisierung von Aufgaben und Maßnahmen bereitstellt und faktenorientierte Führung fördert sowie Gestaltungshinweise z. B. für die Sicherung der Mitarbeiterzufriedenheit, die Arbeitsplatz- und Prozessoptimierung oder das Humanorientierte Produktivitätsmanagement bereit stellt.

Außerdem bietet es standardisierte Methoden u. a. für die Prozessgestaltung und Verbesserung sowohl hinsichtlich der Wirtschaftlichkeit als auch der Humanorientierung. Führungskräfte können diese in die tägliche Arbeit einbinden. Sie können Methoden gemeinsam mit den Mitarbeitern anwenden oder diese eigenverantwortlich mit Aufgaben der Standardisierung und Verbesserung betreuen. Das Industrial Engineering unterstützt erforderlichenfalls bei der Anwendung der Methoden sowie der Qualifizierung dazu.

4.5.6   Innovationsfähigkeit

Neben sicheren und effizienten Prozessen muss die Innovationsfähigkeit eines Unternehmens gesichert sein durch:

- Beschleunigung der Innovation von Produkten und Prozessen durch Verbesserung der bereichsübergreifenden Kommunikation

- Senkung der Risiken bei der zunehmend schnelleren Entwicklung von Produkten, Dienstleistungen und Prozessen

- Aufbau und Pflege des dafür erforderlichen Know-hows

- Einführung eines funktionierenden Changemanagements als Reaktion auf die Zunahme der Geschwindigkeit des Wandels und die daraus resultierenden Anforderungen an Menschen, Prozesse und die Organisation

- Aufbau eines pragmatischen unternehmensspezifischen Wissensmanagements

Insbesondere durch die Gestaltung und Verbesserung von Prozessen leistet das Industrial Engineering einen Beitrag zur Beschleunigung von Entwicklungsprozessen für Produkte und Dienstleistungen. Ansatzpunkte hierfür sind beispielsweise:

- die Optimierung von Schnittstellen durch Abstimmung der Anforderungen und Standards innerhalb der internen Kunden-Lieferanten-Kette sowie an externen Schnittstellen,

- die Parallelisierung von Prozessschritten (Simultaneous Engineering) und

- die Simulation von Produkten und Abläufen.

Das Industrial Engineering kann helfen, Handlungsschwerpunkte zu identifizieren, Qualifizierungsinhalte für die Mitarbeiter zu bestimmen und das erforderliche Know-how aufzubauen und zu pflegen.

Zur Senkung der Risiken, die mit beschleunigten Entwicklungsprozessen verbunden sind, kann das Industrial Engineering strukturierte Risikoanalysen durchführen oder die betroffenen Bereiche dazu qualifizieren. Auch die Unterstützung und Koordination bei der Einführung geeigneter Simulationsmethoden, der Qualifizierung der Mitarbeiter und des Knowhow-Aufbaus können Beiträge des Industrial Engineering zur Risikosenkung sein.

Das Industrial Engineering unterstützt die Einführung eines Changemanagements durch kontinuierliche Verbesserung der bestehenden Prozesse und Abläufe, die methodisch abgesichert ist und die Mitarbeiter einbezieht. Gerade auf dieser Basis trägt es auch dazu bei, kritisches und prozessrelevantes Wissen zu sammeln, das in Wissensmanagementsysteme einfließen muss. Das Industrial Engineering kann die Bereitstellung der Informationen selbst planen und umsetzen, dabei unterstützen oder die Arbeiten koordinieren.

Diese Maßnahmen dienen auch dem Humanorientierten Produktivitätsmanagement. Sie reduzieren Belastungen aufgrund wachsender Komplexität und die Folgen sowie die zunehmend weitreichenden Konsequenzen bei individuellen Fehlern. Ein leistungsfähiges Changemanagement fördert auch eine schnelle, kontinuierliche und wirtschaftliche Anpassung betrieblicher Prozesse im Sinne wechselnder Kunden- und Mitarbeiterbedürfnisse.

4.5.7 Wandlungsfähigkeit / Flexibilität

Zur Bewältigung aktueller und künftiger Herausforderungen müssen Unternehmen flexibel und wandlungsfähig agieren und reagieren. Daher sind sie gehalten zur:

- Sensibilisierung von Mitarbeitern und Führungskräften für die Zunahme der Wandlungsgeschwindigkeit. Mitarbeiter und Führungskräfte müssen verinnerlichen, dass Veränderung nicht die Ausnahme, sondern zunehmend der „Normalfall" ist, mit entsprechenden Auswirkungen auf betriebliche Abläufe und Regelungen

- Lernfähigkeit aller Mitarbeiter über das Erwerbsleben hinweg erhalten

- Alltagsflexibilität und Reaktionsfähigkeit des Unternehmens verbessern und gleichzeitig die Interessen zunehmend individualisierter Mitarbeiter berücksichtigen

- Ansätze zur Verbesserung des Geschäftsmodells ständig verfolgen und umsetzen

Das Industrial Engineering setzt die von Mitarbeitern und Führungskräften identifizierten Verbesserungsmöglichkeiten schnell und unter Einbindung der Mitarbeiter um. Das Prinzip des flexiblen Standards steht dafür, dass Standards zwar Voraussetzung für Verbesserungen und Effizienz sind, jedoch kein Selbstzweck. Sobald ein besserer Weg erkannt wurde, muss er genutzt und zum neuen Standard erhoben werden. Dieses Denken und Handeln signalisiert Mitarbeitern und Führungskräften, dass Wandel der Normalfall und das Bessere nicht der Feind, sondern der Freund des Guten ist.

Kontinuierliche Verbesserungsarbeit der Mitarbeiter sowie die Qualifizierung in der Anwendung neuer Methoden fördern die Lernfähigkeit der Mitarbeiter und deren Erhalt.

Das Industrial Engineering trägt mit einer zuverlässigen Prognose des Betriebszeitbedarfs und seiner Schwankungen zur Verbesserung der Alltagsflexibilität der Unternehmen bei. Je zuverlässiger die Prognosen, desto sicherer können Mitarbeiterbelange bei der Anwesenheitsplanung berücksichtigt und unnötige Belastungen der Mitarbeiter vermieden werden. Digitale Kommunikation unterstützt eine Flexibilisierung der Einsatzplanung im Sinne von Mitarbeitern und Unternehmen.

Die Reaktionsfähigkeit kann u. a. durch den Abbau personeller Kapazitätsengpässe verbessert werden. Das Industrial Engineering kann dabei unterstützen, betroffene Bereiche zu identifizieren, darin Verschwendung zu beseitigen und die Vertretungsflexibilität durch gezielte Qualifizierungsplanung und Schulungen zu erhöhen. Auch die Unterstützung bei der Entwicklung und Einführung prozessbezogener Assistenzsysteme trägt hierzu bei. Solche Systeme erweitern die Einsatzmöglichkeiten der Mitarbeiter und unterstützen die Übernahme ungewohnter Aufgaben und Tätigkeiten.

Erhalt und Nutzung der Lernfähigkeit sowie die Erweiterung der Einsatzmöglichkeiten unterstützen die Humanorientierung auf allen Ebenen und unterstützen ein Humanorientiertes Produktivitätsmanagement.

Die Überwachung des Geschäftsmodells ist Kernaufgabe der obersten Unternehmensleitung und der Führungskräfte. Vor allem aus der fortschreitenden Digitalisierung ergeben sich zahlreiche Ansätze für neue produktbezogene Dienstleistungen. Das Industrial Engineering kann helfen, diese im Hinblick auf Umsetzbarkeit und Wirtschaftlichkeit zu bewerten. Außerdem unterstützt das Industrial Engineering die Geschäftsmodellpflege indirekt durch seine Beiträge zur Förderung der Innovationsfähigkeit.

4.5.8   Produkt-/Prozessqualität

Qualität in Produkt und Prozess zu gewährleisten gehört zu den wichtigsten Aufgaben von Unternehmen. Um dies auch künftig zu gewährleisten müssen sie:

- alle Prozesse – auch indirekt wertschöpfende Prozesse und Führungsprozesse –, transparent machen und planbar gestalten

- Sicherung hoher Produkt- und Dienstleistungsqualität auch in zunehmend komplexeren, internationalen Prozessketten

- Sicherung der Qualität, auch bei Einsatz alternativer Materialien oder Leichtbauweise

- Beherrschung einer zunehmenden Produktkomplexität aufgrund steigender Variantenvielfalt

- Prozesse für Ältere und leistungsgewandelte Mitarbeiter gestalten und dabei angemessene Belastung und Qualität sichern

Die genannten Herausforderungen zu diesem Erfolgsfaktor fallen direkt in das klassische Aufgabenspektrum des Industrial Engineering. Es erfasst Prozesse und stellt diese detailliert und transparent dar. Dies umfasst auch Informationen zu den einzelnen Prozessschritten, wie beispielsweise Soll- und Ist-Zeiten, Verfügbarkeiten, Fehlerraten, Werkzeug- und Hilfsmittelbedarf, usw. Auch Schnittstellen werden identifiziert, Anforderungen der internen Kunden („Quality Gates") erfasst, Standards vereinbart und die Möglichkeiten der internen Lieferanten berücksichtigt. Wird dies flächendeckend und sorgfältig praktiziert, leistet das Industrial Engineering damit einen wichtigen Beitrag, auch in zunehmend komplexen und internationalen Prozessketten ein hohes Qualitäts- und Sicherheitsniveau zu erhalten oder zu schaffen.

Arbeitsplätze und Prozesse ergonomisch und anforderungsgerecht zu gestalten, ist ebenfalls eine Kernkompetenz des Industrial Engineering. Es muss künftig jedoch voraussichtlich vermehrt untersuchen, ob vorhandene Standards den Anforderungen gerecht werden, oder ob betriebs- bzw. arbeitsplatzspezifische Anpassungen an die Bedürfnisse und Fähigkeiten älterer und eventuell leistungsgewandelter Mitarbeiter nötig sind.

Werden die genannten Herausforderungen erfolgreich bewältigt, dient dies allen Ebenen der Humanorientierung. Standardisierte Vorgehensweisen hierzu unterstützen deshalb ein humanorientiertes Produktivitätsmanagement.

4.5.9   Fertigungstiefe

Eine hohe Fertigungstiefe steigert die betriebliche Wertschöpfung und kann zur Überwindung von Krisen beitragen. Unternehmen sollten ihre Strategie daraufhin ausrichten durch:

- Entwicklung und Anwendung betriebsindividueller Modelle zur Bestimmung der optimalen Fertigungstiefe (inkl. anfallenden Kosten und Berücksichtigung der Faktoren Qualität, Flexibilität, Innovation und Mitarbeiterorientierung)

- kontinuierliche Prüfung der etablierten Fertigungstechnologien, Netzwerke und Partner

- ständige Kontrolle der Prozesskosten im eigenen Hause und bei Zulieferern sowie Ermittlung der Ursachen von Abweichungen

- ständige Beobachtung von Entwicklungen der Fertigungstechnik und der Digitalisierung

• kontinuierliche Qualifizierung der verantwortlichen Mitarbeiter

Auch diese Herausforderungen gehören in das „klassische Arbeitsfeld" des Industrial Engineering. Die ständige Überwachung von Vorgabe- und Ausführungszeiten ist zentraler Bestandteil einer zuverlässigen wirtschaftlichen Bewertung von Produktions- und Dienstleistungsprozessen. Die vollständige Darstellung der mit einer externen Fertigung verbundenen Prozesse unterstützt den Aufbau eines betrieblichen Modells zur Bestimmung einer sinnvollen Fertigungstiefe, das Kosten sowie Risiken und Chancen umfassend darstellt auch hinsichtlich anderer Erfolgsfaktoren wie Qualität, Flexibilität und Mitarbeiterorientierung. Qualifizierung hierzu kann das Industrial Engineering entweder selbst aktiv betreiben oder bei der Festlegung von deren Inhalten und Umfang unterstützen.

4.5.10 Prozesseffizienz

Das Sicherstellen von verschwendungsarmen Prozessen gilt als Grundlage effizienten unternehmerischen Handelns. Unabdingbar ist es für Unternehmen daher:

• Verschwendung in Wertschöpfungs-, Unterstützungs-, Führungs- und Verwaltungsprozessen erkennen

• Ursachen der Verschwendung konsequent und methodisch ermitteln und beseitigen

• Umfassende und kontinuierliche Qualifikation und Motivation der Mitarbeiter

• Gestaltungsspielräume und Ressourcen dafür festlegen und bereitstellen

Verschwendung zu erkennen und zu beseitigen ist eine Kernaufgabe des Industrial Engineering. Hierfür hält es verschiedene betriebsspezifisch aufbereitete und standardisierte Methoden bereit. Entweder wendet das Industrial Engineering diese als interner Dienstleister an oder qualifiziert Mitarbeiter und Führungskräfte zur Anwendung.
Dies wird jedoch bislang vorwiegend in Produktionsprozessen umgesetzt. Das Industrial Engineering kann dazu beitragen, Denken und Vorgehensweise der Verschwendungsbeseitigung auch in Dienstleistungs-, Unterstützungs-, Entwicklungs- und Führungsprozessen konsequent und dauerhaft zu etablieren. Dadurch werden Prozesse zuverlässiger, belastungsärmer und schneller, was die Wettbewerbsfähigkeit des Unternehmens fördert.
Das Industrial Engineering kann dabei unterstützen, Handlungsschwerpunkte und den zu erwartenden Personalaufwand für Qualifizierung und Methodenanwendung zu bestimmen sowie bei Entscheidungen über einen vorteilhaften Einsatz der Methoden im Unternehmen zu treffen.
Mit der Beseitigung von Verschwendung geht oft die Sorge einher, dass Mitarbeiter Abwechslung und Freiräume verlieren, die wertschöpfende Arbeit sich „verdichtet" und die Belastung der Mitarbeiter zunimmt. Modernes Industrial Engineering muss im Rahmen eines Humanorientierten Produktivitätsmanagements dafür sorgen, dass durch Verschwendungsabbau gewonnene Kapazität ausgewogen im Interesse von Mitarbeitern und Unternehmen genutzt wird, beispielsweise sowohl zur Erhöhung der Produktionsmenge als auch zur weiteren Prozessverbesserung, Qualifizierung und Bewältigung bislang unzureichend erfüllter Aufgaben.

4.6   Kompetenzen des Industrial Engineer

 Das moderne Industrial Engineering hat vielfältige Aufgaben im Betrieb. Entsprechend vielfältig sind Anforderungs- und Kompetenzprofil des Industrial Engineer.

Er ist Change Manager und Bindeglied zwischen Geschäftsführung, Führungskräften und Mitarbeitern. Je nach Aufgabe arbeitet er zudem mit verschiedenen anderen Abteilungen zusammen.

Bei der erfolgreichen Umsetzung von Veränderungsmaßnahmen im Betrieb spielt der Industrial Engineer eine entscheidende Rolle. Seine Arbeit erfordert deshalb über Fach- und Methodenkompetenz hinaus weitere Kompetenzen.

Abbildung 4.14 zeigt die Struktur des Kapitels 4 (der Inhalt des an dieser Stelle behandelten Kapitels ist hervorgehoben).

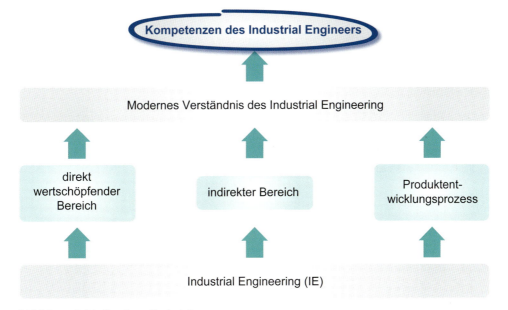

Abbildung 4.14: Struktur Kapitel 4

4.6.1   Rollen des Industrial Engineer im Unternehmen

Der Industrial Engineer betrachtet u. a. einzelne Arbeitsplätze und bestimmt mithilfe von Zeitstudien Zeiten für Kalkulations-, Planungs- und Vergütungszwecke. Im Rahmen der Arbeitsstrukturierung verteilt er Arbeitsinhalte auf einzelne Arbeitsplätze und Anlagen. Bei der Arbeits-, Betriebszeit- und Entgeltgestaltung steht er in engem Kontakt mit der Personalabteilung. Gleichzeitig unterstützt er andere betriebliche Bereiche, wie beispielsweise das Controlling bei der Bestimmung und Analyse aussagefähiger betrieblicher Kennzahlen.

Das Verständnis der Aufgaben des Industrial Engineer ist jedoch nicht einheitlich. Studiert man beispielsweise die Aufgaben in betrieblichen Stellenausschreibungen finden sich unterschiedliche Aufgaben und Arbeitsschwerpunkte:

- Erfassung solider Bestandsdaten durch Arbeitsstudien

- Analyse von Produktions- und Personalkapazitäten

- Arbeitsvorbereitung, Material-, Produktionsablaufplanung

- Aufbereitung, Dokumentation und Vermittlung von Planungs- und Analyseergebnissen an beteiligte Gremien, Geschäftsführung und Mitarbeiter

- Aufbau, Weiterentwicklung und Verifizierung von Standards

- Erstellung von Lastenheften für Betriebsmittel

- Steigerung der Effizienz des Produktionslayouts

- Leiten von Arbeitskreisen zur produktionsgerechten Konstruktion/Wertanalyse

- Betreuung der Umsetzung definierter Maßnahmen, Durchführung von Schulungen und Tests, Prozessvalidierung, betriebswirtschaftliche Bewertung

- Aufbau einer verschwendungsarmen Produktion nach den Lean-Prinzipien,

- usw.

Als Anforderungen werden genannt:

- Kenntnisse von REFA- und/oder MTM-Methoden, ERP-Systemen, Produktionssystemen, Zeitstudien, Arbeitsanalysen

- Kenntnisse in Prozessoptimierung und Qualitätsmanagementmethoden (z. B. Six Sigma, KVP, ...)

- Überzeugende Persönlichkeit, sichere Kommunikation, hohe Ergebnisorientierung

- Problemlösungskompetenz zur Erarbeitung von strategischen Lösungen

- Team- sowie Kommunikationsfähigkeit, Führungsqualitäten und ein sicheres Auftreten, Verhandlungsgeschick und Durchsetzungsvermögen

- Erfahrung in Projektmanagement, Fertigungsplanung oder Arbeitsvorbereitung

- Kenntnisse im Bereich Ergonomie und Lean-Methoden

- usw.

Der Industrial Engineer benötigt umfassende Methodenkompetenz zu Bereichen der Arbeitswissenschaft, Arbeitsvorbereitung, Arbeits- und Betriebswirtschaft, Logistik, des Projektmanagements sowie die Fähigkeit zur Planung und Umsetzung Ganzheitlicher Unternehmenssysteme (Stowasser 2010b).

Der Industrial Engineer arbeitet im Unternehmen an der Schnittstelle von Mitarbeitern, Führungskräften und Geschäftsführung. Er ist ein Prozessplaner, der zusätzlich zur Methoden- und Fachkompetenz auch über Sozial-, System- und Problemlösungskompetenz verfügen muss. Abbildung 4.15 zeigt die Stellung des Industrial Engineer:

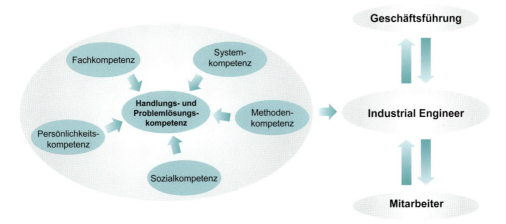

Abbildung 4.15: Stellung des Industrial Engineer im Unternehmen

4.6.2   Kompetenzgefüge des Industrial Engineer

Die Erfassung belastbarer Arbeitsdaten mit Methoden der Zeitwirtschaft und Arbeitsstudien wird immer noch als eine der Kernkompetenzen des Industrial Engineer gesehen. Jedoch hat sich das Anforderungsprofil wesentlich erweitert. Um die oben beschriebenen erweiterten Anforderungen erfüllen zu können, benötigt der Industrial Engineer weitreichende Kompetenzen jenseits der Fach- und Methodenkompetenzen zur wirksamen Umsetzung eines Humanorientierten Produktivitätsmanagements.

Kompetenzen werden auch als Selbstorganisationsdispositionen beschrieben. Dispositionen beschreiben persönliche, geistige und körperliche Anlagen und Voraussetzungen, um etwas willensbestimmt zu tun. Selbstorganisation umschreibt, dass eine Handlung zielgerichtet, von sich heraus und ohne externe Anleitung durchgeführt werden kann. „Kompetenzen umfassen also alle Fähigkeiten und Wissensbestände eines Menschen, die ihn zur Ausübung beispielsweise einer beruflichen Handlung befähigen" (Wagner u. a. 2010).

Die Kompetenz eines Menschen setzt sich aus verschiedenen Kompetenzfeldern zusammen. Im deutschsprachigen Raum und auch in der REFA-Grundausbildung hat sich die Unterscheidung in:

- Fachkompetenz,

- Methodenkompetenz,

- (Selbst- oder auch) Persönlichkeitskompetenz,

- Sozialkompetenz und

- Systemkompetenz bzw. Systemverständnis durchgesetzt.

Die problemlösungsorientierte Nutzung dieser Kompetenzfelder gilt als Schlüssel zur Handlungs- und Problemlösungsfähigkeit des Industrial Engineer. Nachstehend werden die einzelnen Kompetenzfelder erläutert und in Zusammenhang gestellt.

4.6.2.1 Fachkompetenz

Fachkompetenzen sind aufgaben- und tätigkeitsspezifische berufliche Kenntnisse und Fertigkeiten, die notwendig sind, um die Aufgaben im beruflichen Umfeld lösen zu können. Diese Kompetenz wird durch berufsbezogene Ausbildung vermittelt und durch Erfahrungen in der beruflichen Praxis sowie durch berufliche Weiterbildung aufrechterhalten und entwickelt. Neben dieser Kompetenz im direkten, eigenen Aufgabengebiet gehören auch fachübergreifende Kenntnisse bzw. die Einordnung und die Bewertung des in der Organisation vorhandenen Wissens zu der Fachkompetenz des Einzelnen.

4.6.2.2 Methodenkompetenz

Eine Methode ist ein planmäßiges und systematisches Verfahren, das zur Zielerreichung herangezogen wird. Führungskräfte und Mitarbeiter kennen und beherrschen verschiedene Methoden und sind in der Lage, diese an ihrem Arbeitsplatz zur Erledigung gestellter Aufgaben in wechselnden Situationen im Umgang mit Sachen, Personen und Gruppen zur Lösung von Sachproblemen erfolgreich anzuwenden (Lang 2000).
Methodenkompetenz umfasst Fähigkeiten, die situationsübergreifend eingesetzt, zur Strukturierung der Probleme und zur Entscheidungsfindung beitragen. Methodenkompetenz ist auch die Fähigkeit, Fachwissen zielgerichtet aufzuarbeiten und anzuwenden.

4.6.2.3 Persönlichkeitskompetenz

Sie beschreibt die Fähigkeit, sich selbst einzuschätzen und Bedingungen zu schaffen, um sich selbst im Rahmen der Arbeit zu entwickeln. Ein Mensch mit hoher Persönlichkeitskompetenz ist eine begabte, charaktervolle, entscheidende Person mit starker Ausstrahlung, die sich in ihrer Umwelt behaupten, aber sich dieser auch anpassen kann. Persönlichkeitskompetenz schließt auch ein, eigenverantwortlich zu handeln, zur sozialen Verantwortung bereit zu sein, Anforderungen und Erwartungen selbst zu realisieren, sich weiterzubilden und ein positives Arbeitsklima mitzugestalten (qualifikation.kenline.de 2015).

4.6.2.4 Sozialkompetenz

Unter Sozialkompetenz versteht man die Fähigkeit und die Bereitschaft (Haltung und Einstellung), mit anderen Personen Beziehungen einzugehen und zu kommunizieren, zu kooperieren, sich auf Partner einzustellen sowie Ziele und Pläne gemeinsam zu entwickeln. Hierzu ist es nötig, auf die Bedürfnisse der anderen Personen einzugehen, um konstruktiv zusammenarbeiten zu können (REFA 2012a). Gerade in Gruppen- und Teamarbeit gewinnt dieser Punkt eine immer größere Bedeutung. „Über soziale Kompetenz verfügt ein Vorgesetzter oder Mitarbeiter, der im Spannungsfeld von Anpassung und Behauptung, Pflicht und Neigung, als verantwortungs- und selbstbewusste, originelle Persönlichkeit unternehmerisch denkt, spricht und handelt, und in sozialer Einstellung kooperativ, zielstrebig und nutzbringend mit anderen Persönlichkeiten zusammenarbeitet. Er ist einfühlungsfähig, verständnisvoll, selbstkritisch, kommunikations-, kontakt- und beziehungsfähig und verhält sich partnerschaftlich, umsichtig, vorurteilsfrei, kompromissfähig, tolerant und fair" (qualifikation.kenline.de 2015).

4.6.2.5   Systemkompetenz bzw. Systemverständnis

Unter Systemkompetenz wird die Fähigkeit verstanden, Systeme zu verstehen, erfolgreich in Systemen zu handeln, Chancen und Risiken zu erkennen, Freiräume erfolgreich zu nutzen und Systeme zu verändern. Über eine hohe Systemkompetenz verfügt derjenige, der relevante Faktoren komplexer Systeme frühzeitig erkennt und sie zu steuern in der Lage ist. Der Erwerb von Systemkompetenz erfolgt nur zu einem geringen Teil im Rahmen einer Ausbildung, sie ist eher Teil eines eigenen biografischen Lernprozesses, der durch persönliche Erfahrungen, Feedback, persönliche Reflexion und Coaching unterstützt werden kann (Köster/Kruse 2012).

Systemkompetenz bedeutet sowohl ein fundiertes Fachwissen über Erscheinungsformen und Kennzeichen komplexer dynamischer Systeme (z. B. Wissen um die Vernetzung relevanter Systemelemente und deren Einflussfaktoren) und kompetentes Handeln bei der Steuerung und beim Eingreifen in komplexe Systeme (z. B. ein Unternehmen als komplexes sozio-technisches System).

Nachstehende Tabelle 4.4 fasst die den einzelnen Kompetenzfeldern zugeschriebenen Fähigkeiten und Ausprägungen zusammen.

4.6.3   Der Industrial Engineer als Changemanager

Die erfolgreiche Bewältigung der Aufgaben des Industrial Engineering steht in engem Zusammenhang mit der interdisziplinären Zusammenarbeit mit anderen Funktionsbereichen des Unternehmens (Hinrichsen u. a. 2014). Nachfolgende Aufzählung zeigt eine Auswahl von Unternehmensbereichen, mit denen sich der Industrial Engineer je nach Aufgabe eng austauschen muss. Beschäftigte der Funktionseinheit Industrial Engineering stehen in engem Austausch mit:

- der **Unternehmensleitung**, um die Gestaltung von Arbeits- und Produktionssystemen an den strategischen Vorgaben des Unternehmens auszurichten,

- dem **Marketing**, um Marktanforderungen (Lieferzeiten, Mengen, Produktspezifikationen etc.) bei der Gestaltung von Arbeits- und Produktionssystemen zu berücksichtigen,

- der **Produktentwicklung**, um eine fertigungs- und montagegerechte Produktgestaltung zu gewährleisten und Anforderungen an die Arbeits- und Produktionssystemgestaltung zu ermitteln,

- der **Instandhaltung**, um Anforderungen der Instandhaltung bei der Arbeits- und Produktionssystemgestaltung zu berücksichtigen und Voraussetzungen für den wirtschaftlichen Einsatz der Betriebsmittel in der Produktion zu gewährleisten,

- der **Produktion**, um Voraussetzungen für einen wirtschaftlichen Betrieb von Arbeits- und Produktionssystemen zu gewährleisten,

- der **Beschaffung**, damit Roh-, Hilfs- und Betriebsstoffe sowie Investitionsgüter beschafft werden, die in hohem Maße zur Effizienz der Prozesse und Investitionen beitragen,

- dem **Controlling**, um einerseits die Zielkosten für die zu gestaltenden Arbeits- und Produktionssysteme („Target Costing") einzuhalten und andererseits über Zeitdaten eine Datengrundlage für die Kostenrechnung zu schaffen und mit

- der **IT**, um eine effiziente Auftragsabwicklung zu gewährleisten (Hinrichsen u. a. 2014).

Tabelle 4.4: Fähigkeiten und Ausprägungen der Kompetenzfelder (nach Wagner u. a. 2010, ergänzt)

	Kompetenzfelder				
	Fach-kompetenz	Methoden-kompetenz	Persön-lichkeits-kompetenz	Sozial-kompetenz	System-kompetenz
Fähig-keiten	Aufgaben- und tätigkeitsspezifische berufliche Fertigkeiten und Kenntnisse	Fähigkeit, Probleme zu strukturieren und Entscheidungen zielgerichtet zu finden	Fähigkeit zur Selbsteinschätzung sowie zur selbstständigen Entwicklung im Rahmen der Arbeit	Fähigkeit, in sozialen Interaktionssituationen kommunikativ und kooperativ zu handeln	Fähigkeit, Systeme zu verstehen, erfolgreich in Systemen zu handeln, Systeme zu verändern
Aus-prägung	Fachliche Ausbildung Fachliche Fertigkeiten Fachliche Kenntnisse Fachliches Engagement	Problemlösendes Denken Abstraktes und vernetztes Denken Analysefähigkeit Transferfähigkeit Planungsfähigkeit Entscheidungsfähigkeit Informationsbeschaffungsfähigkeit	Eigene Normen und Werte Verantwortlichkeit Kreativität, Rhetorik Motivation, Initiative und Engagement Lern- und Leistungsbereitschaft Flexibilität und Ausdauer Emotionale Intelligenz, Kritikfähigkeit Positives Arbeitsklima gestalten	Teamfähigkeit und Hilfsbereitschaft Soziale Verantwortung Fairness, Kooperationsbereitschaft Einfühlungsvermögen Delegationsfähigkeit Toleranz Fähigkeit zur Kritik und Selbstkritik Verantwortungsübernahme für sich und andere	Fundiertes Systemwissen Systemensteuerung frühzeitiges Erkennen von Gestaltungsoptionen, nicht allein durch Ausbildung anzeignen, geprägt durch persönliche Erfahrungen.

Die Nutzung und die situationsabhängige Kombination der verschiedenen Kompetenzen ermöglicht dem Industrial Engineer, sich auch in fachlich fremde Tätigkeiten und Abläufe hineinzuversetzen, Maßnahmen zu entwickeln und dafür zu sorgen, dass seine Vorschläge akzeptiert werden. In seiner Rolle fungiert der Industrial Engineer als aktiver und nachhaltiger Gestalter des Veränderungsprozesses unter Einbezug der Mitarbeiter.

Der Industrial Engineer wird somit zum Changemanager. Hat er Verbesserungspotenzial ausgemacht und seine Pläne skizziert, muss er im Spannungsfeld zwischen Geschäftsleitung und Mitarbeitern seine Ideen umsetzen. Veränderungen hin zu Ganzheitlichen Unternehmenssystemen erfordern beispielsweise neben einer neuen Arbeitsorganisation und Investitionen, immer auch die Bereitschaft der Mitarbeiter zu gewinnen.

Ein anschauliches Modell zur Gestaltung der Veränderung stammt von dem Psychologen und Sozialwissenschaftler Kurt Lewin. Er analysierte Veränderungsprozesse in der Gesellschaft oder kleineren sozialen Gruppierungen und identifizierte charakteristische Phasen eines erfolgreichen Changemanagements.

In der Literatur existieren verschiedenste Modelle des Changemanagements. Nachfolgend wird exemplarisch das 3-Phasen-Modell nach Lewin grafisch (Abbildung 4.16) dargestellt und erläutert.

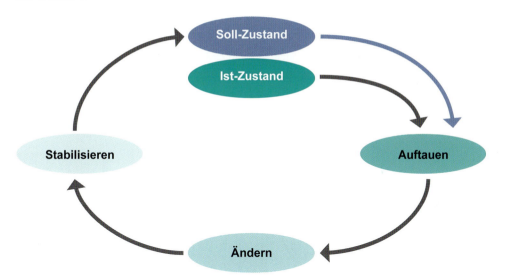

Abbildung 4.16: 3-Phasen-Modell der Veränderung (nach Lewin 1963)

In der ersten Phase (**„Auftauen"**) werden anhand des aufgenommenen Ist-Zustands und des definierten Soll-Zustands Veränderungen vorbereitet und bei den Beteiligten eine grundsätzliche Bereitschaft für den Wandel geschaffen. Sie werden soweit als möglich als Unterstützende in den Veränderungsprozess mit einbezogen

Die zweite Phase (**„Ändern"**) beinhaltet den Übergang in das „Neue", die Implementierung der Veränderung, beispielsweise den veränderten Produktionsprozess. Hierbei müssen die Beteiligten intensiv geschult, die Einführung von Standards sichergestellt und der Prozess – zumindest zu Anfang – durch Prozessverantwortliche überwacht und gegebenenfalls gesteuert werden. Häufig ist in dieser Phase zunächst ein Leistungsabfall zu konstatieren. Die

Mitarbeiter müssen sich in einer „Eingewöhnungszeit" erst einmal an die neuen Gegebenheiten gewöhnen. In dieser Phase müssen auch die Zweifler und Widerständler überzeugt werden.

Die dritte und letzte Phase (**„Stabilisieren"**) dient dem Verfestigen des „Neuen". Mitarbeiter und Führungskräfte neigen dazu, in alte Muster und Verhaltensweisen zurückzufallen. Damit dies nicht eintritt, ist eine kontinuierliche Beobachtung notwendig. Veränderungen sind dann stabil umgesetzt, wenn sie als Teil des Alltags in den Köpfen der Beteiligten angekommen sind, keine besondere Beachtung mehr erfordern und ganz natürlich „dazugehören".

Nach Aufnahme des neuen Ist-Zustandes kann dieser Regelkreis von neuem mit der Definition eines neuen Soll-Zustands mit der ersten Phase („Auftauen") beginnen.

Kurt Lewin geht davon aus, dass es in jeder Organisation "Driving Forces" und "Restraining Forces" gibt, sprich Kräfte, die den Wandel antreiben und Kräfte, die dem Wandel entgegenwirken. Damit es zu Veränderungen und zu einer Steigerung der Effizienz kommt, müssen die Driving Forces gestärkt werden – das ist Aufgabe des Changemanagements bzw. des Industrial Engineer.

Abbildung 4.17 zeigt einen typischen Verlauf der Betriebsleistung einer Organisation im Laufe des 3-Phasen-Modells der Veränderung sowie die Einflussfaktoren durch Widerstände und die den Prozess antreibenden Kräfte.

Beim Changemanagement ist der Faktor Mensch intensiv zu berücksichtigen. Durch Einbeziehung des Menschen und die Transparenz der Maßnahmen können Widerstände und Spannungen vermieden werden.

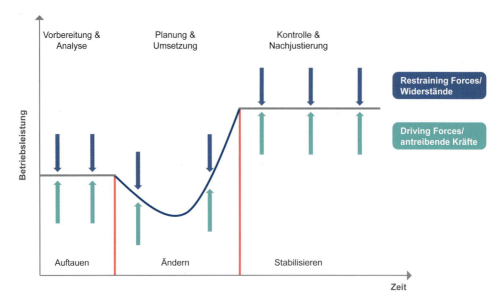

Abbildung 4.17: Betriebsleistung im Laufe des Veränderungsprozesses (nach Bornemann 2015)

4.6.4 Aus- und Weiterbildung des Industrial Engineer

4.6.4.1 Berufliche Weiterbildung

Seit mehreren Jahrzehnten führt der REFA Bundesverband e. V. vielfältige Qualifizierungsprogramme im Bereich des Industrial Engineering durch. Das Weiterbildungskonzept von REFA wendet sich in erster Linie an Facharbeiter und mittlere technische Führungskräfte, es werden aber auch spezifische Varianten oder weiterführende Angebote für Hochschulabsolventen angeboten. Im Bereich des Industrial Engineering bietet REFA u. a. die Ausbildung zum „REFA Advanced Industrial Engineer", „REFA-Ingenieur" oder „REFA-Ingenieur für Industrial Engineering".

Der „European Industrial Engineer" wird vom REFA-Verband und der MTM Vereinigung als europäisch abgestimmte Ausbildung angeboten. Beide Institutionen haben zudem eigene Institute gegründet (REFA-Institut bzw. MTM-Institut), um die Weiterentwicklung der Methoden und der Ausbildungen im Industrial Engineering sowie die Förderung des Austauschs zwischen Wissenschaft und Praxis zu fördern (Stowasser 2014c).

 Exkurs: Lern- und Modellfabriken des Industrial Engineering

In sogenannten Lern- und Modellfabriken des Industrial Engineering können die Teilnehmer von Weiterbildungsmaßnahmen den Methodeneinsatz proben. Beispiele hierfür sind:

- TU Darmstadt: „Center für industrielle Produktion"

- Hochschule Ostwestfalen-Lippe: „IEL – Die Lernfabrik für Industrial Engineering" (unter Beteiligung von REFA Nordwest e. V.)

- TU Dortmund: „IE-Training Centre"

- FH Ansbach: „Lernfabrik für Operational Excellence"

- Fraunhofer-Institut für Produktionstechnik und Automatisierung IPA Stuttgart: „ Lernfabrik Advanced Industrial Engineering"

4.6.4.2 Akademische Aus- und Weiterbildung

Studiengänge an verschiedenen deutschen Hochschulen berücksichtigen das Aufgabenfeld des Industrial Engineering, Tabelle 4.5. Das Angebot an den Hochschulen wächst. Bemerkenswert ist, dass sich die Renaissance des Industrial Engineering derzeit in der Lehre im Bereich des Industrial Engineering spiegelt. Die stark ansteigende Nachfrage nach Absolventen durch die deutschen Unternehmen fordert und fördert eine zunehmende Quantität und Qualität der IE-Lehre (Stowasser 2014c). Prof. Deuse vom Lehrstuhl für Arbeits- und Produktionssysteme der TU Dortmund nennt folgende Leitlinien für die universitäre IE-Ausbildung (Deuse 2011):

- Solides ingenieurwissenschaftliches Fundament

- Interdisziplinäres Arbeiten

- Tuchfühlung mit der Praxis

- Vermittlung von Methoden-, System- und Problemlösungskompetenz

- „Kompetenzen trainieren" statt „Wissen anlesen"

Ein Industrial Engineer muss sowohl in der Lage sein, einen Verbesserungsprozess eigenständig umzusetzen und zu führen als auch Führungskräfte dabei zu unterstützen. Er ist somit sowohl Umsetzer als auch Trainer und Coach. Hierzu benötigt er neben den fachlich-methodischen Kenntnissen auch Kenntnisse über die Motivation menschlichen Handelns und didaktische Fähigkeiten. Letztere kann ein Industrial Engineer aus den Disziplinen Organisations- und Arbeitspsychologie bzw. Erziehungswissenschaften ziehen (Richter/Deuse 2011).

Er ist somit in seiner Position im Unternehmen und mit seinen Kompetenzen in der Lage, Aspekte der Humanorientierung zu erkennen und diese bei Umsetzung von Verbesserungsmaßnahmen auch umfassend zu berücksichtigen. Insbesondere hinsichtlich Ausführbarkeit, Schädigungslosigkeit und Zumutbarkeit der Arbeit steht er in engem Kontakt mit den Mitarbeitern und kann schnell auf deren Bedürfnisse reagieren bzw. bei der Gestaltung von Arbeitsplätzen im Vorfeld agieren. Mit seiner umfassenden Kenntnis der Gesamtprozesse kann er zudem für die Zufriedenheit bzw. die Persönlichkeitsförderlichkeit Sorge tragen, indem er u. a. das Know-how der Mitarbeiter bei Verbesserungsprozessen einholt und sie an Entscheidungen partizipieren lässt.

In seiner Funktion ist er damit Bindeglied zwischen den Interessen der Geschäftsleitung hinsichtlich Wirtschaftlichkeit und denen der Mitarbeiter hinsichtlich der Humanorientierung und daher zentraler Akteur bei der Umsetzung des Humanorientierten Produktivitätsmanagements mittels eines modernen Industrial Engineering.

Tabelle 4.5: Aus- und Weiterbildung Industrial Engineering an deutschen Hochschulen – ein Überblick (hochschulkompass.de 2015)

Angebot	Hochschulen
Masterstudiengang „Industrial Engineering"	FH Aachen, Beuth Hochschule für Technik Berlin, FH Kiel, FH Lübeck, FH Regensburg, Universität Bremen
Bachelorstudiengang „Industrial Engineering"	TU Dresden, FH Mittenweida, FH Trier, Hochschule Rhein-Waal, Hochschule Kaiserslautern, Hochschule RheinMain, Technische Hochschule Ingolstadt, Hochschule Ostwestfalen-Lippe
Promotionsstudium „Industrial Engineering"	Hamburger Fern-Hochschule in Zusammenarbeit mit der University of Louisville
Vertiefungsrichtungen „Industrial Engineering"	(meist im Bereich Maschinenbau/Produktionstechnik RWTH Aachen, Universität Bremen, TU Dortmund, FH Zwickau

Zusammenfassung und Ausblick:

Kapitel 4.2 und 4.3 vertiefen Umsetzungsmöglichkeiten und Auswirkungen dieses geänderten Rollenverständnisses für den direkt wertschöpfenden und den indirekt Bereich. Auch in die Produktentwicklung ist das Industrial Engineering einbezogen, da bereits hier ein Großteil der aus den folgenden Schritten des Produktentstehungsprozesses resultierenden Kosten bestimmt werden (Kapitel 4.4). Ein modernes Industrial Engineering umfasst aber auch unternehmensübergreifende Bereiche im Sinne einer ganzheitlichen Betrachtung (Kapitel 4.5).

Die Mitarbeiter, die für die Umsetzung von Maßnahmen und Methoden des Industrial Engineering in den genannten Bereichen verantwortlich sind, haben hierbei eine besondere Rolle, die mehr als nur fachliche und methodische Kompetenz erfordert (Kapitel 4.6). Das Industrial Engineering unterstützt die betriebliche Umsetzung und Nutzung der in Kapitel 2.1 beschriebenen Erfolgsfaktoren auf vielfältige Art und Weise (Kapitel 4.5).

Die Methoden und Tools des Industrial Engineering erfuhren mit „Lean Production" und „Ganzheitlichen Produktions- oder Unternehmenssystemen" eine Renaissance. Der Industrial Engineer ist in seiner heutigen und zukünftigen Rolle nicht mehr nur „Datenerfasser" und „Zeitnehmer", sondern der Treiber von Veränderung und verantwortlicher Gestalter von Produktivität und Humanorientierung. In seiner Rolle als Changemanager benötigt er vielfache Kompetenzen und Befugnisse.

Im direkten Bereich wird seine Fachkompetenz verstärkt nachgefragt. Ergänzt durch die Sozial-, Methoden-, Persönlichkeits- und Systemkompetenz wird seine Expertise im humanorientierten Produktivitätsmanagement zum Schlüssel erfolgreicher Unternehmen.

In den immer wichtigeren indirekten Bereichen ergibt sich ein weites Arbeitsfeld für den Industrial Engineer. Hier sollten die Unternehmen seine Kenntnisse künftig vermehrt nutzen und von seinen Erfahrungen aus dem direkten Bereich profitieren.

Im Produktentwicklungsprozess kann der Industrial Engineer u. a. mit der Optimierung von Kommunikation und Schnittstellen zwischen der Entwicklung und den nachgelagerten Bereichen dazu beitragen, die dort festgelegten Herstellkosten zu minimieren.

In dieser Schlüsselposition trägt der Industrial Engineer eine besondere Verantwortung für die Aktivierung und Nutzung der Erfolgsfaktoren sowie für den Aufbau eines Humanorientierten Produktivitätsmanagements im Unternehmen.

5 Gestaltungsebenen erfolgreicher Unternehmen

 Erfolgreiche Unternehmen nutzen die vielfältigen Möglichkeiten des Industrial Engineering, um sich auf allen betrieblichen Ebenen (Unternehmens-, Prozess-, Arbeitsplatzverbund- und Arbeitsplatzebene; Abbildung 5.1) im Sinne eines Humanorientierten Produktivitätsmanagement auszurichten bzw. um diese zu gestalten. Darüber hinaus werden erfolgreiche Unternehmen ihre Prozesse künftig zunehmend auch unternehmensübergreifend in diesem Sinne gestalten. Das Arbeitsdatenmanagement nimmt dabei eine wesentliche Rolle ein, da dieses Grundlage für Gestaltung aller Ebenen ist.

Kapitel 5 gibt einen Überblick der Gestaltungsebenen im Unternehmen (siehe Abbildung 5.1). Abbildung 5.2 zeigt die Einordnung der betrieblichen Gestaltungsebenen (Unternehmenssystem, Prozesse und Arbeitssystem) des Industrial Engineering in die Gesamtstruktur dieses Bandes. Zur Einordnung der oben skizzierten Ebenen wird zunächst das REFA-Unternehmensmodell beschrieben.

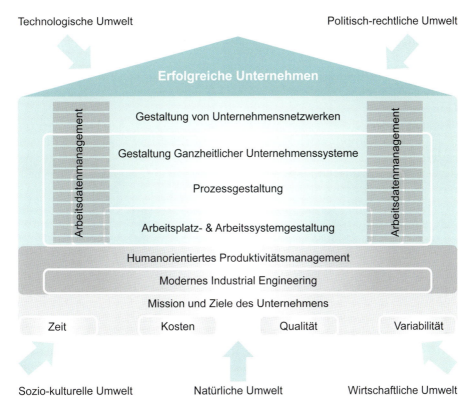

Abbildung 5.1: Gestaltungsebenen erfolgreicher Unternehmen

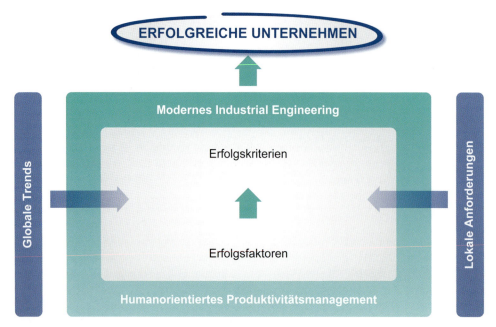

Abbildung 5.2: Gesamtstrukturierung des Bandes

5.1   REFA-Unternehmensmodell

Das **REFA-Unternehmensmodell** ist ein ganzheitliches, branchenübergreifendes Modell, das die Abläufe in einem Unternehmen prozessorientiert abbildet und in Führungs-, Kern- und Unterstützungsprozesse gliedert (REFA 2012a).

Die **Führungsprozesse** bestimmen maßgeblich die strategische Ausrichtung des Unternehmens. Zu den **Kernprozessen** gehören alle Prozesse, die direkt der Herstellung eines Produktes oder der Erbringung einer Dienstleistung dienen, also direkt wertschöpfende Prozesse. **Unterstützungsprozesse** schließlich sind dafür verantwortlich, sämtliche Ressourcen und Infrastrukturen zur Verfügung zu stellen (zu den Prozessebenen: siehe auch Kapitel 5.3).

Erfolgreiche Unternehmen erreichen ihre Ziele nicht nur durch Produktinnovationen. Sie haben erkannt, dass auch wandlungsfähige, verschwendungsarme und produktive Prozesse einen entscheidenden Wettbewerbsfaktor darstellen. Ebenso wichtig wie die Entwicklung von Produkten, die dem Kunden klar erkennbare Vorteile bieten, ist es, diese schnell und in vereinbarter Qualität zu liefern und dabei auch über die gesamte Produktentstehungsphase Kundenbedürfnisse stets zu berücksichtigen. Diese Anforderung stellt hohe Ansprüche an die Organisation des Arbeits- und Auftragsablaufs, an die Gestaltung der Produktion sowie an Geschäfts- und Unternehmensprozesse.

Das REFA-Unternehmensmodell ermöglicht, die komplexen Zusammenhänge dieser betrieblichen Prozesse darzustellen und zu strukturieren (siehe Abbildung 5.3).

Unternehmen stehen mit vielen Einflüssen ihrer Umgebung in Wechselwirkung. Diese sind beispielsweise: Kapitalmarkt, Anteilseigner, Wettbewerber, Politik und Sozialpartner. Daneben müssen sie auch nationale und internationale Auflagen und Gesetze (beispielsweise

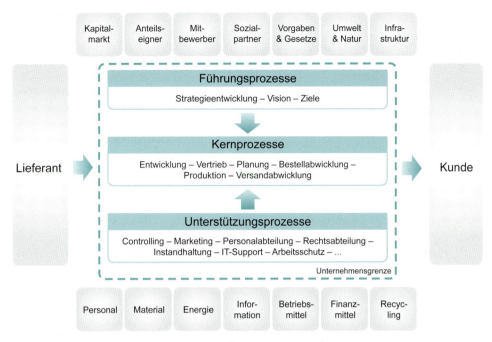

Abbildung 5.3: REFA-Unternehmensmodell (nach REFA 2012a)

zum Umweltschutz), kulturelle Besonderheiten sowie weitere lokale Faktoren wie Infrastruktur, Verfügbarkeit und Qualifikation der Arbeitskräfte berücksichtigen. Unternehmen befinden sind auch immer im Spannungsfeld zwischen Kunden und Lieferanten. Die Organisation dieser Kunden-Lieferanten-Beziehungen ist wichtig für den Unternehmenserfolg. Das REFA-Unternehmensmodell stellt diese Faktoren und ihre Beziehungen dar und eignet sich daher als Modell zur Ableitung und Beschreibung von Erfolgsstrategien unter Berücksichtigung der Rahmenbedingungen:

- Einflüsse durch Branche und Markt (z. B. saisonale Schwankungen, Konkurrenzverhältnisse, Kundenstruktur)

- Strategien (z. B. Konzentration auf Marktnischen oder Massenherstellung)

- Unternehmensstruktur (z. B. Unternehmensgröße, Aufbauorganisation, Personalstruktur)

- Prozesse (z. B. funktionale/projektorientierte Ausrichtung, Fertigungsprinzip, Einzel- oder Serienfertigung)

Mithilfe des REFA-Unternehmensmodells lassen sich spezifische Unternehmensmodelle ableiten und die jeweils entsprechenden Erfolgsstrategien modular beschreiben (REFA 2012b). Es ist Ausgangspunkt für eine Erfassung der Ist-Situation und für Optimierungen. Bei der Gestaltung der in den folgenden Kapiteln dargestellten Ebenen kann es ebenfalls berücksichtigt werden.

Exkurs

Es existieren zahlreiche Unternehmensmodelle, beispielsweise das St. Galler Modell (Rüegg-Stürm, 2003) oder das der ISO – International Organization for Standardization. Die im September 2015 erschienene DIN ISO 9001:2015 (DGQ 2015) bietet u. a. die sogenannte High Level Structure. Dies ist eine übergeordnete Struktur, die den Aufbau neuer und überarbeiteter ISO-Managementnormen vereinheitlichen soll. Ziel dieser Standardisierung ist die Förderung der inhaltlichen Übereinstimmung zwischen den unterschiedlichen Managementnormen, um ihre Integration und Implementierung durch die zertifizierten Organisationen zu vereinfachen.

5.2   Grundzüge der Gestaltung von Ganzheitlichen Unternehmenssystemen

Das Verknüpfen von Prozessen und Prozessketten zu Systemen bzw. zu Ganzheitlichen Unternehmenssystemen (GUS) ist Inhalt dieses Kapitels. Darin wird der inzwischen bekannte und verbreitete Begriff des „Ganzheitlichen Produktionssystems" durch den Begriff „Ganzheitliches Unternehmenssystem" ersetzt. Ersterer ist zwar geläufiger, suggeriert aber einen Fokus auf die Produktion von Gütern und schließt begrifflich beispielsweise Dienstleistungen als wertschöpfenden Prozess sowie die indirekten Bereiche aus. Erfolgreiche Unternehmen richten jedoch alle Prozesse im Unternehmen ganzheitlich aus und verzahnen sie in einem GUS. In Zitaten dieses Kapitels wird der Begriff Ganzheitliches Produktionssystem genutzt. Er ist jedoch im Sinne eines GUS zu verstehen.

Abbildung 5.4 zeigt die Struktur des Kapitels 5 (der Inhalt des an dieser Stelle behandelten Kapitels ist hervorgehoben).

5.2.1   Definition Ganzheitliche Unternehmenssysteme (GUS)

Ein Unternehmenssystem ist gemäß REFA „. . . die geregelte und durchgehende Nutzung von Arbeitsprinzipien, Vorgehensweisen und Instrumentarien im gesamten Unternehmen zur effektiven Gestaltung der Prozesse im wirtschaftlichen und sozialen Sinne in allen Geschäftsfeldern" von der Produktplanung bis hin zur Wiederverwertung (REFA 2011). Grundlegende Arbeitsprinzipien sind z. B. Mitarbeiterbeteiligung, Gruppenarbeit, kontinuierliche Verbesserung, visuelles Management usw. Sie haben das Potenzial, auch unter schwierigeren Markt- und Produktionsbedingungen zur Erfüllung der Unternehmensziele beizutragen. Sind diese Grundprinzipien erfüllt, sind Zielzustände leichter zu erreichen und von arbeitsverbessernden Prinzipien und Methoden wird öfter Gebrauch gemacht.

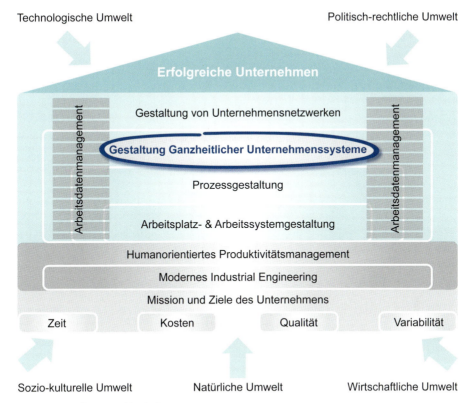

Abbildung 5.4: Struktur Kapitel 5

REFA-Methoden haben weitreichenden Einfluss auf Ganzheitliche Unternehmenssysteme, die bisher oft mit dem Begriff „betriebliche Produktionssysteme" benannt wurden. Der Begriff „Produktionssystem" bezieht sich nicht nur „... auf technische Systeme bzw. Maschinen und Anlagen zum Produzieren, sondern auf die Bündelung von Arbeitsgrundsätzen und Methoden, meint also einen ‚Werkzeugkoffer' und die Grundsätze seiner Handhabung" (REFA 2011).

Die VDI-Richtlinie 2870 gibt einen Überblick über Ganzheitliche Produktionssysteme und eine Handlungshilfe zur Einführung. Die in der Richtlinie beschriebenen Gestaltungsprinzipien und Bewertungsmethoden fokussieren vornehmlich die Anwendung innerhalb des Auftragsabwicklungsprozesses, mit den Teilprozessen Fertigung und Montage sowie den Unterstützungsprozessen Logistik, Human Ressource Management, Qualitäts- und Instandhaltungsmanagement. In Blatt 1 der Richtlinie werden 8 Gestaltungprinzipien definiert. Blatt 2 ordnet diesen Gestaltungsprinzipien 35 Methoden und dazugehörige Werkzeuge zur praktischen Umsetzung Ganzheitlicher Produktionssysteme zu (VDI 2015).

5.2.2   Gestaltung von Ganzheitlichen Unternehmenssystemen

Ein Ziel jeder Organisation bzw. jedes Unternehmens ist die Sicherstellung der Wirtschaftlichkeit und somit ihrer Existenz, die wiederum vom Erfolg beim Kunden abhängig ist. Die

Sicherung und Steigerung der Produktivität und somit die Verringerung der Herstellkosten bei gleichzeitig hoher Qualität, größerer Variantenvielfalt und kürzeren Lieferzeiten im Kundeninteresse stehen im Mittelpunkt des GUS.

Ein GUS betrachtet daher die Arbeitsabläufe des Unternehmens im Gesamtzusammenhang, erkennt Verschwendung und versucht diese zu vermeiden mit dem Ziel, alle Prozesse kontinuierlich zu verbessern. GUS bewertet dazu (möglichst) alle Zusammenhänge in den Unternehmensprozessen (Kern-, Führungs- und Unterstützungsprozessen) (Pult 2008).

Bei der Gestaltung von GUS müssen die Prozesse (siehe Kapitel 5.3) miteinander verzahnt und die Arbeitssysteme (siehe Kapitel 5.4) aufeinander abgestimmt werden. Dies reicht von der Produktentwicklung über die Produktion im Unternehmen oder in Unternehmensnetzwerken bis hin zur Wiederverwertung der Produkte.

Optimierungen von Prozessen können demnach nicht nur punktuell durchgeführt werden, weil die Veränderung von Arbeitsabläufen in unterschiedlichen Bereichen unterschiedliche Auswirkungen haben. Der Gesamterfolg der Veränderung muss daher übergreifend gesichert werden.

Voraussetzung für die erfolgreiche Gestaltung von GUS:

- Ziele und Einführungsschritte müssen vom Topmanagement definiert und von ihm mit Überzeugung in die Unternehmensebenen implementiert und eingefordert werden.

- Die in diese Prozesse involvierten Mitarbeiter müssen sensibilisiert werden und den Veränderungsprozess aktiv mitgestalten. Dies setzt ein Führungsverständnis voraus, welches nicht allein auf Anweisungen beruht, sondern den Mitarbeiter als intrinsisch motiviert und an der Problemlösung interessiert versteht.

- Prozesse müssen transparent gemacht werden und auf Prozessebene Verschwendungen aufgedeckt und Standards festgelegt werden, die zur kontinuierlichen Verbesserung beitragen. Diese Standards sind flexibel und müssen bei neuen Erkenntnissen entsprechend angepasst werden.

- Die Einführung und Entwicklung eines GUS ist eine lohnende, wenn auch komplexe Aufgabe, die niemals endet. Die Akteure müssen dies verstehen und verinnerlichen.

- Ebenfalls förderlich ist eine durchgängige, entlang der gesamten Wertschöpfungskette verlaufende Ausrichtung der Prozesse an internen und externen Kundenanforderungen.

5.2.3   Einfluss der Gestaltung von Ganzheitlichen Unternehmenssystemen auf das Humanorientierte Produktivitätsmanagement

Massenproduktion, wie beispielsweise die der Fahrzeuge bei Ford, erfolgte zu Beginn des letzten Jahrhunderts mithilfe der Erkenntnisse der wissenschaftlichen Betriebsführung nach F. W. Taylor. Das Produktionssystem der Massenfertigung wurde – mit Ausnahme von Japan – weltweit exportiert bzw. kopiert. Aufgrund spezifischer Gegebenheiten im Nachkriegs-Japan, setzte man dort auf die Optimierung von Prozessen, während in den westlichen Ländern die Innovation von Produkten im Vordergrund stand. In Japan entwickelte Taiichi Ohno das sogenannte Toyota-Produktionssystem, dessen Hauptprinzipien die Erhöhung der Produktivität, die Vermeidung von Verschwendung sowie die Achtung der Mitarbeiter waren (Oeltjenbruns 2000).

Inspiriert wurde Ohno jedoch Anfang der 1950er-Jahre bei einer Reise zum Werk Rouge von Ford, welches ein Musterbeispiel der Massenproduktion nach Taylor und Ford war. Dieses System war zwar nicht geeignet zur Übernahme in Japan, jedoch adaptierte Ohno einzelne in Amerika beobachtete Elemente (Produktion im Fluss, Standardisierung der Arbeitsgänge oder Materialnachschub über Supermärkte) und kreierte daraus sein eigenes Produktionssystem. Hauptgrund für die unterschiedliche Ausrichtung war die begrenzte Mitarbeiterkapazität und deren starke Verhandlungsposition in Japan (Womack 1990). Aus diesen Gründen kann man nicht von einem gänzlichen Widerspruch zwischen Taylor/Ford und Ohno sprechen.

Die Akzeptanz der Mitarbeiter für Veränderungsprozesse ist bei Ohno entscheidend für den Erfolg der Maßnahmen. Die Mitarbeiter müssen sich am Verbesserungsprozess beteiligen, daher ist es notwendig, jedem Mitarbeiter zu verdeutlichen, dass die Umsetzung und der Erfolg in erheblichem Maß vom Tun jedes Einzelnen abhängt (Oeltjenbruns 2000).

In dem Maße wie der Mitarbeiter in den Verbesserungsprozess involviert ist, besteht für ihn auch die Möglichkeit der aktiven Einflussnahme bezüglich seiner Wünsche und Vorstellungen. Die Transparenz der Prozesse kann zudem die Persönlichkeit des einzelnen Mitarbeiters fördern, da er im Team als Wandlungs(mit-)gestalter verstanden wird und in Kooperation mit anderen Mitarbeitern oder Unternehmensbereichen an Veränderungsentscheidungen partizipieren kann. Das Humanorientierte Produktivitätsmanagement ist daher insbesondere bei der Gestaltung von Ganzheitlichen Unternehmenssystemen zu integrieren.

Doch ein Veränderungsprozess, der einen sozialen Wandel beinhaltet, ist nicht von langer Hand detailliert planbar. Entscheidend für den Erfolg ist die Anschlussfähigkeit vollzogener Schritte in der betrieblichen Realität. Diese ist dann gegeben, wenn die Maßnahmen von den beteiligten Mitarbeitern als möglich bzw. als sinnvoll akzeptiert werden. Es gibt dementsprechend nicht den „einen besten Weg" bei der Gestaltung von GUS (Pult 2008). Unternehmen müssen daher sehr spezifisch Methoden und Schritte der Gestaltung entwickeln, planen, umsetzen und überwachen.

5.2.4   Rolle des IE und des Industrial Engineer bei der Gestaltung von Ganzheitlichen Unternehmenssystemen

Das Industrial Engineering liefert der Unternehmensleitung u. a. Daten für eine nachhaltige Zielorientierung (vgl. Kapitel 4: REFA-Definition Industrial Engineering). Modernes Industrial Engineering bietet darüber hinaus Methoden zur strategischen Planung, Realisierung und zum Controlling der Umsetzung von Ganzheitlichen Unternehmenssystemen (GUS). Hier wird die enge Verknüpfung zwischen Industrial Engineering und GUS deutlich (Stowasser 2013).

Ausgehend von der Automobilindustrie haben sich GUS zunächst auf deren große Zulieferer und anschließend auf weitere Branchen übertragen. So wurde ein hohes Produktivitätsniveau gesichert und eine Vernetzung der Prozesse gewährleistet. GUS gewinnen aber auch zunehmend bei kleinen und mittelständischen Unternehmen an Bedeutung. Verbesserungen müssen nicht nur in der Produktion erarbeitet werden, sondern auch in allen anderen Bereichen des Unternehmens, um dort ebenfalls die Produktivität in notwendigem Maße zu steigern (siehe Kapitel 4.3). Die Verbreitung von GUS wächst unabhängig von den Branchen und der Unternehmensgröße (Stowasser 2013).

Bei der Gestaltung von GUS stellen sich den Verantwortlichen viele Fragen, beispielsweise:

- Wie gestalten wir Produkte fertigungs- und montagegerecht?

- Welche Ansätze haben wir zur Gestaltung der indirekten Bereiche bzw. des Produktentwicklungsprozesses?

- Welche Methoden nutzen wir im Unternehmen, um das GUS weiterzuentwickeln bzw. im gesamten Unternehmen wirksam werden zu lassen?

- Wie gehen wir vor, um Arbeits- und Montagesysteme anforderungsgerecht zu planen und zu gestalten?

- Wie können wir unternehmensübergreifende Prozesse sicher und wirtschaftlich gestalten?

- Wie können wir bereits angestoßene Verbesserungsmaßnahmen in Einklang mit dem GUS bringen?

- Wie organisieren wir die Gestaltung von GUS anderer Unternehmensstandorte?

- Wo liegt die Verantwortlichkeit? Wer ist der „Kümmerer"?

Die Einführung von GUS erfolgt Top-down, die Umsetzung Bottom-up. Bei der Sicherung der unternehmensinternen und -übergreifenden Durchdringung von GUS haben Geschäftsführer, Werks- und Betriebsleiter, Fach- und Führungskräfte aus den Bereichen Produktions- und Auftragsmanagement, Industrial Engineering, Arbeitsvorbereitung und Fertigungsplanung eine besondere Rolle. Diese motivierten und qualifizierten Führungskräfte erfüllen eine Vorbildfunktion und müssen auf allen Ebenen als Treiber fungieren. Sie müssen entsprechende Qualifikationen (siehe Kapitel 4.6) mitbringen und gegebenenfalls geschult werden. Der Stand der Veränderung muss transparent sein und insbesondere auch durch die mittleren Führungskräfte kommuniziert und inhaltlich getragen bzw. unterstützt werden.

Das IE bzw. der Industrial Engineer bieten ein breites Methodenspektrum zur Analyse und Gestaltung von Prozessen im Sinne von GUS und besitzen – durch ihr praktisches Wirken im Betrieb – einen Überblick über die Prozesse und Bereiche im Unternehmen sowie deren Zusammenwirken. Die Mitarbeiter des IE sind zudem mit der Arbeitssystem- und der Prozessgestaltung sowie mit deren Verknüpfung und Optimierung vertraut.

Zur Entwicklung und Umsetzung der gestalterischen Maßnahmen muss das IE alle Mitarbeiter einbeziehen. Voraussetzung dabei ist, dass möglichst viele Mitarbeiter „... über die notwendigen Kenntnisse und Fertigkeiten zum zweckmäßigen Gebrauch von Prinzipien und Methoden unter den jeweiligen, spezifischen Anwendungsbedingungen verfügen" (REFA 2011).

Da der Mitarbeiter als Wissensträger im Mittelpunkt der Veränderungen steht, muss die Führungskraft nicht nur die rein technischen, ökonomischen und strukturellen Aspekte, sondern insbesondere auch die menschlichen und zwischenmenschlichen Aspekte beachten.

5.3 Grundzüge der Gestaltung von Prozessen

> Die zielgerichtete Gestaltung und Beherrschung von Prozessen zur Sicherung von Wirtschaftlichkeit und Menschengerechtigkeit im Unternehmen ist ein Kernelement des Humanorientierten Produktivitätsmanagements. In Prozessen wirken mehrere Arbeitsplätze, Arbeitsplatzverbünde oder Bereiche planvoll miteinander.
> Die prozessorientierte Arbeitsorganisation als integraler Bestandteil des GUS schafft die Bedingungen für ein zielorientiertes Zusammenwirken von Arbeitssystemen (siehe Kapitel 5.4) aus allen Unternehmensbereichen.

Abbildung 5.5 zeigt die Struktur des Kapitels 5 (der Inhalt des an dieser Stelle behandelten Kapitels ist hervorgehoben).

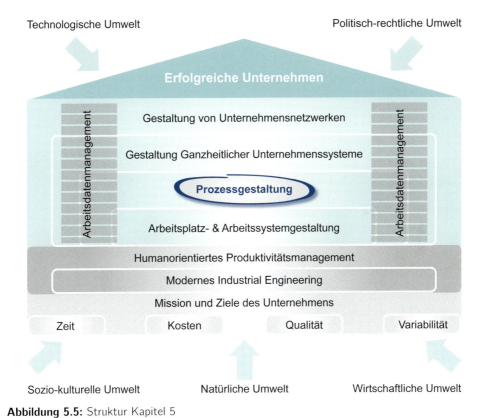

Abbildung 5.5: Struktur Kapitel 5

5.3.1 Definition Prozess

Als Prozess wird die Folge von Aufgaben (Arbeiten) mit innerem (technologisch-organisatorischem) Zusammenhang zur Erfüllung von Kundenaufträgen unter Beteiligung mehrerer

Arbeitssysteme bezeichnet. Dies beinhaltet alle dazugehörigen technologischen und logistischen Vorgänge (z. B. Bei- und Verarbeiten, Transportieren, Liegen, Lagern) (REFA 2011) sowie Planungs-, Steuerungs-, Gestaltungs- und Entwicklungsprozesse.

In der DIN EN ISO 9001:2005 werden Prozesse als das spezielle Geschehen zur Transformation von Eingaben in Ausgaben charakterisiert. Darin wird der geregelte und schrittweise Ablauf – im Zusammenwirken von Mensch und Betriebsmitteln – zur Erzeugung von Produkten und Dienstleistungen aus Rohstoffen beschrieben. Prozesse dienen insofern der geplanten Veränderung der Arbeitsobjekte. Betriebliche Prozesse sind aufeinander abgestimmt bzw. folgen einem definierten Ablauf. Eine ablaufmäßige Gruppierung funktional miteinander verbundener Prozesse wird als Prozesskette bezeichnet (REFA 2011).

Die Neufassung der DIN ISO 9001:2015 unterstützt die Einführung eines Prozessansatzes zur Entwicklung, Umsetzung und Verbesserung der Wirksamkeit des Qualitätsmanagementsystems. Hierbei werden die essentiellen Anforderungen an einen prozessorientierten Managementansatz spezifiziert. In- und Output eines jeden Prozesses müssen festgelegt werden. Die Messung der Leistungskennzahlen, die Festlegung der Verantwortlichkeiten etc. ist künftig vorgegeben (DGQ 2015).

Die verschiedenen Unternehmensprozesse bedingen einander und können nach mehreren Aspekten unterschieden werden:

- **Leistungsart:** Produktions- oder Dienstleistungsprozess (Erzeugung materieller oder immaterieller Produkte),

- **Ausführungsart:** operativ (ausführende Prozesse) und dispositiv (planende und steuernde Prozesse),

- **Wertschöpfung:** direkte (das Arbeitsobjekt verändernde) oder indirekte (z. B. Transportieren, Prüfen) Prozesse,

- **Komplexität:** Makroprozesse (betrieblich und überbetrieblich) oder Mikroprozesse (deren Bestandteile) und

- **Beitrag zum Geschäftserfolg:** Kern-, Führungs- und Unterstützungsprozesse (nach REFA 2002).

Abbildung 5.6 stellt das Prozessebenen-Modell dar und benennt Beispiele für einzelne Prozessebenen. Innerhalb dieser Prozesse existieren – analog zum REFA-Unternehmensmodell – verschiedene Aufgaben, deren Rollen wie folgt definiert sind:

- **Führungsprozesse**

  - Festlegen von Strategie, Vision, Werten und Zielen
  - Sichern der langfristigen Unternehmensentwicklung
  - Realisieren der Unternehmensziele
  - Steuern des Gesamtunternehmens
  - Festlegen von generellen Richtlinien
  - Koordinieren zwischen den Hauptprozessen

- **Kernprozesse**

  - Erfüllen definierter Kundenwünsche
    * in der Produktentwicklung (strategisch) und
    * in der Produktentstehung (operativ)
  - Erzeugung von Wertschöpfung und Gewinn

- **Unterstützungsprozesse**

  - Erfüllen von Aufgaben und Leistungen zur Unterstützung der Kernprozesse
  - Schaffen erforderlicher Rahmenbedingungen
  - Erfüllen gesetzlicher Auflagen

Abbildung 5.6: Prozessebenen-Modell

5.3.2   Prozessgestaltung

Die horizontale Verbindung mehrerer Arbeitssysteme stellt einen **Prozess** dar. Bei der **Gestaltung von Prozessen** werden Bedingungen und Voraussetzungen für ein durchgängiges Zusammenwirken von Arbeitssystemen über alle Prozessebenen im Unternehmen geschaffen, die eine notwendige **Prozessqualität** sicherstellen sollen. Die Prozessqualität kann nicht nur bei Produktionsprozessen mit materiellem Ergebnis sondern auch bei Entwicklungs-, Produktionsplanungs-, Management-, Verwaltungs- oder Beschaffungsprozessen festgestellt werden. Ziel ist das Beherrschen der Prozesse in dem Sinne, dass das Ergebnis gleichbleibende Qualität im Kundeninteresse aufweist. Als Kennzahl dient beispielsweise der First Pass Yield (FPY), also der Prozentsatz der Ergebnisse, die im ersten Prozessdurchlauf fehlerfrei sind und keine Nacharbeit erfordern und demnach keine Fehlerkosten (Verschwendung) verursachen.

Das REFA-Instrumentarium **„Prozessorientierte Arbeitsorganisation"** gestaltet die Aufbau- und Ablauforganisation, die Arbeitsteilung, die Zusammenarbeit und die Arbeitssituation, um die wirtschaftliche Situation und die Wettbewerbsfähigkeit der Unternehmen unter wirtschaftlichen, organisatorischen und ergonomisch-sozialen Aspekten permanent zu verbessern. Die Prozessorientierte Arbeitsorganisation ist Bestandteil aller gängigen Managementkonzepte und wird als Teil des Industrial Engineering aufgefasst und eingesetzt (REFA 2011).

Mit der REFA-Systematik der Prozessgestaltung wird eine auf die Belange der Prozessgestaltung zugeschnittene, systematische Vorgehensweise angeboten, basierend auf der **REFA-Planungssystematik** (bekannt auch als REFA-6-Stufen-Methode). Sie umfasst:

- eine spezielle Vorgehensweise in mehreren Schritten,

- eine Systematik von Einflussgrößen,

- Aspekte und Leitlinien des Gestaltens von Prozessen sowie

- Arbeitshilfen (Instrumentarien, Techniken).

Zur Prozessgestaltung und -verbesserung ist zunächst eine Prozessbewertung anhand belastbarer Kennzahlen notwendig. Mittels REFA-Methoden lassen sich entsprechende Arbeitsdaten ermitteln, die Grundlage der Gestaltung von Arbeitssystemen und Prozessen sind. Hierzu dienen beispielsweise:

- **Prozessdaten** (z. B.: Prozesszeit, Prozess- bzw. Ablaufstruktur, Prozessart, Anzahl und Dauer von Prozessschritten, Durchlaufzeiten von Prozessfolgen) und

- **Prozesskennzahlen** (z. B.: Wertschöpfungsgrad, Qualität je Prozessschritt bzw. des gesamte Produktionsprozesses, Ist-Durchlaufzeit zur Ermittlung einer Soll-Durchlaufzeit, Terminerfüllungsgrad).

Zu diesen Ist-Daten lassen sich **Prozessziele** (in Form von Soll-Daten) bestimmen. Ein Prozess ist immer zielorientiert. Das Ziel muss realistisch, möglichst konkret beschrieben, durch eigenes Handeln erreichbar, mit geplanten Maßnahmen durchführbar sein und innerhalb einer bestimmten Zeit nachweisbar unter Beachtung der Humanorientierung erfüllt werden können.

Nach der Datenermittlung werden anhand von Methoden der Datenaufbereitung und Methoden zur Planung, Gestaltung und Entscheidungsfindung Führungsentscheidungen erarbeitet.

Neben der Ermittlung und Bearbeitung sowie Anwendung von Arbeitsdaten ist die REFA-Planungssystematik so ausgelegt, dass sie mit dem entsprechenden inhaltlichen Zuschnitt auf verschiedene Aufgabenstellungen anwendbar ist (z. B. Prozess- oder Arbeitssystemgestaltung). Sie ist bei der Verbesserung der Ablauforganisation, bei der Veränderung der Arbeitsorganisation sowie bei der Gestaltung und Verbesserung von Arbeitssystemen erfolgreich einzusetzen (REFA 2013).

5.3.3   Einfluss der Prozessgestaltung auf das Humanorientierte Produktivitätsmanagement

Die Prozessorganisation und -gestaltung eines Unternehmens hat u. a. die Aufgabe **Kunden-, Mitarbeiter- und Prozessorientierung** zu vereinen. Doch die Anforderungen dieser Bereiche sind unterschiedlich (Abbildung 5.7) und widersprechen sich teilweise. Eine Herausforderung bei der Prozessgestaltung ist es, Widersprüche zu überwinden und unterschiedliche Prämissen zu vereinen.

- Variantenvielfalt (Kundenorientierung) und Vielfalt der Entwicklungsmöglichkeiten (Mitarbeiterorientierung) widersprechen dem Wunsch nach Komplexitätsreduzierung (Prozessorientierung).

- Zeitelastizität, Investitionssicherung (Prozessorientierung) stehen den Prämissen Individualisierung, Berücksichtigung der Lebensphasen (Mitarbeiterorientierung) gegenüber.

- Schnittstellenreduzierung und Vereinfachung auch im Service (Prozessorientierung) sind zu vereinbaren mit zunehmender Variantenvielfalt (Kundenorientierung).

- etc.

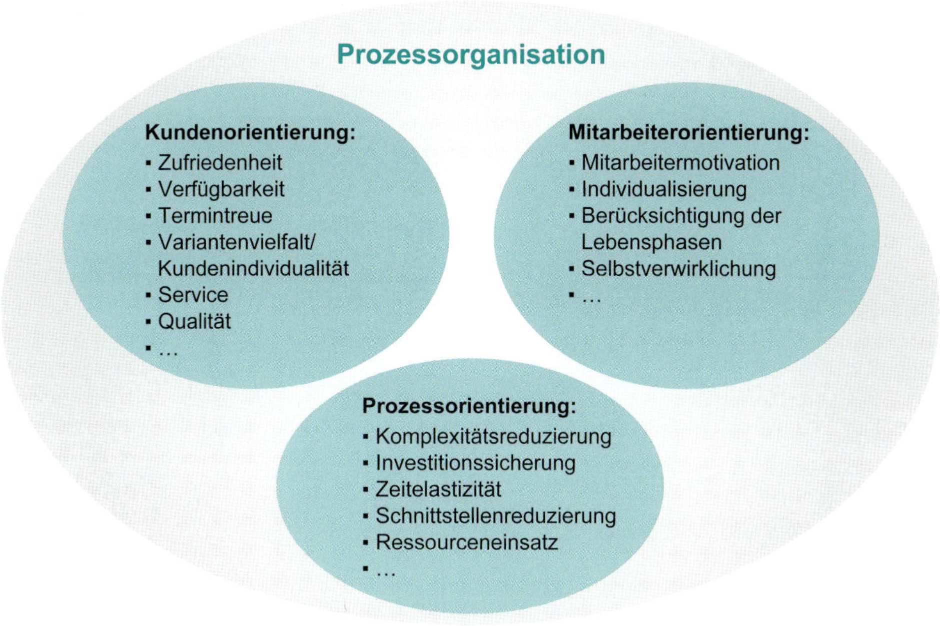

Prozessorganisation

Kundenorientierung:
- Zufriedenheit
- Verfügbarkeit
- Termintreue
- Variantenvielfalt/ Kundenindividualität
- Service
- Qualität
- ...

Mitarbeiterorientierung:
- Mitarbeitermotivation
- Individualisierung
- Berücksichtigung der Lebensphasen
- Selbstverwirklichung
- ...

Prozessorientierung:
- Komplexitätsreduzierung
- Investitionssicherung
- Zeitelastizität
- Schnittstellenreduzierung
- Ressourceneinsatz
- ...

Abbildung 5.7: Aufgaben der Prozessorganisation (nach REFA 2002)

Bei der Einführung einer Prozessorganisation besteht auch die Möglichkeit, Elemente eines Humanorientierten Produktivitätsmanagements im frühen Stadium zu berücksichtigen und insbesondere Aspekte der Humanorientierung bzw. Mitarbeiterinteressen zu integrieren: Die Ergebnisse der Prozessanalyse können beispielsweise zur Ableitung und Begründung von Maßnahmen zur Verbesserung von Arbeitssystemen durch ergonomische Maßnahmen oder der Arbeitsaufgaben durch Veränderung der Arbeitsorganisation sowie der Arbeitsinhalte führen.

Der übergeordnete Rahmen der Prozessgestaltung bietet gegenüber der arbeitssystembezogenen Gestaltung mehr Möglichkeiten, humanorientierte Kriterien zu berücksichtigen, weil mehr Gestaltungsfaktoren und damit insgesamt mehr Gestaltungsspielräume zur Verfügung stehen sowie Anforderungen im internen Kunden-Lieferanten-Verhältnis transparenter werden.

5.3.4 Rolle des IE und des Industrial Engineer bei der Gestaltung von Prozessen

Die Einführung einer **prozessorientierten Organisation** für das gesamte Unternehmen ist eine komplexe Aufgabe für die Führungskräfte. Die Aufgabenbereiche bei Einführung einer prozessorientierten Organisation sind unter anderem:

- Entwicklung und Kommunikation eines prozessorientierten Unternehmensleitbildes:
  - Identifikation und Bewertung bestehender Geschäftsprozesse,
  - Bestimmung strategischer Kernprozesse,
  - Beschreibung der Kernprozesse und
  - umfassende Kommunikation der Ergebnisse;

- stufenweise Entwicklung einer unternehmensspezifischen Prozessorganisationslösung:
  - Definition eines Pilotbereiches,
  - schrittweise Realisierung der Prozessorganisation im Pilotbereich und
  - Etablierung des Prozessmanagements, der Prozessmessung und des -controllings.

Prozessorganisation bedeutet nicht nur, eine Organisation lediglich etwas anders auszurichten, etwa durch Segmentierung, sondern beinhaltet beispielsweise Maßnahmen wie (REFA 2002):

- Vermittlung und Praktizierung von Prozessdenken und- handeln bei allen Beteiligten,

- Identifizierung mit dem Prozess,

- Gewinnung und Nutzung belastbarer Prozessdaten,

- konsequenter Einsatz einer Prozesskostenrechnung,

- Entwickeln prozessgerechter Produkte,

- prozessbegünstigendes Produktionslayout sowie

- Nutzung von prozessförderlicher Arbeitszeit- und Entlohnungssystemen.

Bei der Umsetzung der Prozessgestaltung im Unternehmen bedeutet dies für das IE und den Industrial Engineer, Unterstützungsleistungen zu erbringen beispielsweise bei der:

- Klärung der Ausgangssituation,

- Festlegung des organisatorischen Rahmens,

- Festlegung der Ziele, Bestimmung der Ergebnisse,

- Entwurf von Groblösungen zum Zusammenwirken von Mensch und Betriebsmitteln,

- Vergleich von Lösungsvarianten bei der Verknüpfung von Arbeitssystemen (Supply Chain Management),

- Detaillieren einer Vorzugslösung etc.

Die Verantwortung und die Bedeutung, die dem IE und dem Industrial Engineer bei dieser Aufgabe zukommen, sind dementsprechend hoch. Die Ausrichtung auf eine prozessorientierte Organisation kann einen ganzheitlichen Umbau des Unternehmens bedeuten. Für die erfolgreiche Einführung sind sowohl der Einsatz der richtigen Methoden als auch die Kompetenzen der einzusetzenden Personen entscheidend. Der Industrial Engineer bietet hierfür gute Voraussetzungen, insbesondere wenn er über die in Kapitel 4.6 aufgeführten Kompetenzen verfügt.

5.4   Grundzüge der Arbeitssystemgestaltung

 Der Arbeitsplatz (in der REFA-Systematik und im Nachfolgenden auch „Mikroarbeitssystem" genannt) gilt als Kernbaustein der prozessorientierten Arbeitsorganisation. Eine Betrachtung dieser Ebene ist unabdingbar. Die Gestaltung einzelner Arbeitsplätze stand daher lange Zeit im Mittelpunkt der Betrachtung des Industrial Engineering.
Das Humanorientierte Produktivitätsmanagement ist Grundlage der Gestaltung sozio-technischer Arbeitssysteme (unter besonderer Berücksichtigung der Ergonomie) und kann Synergieeffekte bei der Organisation von Mensch und Technik hervorrufen.

Abbildung 5.8 zeigt die Struktur des Kapitels 5 (der Inhalt des an dieser Stelle behandelten Kapitels ist hervorgehoben).

5.4.1   Definition Arbeitssystem

Als Arbeitssystem wird eine betriebliche Leistungseinheit bezeichnet, die eine (oder auch mehrere) Personen, die zur Ausführung der Arbeit benötigten Betriebsmittel, die eingesetzten Materialien und Informationen sowie die dabei bestehenden Bedingungen umfasst (Abbildung 5.9). Arbeitssysteme sind daher in jeder Organisation und jedem Unternehmen zu finden und bilden deren Kernelemente. Die Elemente des REFA-Arbeitssystems erläutert Tabelle 5.1.

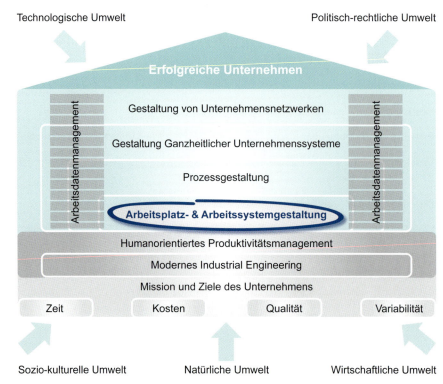

Abbildung 5.8: Struktur Kapitel 5

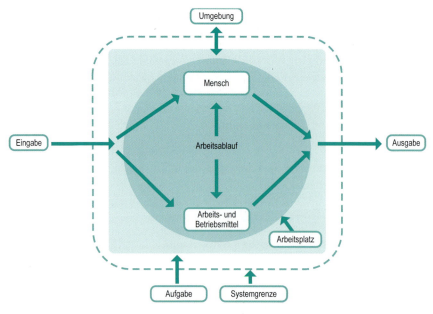

Abbildung 5.9: REFA-Arbeitssystem-Modell (nach REFA 2012a)

Die Einführung der Arbeitssysteme erfolgte im Zusammenhang mit dem Scientific Management. Seit Anfang der 1970er-Jahre ist das Arbeitssystem ein zentraler Begriff in der Arbeitswissenschaft und wurde 1983 in die DIN 33400:1983-10 (DIN 1983) übernommen (REFA 2011). Das Arbeitssystem ist ein Analyse- und Gestaltungsobjekt, durch welches Ausgangsparameter für Optimierungen festgelegt werden.

Tabelle 5.1: Definition der Elemente des REFA-Arbeitssystem-Modells

Elemente des Arbeitssystems	Definition
Arbeitsplatz	Räumlicher Bereich, in dem ein Arbeitssystem angeordnet ist (inkl. Flächen, Betriebsmittel, Mensch und Arbeitsgegenstände)
Arbeitsaufgabe (Aufgabe)	Durch die Arbeitsorganisation festgelegter Bereich einer Arbeit, die einem Mitarbeiter übertragen wird und von diesem auszuführen ist
Arbeitsablauf (workflow)	Beschreibung des räumlichen und zeitlichen Ablaufs des Zusammenwirkens von Mensch, Arbeits- und Betriebsmittel, Materialien, Energie und Information innnerhalb eines Arbeitssystems
Eingabe (Input)	Alle Eingänge von Ressourcen in einem Arbeitssystem, die für die Erfüllung der Arbeitsaufgabe notwendig sind (Rohstoffe, Halbzeuge)
Ausgabe (Output)	Alle Ergebnisse der erfüllten Arbeitsaufgabe des Arbeitssystems (Arbeitsgegenstände, Informationen und Energie)
Mensch (Arbeitsperson)	Eigentlicher Leistungsträger im Arbeitssystem, steuert Arbeitsablauf, erfüllt die Arbeitsaufgabe unter Einsatz der Betriebs- und Arbeitsmittel
Arbeits- und Betriebsmittel	Anlagen, Maschinen, Werkzeuge, Organisationsmittel, Geräte etc., die im Arbeitssystem direkt oder indirekt an der Aufgabenerfüllung beteiligt sind
Umgebung (Umgebungseinflüsse)	Einflüsse aus der physischen (Beleuchtung, Staub, Temperatur …) und sozialen Umwelt (Verhältnis zu Vorgesetzten und Team, Betriebsklima, Privates)

Die Form der Arbeitsaufgaben und die Gestaltung von Arbeitsabläufen bestimmen den jeweiligen Arbeitssystemtypen. So lassen sich beispielsweise unterscheiden in (REFA 2002):

- Mikroarbeitssystem (der einzelne Arbeitsplatz), Makroarbeitssystem (Abteilungen oder der gesamte Betrieb sowie unternehmensübergreifend),

- ortsgebundene Arbeitssysteme (das Material fließt und Mensch sowie Arbeits- und Betriebsmittel sind stationär) und ortsveränderliche Arbeitssysteme (Menschen und Arbeits- und Betriebsmittel werden zum mobilen Arbeitsort verbracht) und

- Einstellenarbeit (Erfüllung der Arbeitsaufgabe eines Arbeitssystems an einer Stelle durch einen oder mehrere Menschen) und Mehrstellenarbeit (Erfüllung der Arbeitsaufgabe eines Arbeitssystems an mehreren gleichzeitig eingesetzten Betriebsmitteln oder an mehreren Stellen eines Betriebsmittels durch einen oder mehrere Menschen).

5.4.2 Arbeitssystemgestaltung

Vor der Arbeitssystemgestaltung ist zunächst eine Analyse des Arbeitssystems erforderlich. Diese umfasst die Ermittlung und Beschreibung der einzelnen Elemente des Systems und der zwischen ihnen bestehenden Beziehungen sowie der Störgrößen. Die Gestaltung der Arbeitssysteme umfasst die arbeitswissenschaftliche Ressourcengestaltung, die arbeitswissenschaftliche Arbeitsumgebungsgestaltung und die Gestaltung der Arbeitszeit.

Das Ziel der Arbeitssystemgestaltung ist es u. a., Leistungsanforderungen und Leistungsbedingungen im Arbeitssystem so zu harmonisieren, dass alle Kriterien menschengerechter Arbeitsgestaltung gerecht bzw. deren Kriterien erfüllt werden.

Arbeitssysteme sollen unter Berücksichtigung funktioneller, wirtschaftlicher, ökologischer, nutzerangepasster und zuverlässiger Lösungen erfolgen. Dies ist eine anspruchsvolle Aufgabe, die neben Grundlagen und Methoden der Ergonomie auch solche der Prozessorganisation, der Fabrik- und Arbeitsplanung, der innerbetrieblichen Logistik oder der Simulation nutzt (REFA 2011).

Es geht hierbei um die Verbesserung des Zusammenwirkens von Mensch, Technik, Information und Organisation mit dem Ziel einer effektiven, gefahrlosen und umweltfreundlichen Ausführung von Aufgaben unter gleichrangiger Berücksichtigung wirtschaftlich-technischer Möglichkeiten und Erfordernisse sowie menschlicher Eigenschaften und Ansprüche (REFA 2011).

5.4.3 Einfluss der Arbeitssystemgestaltung auf das Humanorientierte Produktivitätsmanagement

Soziotechnische Arbeitssysteme bieten umfangreiche Gestaltungsmöglichkeiten im Sinne des Humanorientierten Produktivitätsmanagements. Wie in Kapitel 2 dargelegt, werden erfolgreiche Unternehmen die Wünsche und Bedürfnisse der Mitarbeiter künftig vermehrt berücksichtigen müssen. Dem Know-how der Mitarbeiter kommt bei der Verbesserung der Produktivität und dem Aufbau eines Humanorientierten Produktivitätsmanagement eine zentrale Rolle zu.

Die grundlegenden Erfolgskriterien bei der Gestaltung von Arbeitsplätzen sind Humanität und Wirtschaftlichkeit. Bei der humanorientierten Gestaltung von Arbeitsplätzen sollen die Beschäftigten - analog zu den Ebenenmodellen von Rohmert/Kircher bzw. Hacker (vgl. Abbildung 2.19 bzw. 2.20) - keinen kurz-, mittel- oder langfristigen Über- oder Unterforderungen ausgesetzt sein. Die Arbeit soll zudem menschengerecht gestaltet sein, indem sie neben der Ausführbarkeit, Erträglichkeit und Zumutbarkeit auch Kriterien der Zufriedenheit (bzw. bei Hacker: die Persönlichkeitsförderlichkeit) erfüllt. Eine Prämisse der Arbeitssystemgestaltung ist die Anpassung der Arbeit an den Menschen. Dabei geht es um die Gestaltung des gesamten Arbeitssystems hinsichtlich:

- Arbeits- und Betriebsmittel (Maschinen, Werkzeuge, Hardware, Software ...),

- Umgebung (Beleuchtung, Gefahrstoffe, Klima, Lärm, Strahlung, Vibration ...),

- Arbeitsplatz (Bewegungsraum, Greifräume, Raumabmessungen, Stühle, Tische ...),

- Arbeitsaufgabe (Anforderungsvielfalt, Belastungswechsel ...) und

- Arbeitsablauf: Arbeitszeit, -menge, -ablauf, Arbeitsplatzwechsel (Jobrotation), Arbeitserweiterung (Jobenlargement), Arbeitsanreicherung (Jobenrichment), Gruppenarbeit, Pausengestaltung ...).

Neben der Anpassung der Arbeit an den Menschen muss auch eine Vorbereitung des Menschen an die Arbeit erfolgen. Diese wird beispielsweise erreicht durch

- gezielte und systematische Einarbeitung, Training, Unterweisungen,

- gezielte und kontinuierliche Aus- und Fortbildung der Mitarbeiter und Führungskräfte sowie

- Einsatz von Personen mit erforderlicher spezifischer Eignung (körperliche Konstitution, Qualifizierung ...).

Wirtschaftlichkeit und Humanorientierung schließen sich gegenseitig nicht aus. Wirtschaftlichkeit kann unter Anwendung ergonomischer Erkenntnisse eher erreicht werden und so die Wettbewerbsfähigkeit der Unternehmen sichern (siehe auch Kapitel 2.4). Humanorientiertes Produktivitätsmanagement kann dabei auf unterschiedliche Weise zur Verbesserung der Wirtschaftlichkeit des Unternehmens beitragen.

- Gesunde, motivierte, leistungsfähige Beschäftigte sind produktiv, arbeiten mit hohem Qualitätsbewusstsein und -anspruch und optimieren eigenverantwortlich betriebliche Abläufe.

- Weniger Arbeitsunfähigkeitstage bedeuten u. a. niedrigere Kosten und weniger Unterbrechungen des Produktionsprozesses, kürzere Durchlaufzeiten und geringere Fertigungskosten.

- Ein optimal auf die Anforderungen des Produktionsprozesses abgestimmtes Arbeitsumfeld fördert Produktivität, Qualität und reduziert Risiken für Sicherheit und Gesundheit.

- Ein gutes und bekanntes Unternehmensimage trägt vor dem Hintergrund der demografischen Entwicklung zur langfristigen Personalsicherung bei (nach BGHM, 2015).

5.4.4 Rolle des IE und des Industrial Engineer bei der Gestaltung von Arbeitssystemen

Die Gestaltung und die kontinuierliche Verbesserung des Arbeitssystems unter Verwendung von Methoden des Industrial Engineering ist die zentrale Aufgabe des Industrial Engineer. REFA-Standardprogramme bieten hierzu bewährte und systematisch aufbereitete Vorgehensweisen, die wiederum derart verallgemeinert werden können, dass sie in allen Organisationen und Unternehmen einsetzbar sind und die sich als Handlungsanleitungen für die Analyse, Bewertung, Gestaltung oder Verbesserung von Arbeit nutzen lassen (REFA 2011). Eine Liste verfügbarerer Standardprogramme findet sich im Anhang B.

Exkurs

In dem Artikel „Was Toyota von REFA lernen kann" beschreiben Hinrichsen u. a., dass REFA vielleicht der „älteste" Anwender von Lean-Prinzipien in Deutschland oder sogar weltweit ist. Er führt aus, dass die Methoden des „Scientific Management" von F.W. Taylor (1911) zwar eine Basis für die Entwicklung der REFA-Lehre waren, aber erst mit der Einführung des „REFA-Arbeitssystems" ein Rahmen geschaffen wurde, der eine ganzheitliche Betrachtung des Arbeitsplatzes erlaubte (Hinrichsen u. a. 2014).

Bringt man das REFA-Arbeitssystem mit den Verschwendungsarten der von T. Ohno bei Toyota entwickelten und eingeführten Lean-Sichtweise zusammen, ist eine deutliche Überschneidung der Optimierungsfelder zu entdecken (Abbildung 5.10).

Schlanke Arbeitssysteme sind Grundelemente einer schlanken Prozesskette mit kurzer Durchlaufzeit. Damit kommt dem einzelnen schlanken Arbeitssystem eine wichtige Rolle zu.

Mit REFA-Methoden werden Unternehmen gleichzeitig schlank und wettbewerbsfähiger. Mit arbeitswissenschaftlichen Methoden, die REFA heute in seiner Methodenlehre anbietet, lassen sich auch die Wirkung und der Erfolg umgesetzter Maßnahmen nachweisen (REFA Nordwest e. V. 2015).

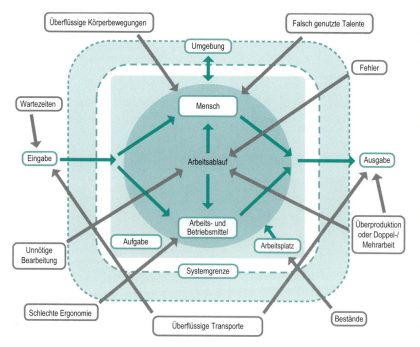

Abbildung 5.10: Grafische Zuordnung von Verschwendungsarten zum Arbeitssystem (nach REFA Nordwest e. V., nach Pielemeier 2013)

Zusammenfassung:

Beeinflusst durch globale Trends und lokale Anforderungen nutzen erfolgreiche Unternehmen die vielfältigen Möglichkeiten des Industrial Engineering zur Gestaltung eines Humanorientierten Produktivitätsmanagement in allen Unternehmensebenen. Das Industrial Engineering bietet daher auf vielfältige Weise die Möglichkeit, Wirtschaftlichkeit und Humanorientierung zu sichern. Die Betrachtung der Erfolgsfaktoren bildet dabei den strukturellen Rahmen.

Beispiele: Die intensive Beobachtung und Analyse der globalen Märkte veranlasst ein Unternehmen zur Entwicklung von marktgerechten und kundenorientierten Produkten. Dies bedingt ein hohes Maß an Produktivität bei gleichzeitig hoher Flexibilität der Produktion. Das Industrial Engineering bietet die Möglichkeit zur Gestaltung wirtschaftlicher und humanorientierter Unternehmenssysteme einschließlich der Produktion, um marktfähige Produkte kundenorientiert herzustellen.
Erfolgreiche Unternehmen identifizieren Unternehmenspotenziale, die durch die zunehmende Digitalisierung sinnvoll und wirtschaftlich erschlossen werden können. Diese liegen nicht nur in der Produktentwicklung (beispielsweise mittels Simultaneous Engineering) im Sinne der Kundenorientierung, sondern können auch im Bereich der Mitarbeiterorientierung (beispielsweise durch die Möglichkeit der Heimarbeit zur Vereinbarkeit von Familie und Beruf) unterstützen. Das Industrial Engineering bietet hierzu auf allen Unternehmensebenen Möglichkeiten zur Integration digitaler Systeme und hat so zudem die Möglichkeit, die Wirtschaftlichkeit der Unternehmen zu sichern.
Durch den demografischen Wandel und den zunehmenden Wertewandel sowie der Individualisierungstendenzen müssen die Unternehmen Leistungsfähigkeit und Motivation ihrer Mitarbeiter bis ins höhere Lebensalter im Rahmen der Mitarbeiterorientierung sicherstellen. Mittels Methoden des Industrial Engineering werden nicht nur die Arbeitssysteme ergonomisch gestaltet, um die Leistungsfähigkeit zu erhalten, es besteht bei der weiterführenden Beachtung des Industrial Engineering zudem die Möglichkeit weitere Aspekte der Humanorientierung – z. B. der Persönlichkeitsförderlichkeit – zu gewährleisten. Über die weiteren Veröffentlichungen des REFA-Verbandes zu diesem Thema informiert Sie das Vorwort zu diesem Band.

6 Literaturverzeichnis

Bartsch, S./ Demmelmair, M. F. / Meyer, A. (2011): Dienstleistungsproduktivität: Stand der Forschung und Zusammenhang zu zentralen vorökonomischen Größen im Dienstleistungsmarketing. In: Dienstleistungsproduktivität, Bruhn, M. / Hadwich, K. (Hrsg.), S. 35-58. Wiesbaden: Springer-Gabler Verlag

Baszenski, N. (2007): Auf der Suche nach Spitzenleistungen – ein Rück- und Ausblick. In: angewandte Arbeitswissenschaft, Institut für angewandte Arbeitswissenschaft (Hrsg.), Nr. 191, S. 36-55

Baszenski, N. (2012): Steigerung der (Arbeits-)Produktivität – Grundlegende Zusammenhänge und praktische Vorgehensweise. In: Zeitschrift für Arbeitswissenschaft, Institut für angewandte Arbeitswissenschaft (Hrsg.),Nr. 2-3., S. 196-202

BDI – Bundesverband der Deutschen Industrie e.V. (2011): Deutschland 2030: Zukunftsperspektiven der Wertschöpfung. Berlin: BDI

BITKOM (2013): Presseinformation: Mehrheit der Beschäftigten nutzt einen Computer, http://www.bitkom.org/files/documents/BITKOM_Presseinfo_Computernutzung_Arbeitsplatz_11_07_2013.pdf, aufgerufen am 01.06.2015

BMWi – Bundesministerium für Wirtschaft und Technologie (Hrsg.) (2013) : Renaissance der Industrie und die Rolle der Industriepolitik – Bedeutung des Verarbeitenden Gewerbes und Standortpolitik der Bundesregierung. In: Öffentlichkeitsarbeit 10115, Berlin: BMWI-Öffentlichkeitsarbeit, http://www.bmwi.de/BMWi/Redaktion/Bilder/Infografik/anteil-verarbeitendes-gewerbe-bis-2011,property=bild,bereich=bmwi2012,sprache=de,width=620,height=470.jpg, aufgerufen am 21.04.2015

Bohulsky, Y. u. a.: IAQ: Arbeitszufriedenheit in Deutschland sinkt langfristig. IAQ-Report 2011-03, http://www.iaq.uni-due.de/iaq-report/2011/report2011-03.pdf, aufgerufen am 08.01.2015

Bornemann, S. (2015): Auftauen, ändern, stabilisieren: Change Management nach Kurt Lewin, http://www.lead-conduct.de/2014/05/25/change-management-kurt-lewin/, aufgerufen am 05.05.2015

Boston Consulting Group (2009): Organization 2015 – Designed to Win. München, http://www.bcg.com, aufgerufen am 26.10.2014

bpb (2009a): Zunahme des internationalen Warenhandels, http://www.bpb.de/nachschlagen/zahlen-und-fakten/globalisierung/52547/inter-und-intraregionaler-warenhandel, aufgerufen am 23.09.2015

bpb (2009b): http://www.bpb.de/cache/images/5/52565-1x2-orginal.gif?AC86F, 2009

Brombach, J. /; Sauter, M. / Stowasser, S (2010).: Anforderungen an das Industrial Engineering (IE) in Deutschland – Renaissance oder Neudefinition? In: Neue Arbeits- und Lebenswelten gestalten, Gesellschaft für Arbeitswissenschaft (Hrsg.), GfA-Press, S. 471-474

Bundesministerium für Wirtschaft und Energie u. a.: Aufruf zur Gründung: Bündnis „Zukunft der Industrie", http://www.bmwi.de/BMWi/Redaktion/PDF/A/aufruf-zur-gruendung-buendnis-zukunft-der-industrie,property=pdf,bereich=bmwi2012,sprache=de,rwb=true.pdf, aufgerufen am 05.03.2015

Computerwoche (2012): Tablets im Unternehmen, https://images.computerwoche.de/images/computerwoche/bdb/1857877/522x294.jpg, aufgerufen am 16.04.2015

Deuse, J. (2011): IE-Ausbildung am Lehrstuhl für Arbeits- und Produktionssysteme der TU Dortmund. In: 5. Arbeitskreis Industrial Engineering „Berufsbild IE-Angebot und Nachfrage", Institut für angewandte Arbeitswissenschaft e. V. (ifaa). Düsseldorf, 13.05.2011

Deutsche Forschungsgemeinschaft (2014): MAK- und BAT-Werte-Liste 2014 – Senatskommission zur Prüfung gesundheitsschädlicher Arbeitsstoffe, Mitteilung 50. Weinheim: Wiley-VCH Verlag

Dikow, A (2006): Messung und Bewertung der Unternehmensproduktivität in mittelständischen Unternehmen – theoretische Grundlagen und praktische Anwendungen. Aachen: Shaker Verlag

DIN (1983): DIN 33400:1983-10: Gestalten von Arbeitssystemen nach arbeitswissenschaftlichen Erkenntnissen; Begriffe und allgemeine Leitsätze. Berlin: Beuth Verlag

DIN (1996): DIN EN 29241-2:1993-06: Ergonomische Anforderungen für Bürotätigkeiten mit Bildschirmgeräten; Teil 2: Anforderungen an die Arbeitsaufgaben; Leitsätze (ISO 9241-2:1992); Deutsche Fassung EN 29241-2:1993. Berlin: Beuth Verlag

DIN (2000): DIN EN ISO 10075-1:2000-11: Ergonomische Grundlagen bezüglich psychischer Arbeitsbelastung - Teil 1: Allgemeines und Begriffe (ISO 10075:1991); Deutsche Fassung. Berlin: Beuth Verlag

DIN (2002): DIN EN ISO 9241-1:2002-02: Ergonomische Anforderungen für Bürotätigkeiten mit Bildschirmgeräten - Teil 1: Allgemeine Einführung (ISO 9241-1:1997) (enthält Änderung AMD 1:2001); Deutsche Fassung EN ISO 9241-1:1997 + A1:2001. Berlin: Beuth Verlag

DIN (2005): DIN EN ISO 6385:2004-05: Grundsätze der Ergonomie für die Gestaltung von Arbeitssystemen (ISO 6385:2004); Deutsche Fassung. Berlin: Beuth Verlag

DIN (2011): DIN EN ISO 26800:2011-11: Ergonomie - Genereller Ansatz, Prinzipien und Konzepte (ISO 26800:2011); Deutsche Fassung EN ISO 26800:2011. Berlin: Beuth Verlag

dip-Report 2012 (2012): Mitarbeiterideen bringen 1,46 Milliarden Euro Gesamtnutzen. In: Betriebspraxis & Arbeitsforschung, Institut für angewandte Arbeitswissenschaft e. V. (Hrsg.), Nr. 213, S. 9

Disselkamp, M. (2012): Innovationsmanagement: Instrumente und Methoden zur Umsetzung im Unternehmen. Heidelberg: Springer Gabler Verlag

Dörich, J. / Neuhaus, R. (2008): Sicherung von Produktionsarbeit – Eine Initiative des Verbandes der Metall- und Elektroindustrie Baden-Württemberg e. V. In: angewandte Arbeitswissenschaft, Institut für angewandte Arbeitswissenschaft (Hrsg.), Nr. 197, S. 2-14

Dorner, M. (2014): Das Produktivitätsmanagement des Industrial Engineering unter besonderer Berücksichtigung der Arbeitsproduktivität und der indirekten Bereiche, Dissertation an der Fakultät für Maschinenbau, Karlsruher Institut für Technologie (KIT), Pforzheim

Dorner, M. / Baszenski, N. (2013): Produktivität steigern – Auch in indirekten Bereichen erfolgreich mit Industrial Engineering. Institut für angewandte Arbeitswissenschaft (Hrsg.). Düsseldorf: ifaa

Dorner, M. / Stowasser, S. (2012): Das Produktivitätsmanagement des Industrial Engineering. In: Zeitschrift für Arbeitswissenschaft, 66 (2-3), S. 212-225

Eberl, U. (2011): Wie wir heute schon die Zukunft erfinden. Weinheim, Basel: Beltz Verlag

Eigner, M.; Gerhardt, F. / Gilz, T / Mogo Nem, F. (2012): Informationstechnologie für Ingenieure. Berlin/Heidelberg: Springer Vieweg Verlag

EU-Kommission (2014): Mitteilung der Kommission an den europäischen Wirtschafts- und Sozialausschuss und den Ausschuss der Regionen für ein Wiedererstarken der europäischen Industrie, http://eur-lex.europa.eu/legal-content/DE/TXT/?uri=CELEX:52014DC0014, aufgerufen am 22.09.2015

Falkner, G. (1995): Strategien zur Messbarkeit des Erfolgs. Zürich: vdf Hochschulverlag AG an der ETH

Fischer, J. / Stowasser, S. (2013): Industrial Engineering und Lean Product Development. In: Industrial Engineering, REFA Bundesverband e. V. (Hrsg.), Nr. 2, S. 20-27

Fritz, W. (1990): Marketing – ein Schlüsselfaktor des Unternehmenserfolgs? In: Marketing-ZFP 1990, S. 91-110

Gabler Wirtschaftslexikon (2001). Wiesbaden: Betriebswirtschaftlicher Verlag Gabler

Gabler Wirtschaftslexikon (2011). Wiesbaden: Betriebswirtschaftlicher Verlag Gabler

Gabler Wirtschaftslexikon online, Springer Gabler Verlag (Hrsg.), Stichwort: Unternehmenskultur, http://wirtschaftslexikon.gabler.de/Archiv/55073/unternehmenskultur-v7.html, aufgerufen am 13.01.2015

Gregori, C. (2006): Instrumente einer erfolgreichen Kundenorientierung: Eine empirische Untersuchung. Kassel: Gabler Edition Wissenschaft

Hacker, W. (1986): Arbeitspsychologie: Psychische Regulation von Arbeitstätigkeiten. Stuttgart: Huber Verlag

Hauschildt, J. (1997): Innovationsmanagement. München: Verlag Vahlen

Hauser, F. u. a. (2007): Unternehmenskultur, Arbeitsqualität und Mitarbeiterengagement in den Unternehmen in Deutschland – Ein Forschungsprojekt des Bundesministeriums für Arbeit und Soziales. Abschlussbericht Forschungsprojekt Nr. 18/05, Berlin, http://www.bmas.de/SharedDocs/Downloads/DE/PDF-Publikationen/ forschungsbericht-f371.pdf?__blob=publicationFile, aufgerufen 01.09.2015

Hille, S. / Hofmann, A. / Rösler, D. / Schleidt, R. (2015): Exzellent Führen – Ein Instrument zur Bestandsaufnahme und Verbesserung der Führungskultur. In: Leistung & Entgelt, Institut für angewandte Arbeitswissenschaft (Hrsg.), Nr. 1, S. 5-47

Hinrichsen, S. / Jungkind, W. / Könneker, M. (2014): Industrial Engineering – Begriff, Methodenauswahl und Lehrkonzept. In: Betriebswirtschaft & Arbeitspraxis, Institut für angewandte Arbeitswissenschaft (Hrsg.), Nr. 221, S. 28-35

Hochschulkompass, http://www.hochschulkompass.de/studium/suche/search/1/studtyp /3.html?tx_szhrksearch_pi1[fach]=Industrial%20Engineering&tx_szhrksearch_p i1[pointer]=0, aufgerufen am 06.05.2015

Horx, M. (2007): Die Macht der Megatrends – Wie Globalisierung, Individualisierung und Alterung unsere Welt verändern werden. Redemanuskript, Zukunftsinstitut Horx GmbH, http://www.horx.com/Reden/Macht-der-Megatrends.aspx, aufgerufen am 23.09.2015

Horx, M. (2010): Trend-Definitionen, http://www.horx.com/zukunftsforschung/Docs/0 2-M-03-Trend-Definitionen.pdf, aufgerufen am 03.03.2015

iag – Institut für Arbeit und Gesundheit der Deutschen Gesetzlichen Unfallversicherung (2014): iga.Report 19. Berlin: BKK Dachverband

IEL – Institut für wirtschaftliche und technologische Unternehmensführung der Hochschule Ostwestfalen-Lippe e. V., http://www.iel-owl.de/IELblog/, aufgerufen am 03.06.2015

ifaa – Institut für angewandte Arbeitswissenschaft e. V. (2009): Der demografiefeste Betrieb. Köln: Wirtschaftsverlag Bachem

ifaa – Institut für angewandte Arbeitswissenschaft e. V. (Hrsg.) (2010): Produktivität steigern – erfolgreich mit Industrial Engineering. Düsseldorf: ifaa

Ilmarinen, J. / Tempel, Jürgen: Arbeitsfähigkeit 2010. Hamburg, 2002

INQA - Initiative Neue Qualität der Arbeit (2013): http://www.inqa.de/SharedDocs/PDFs /DE/Publikationen/arbeitsqualitaet-und-wirtschaftlicher-erfolg.pdf?__blob=pu blicationFile, 2013

IW – Institut der deutschen Wirtschaft Köln e. V. (2011): Betriebliches Vorschlagwesen – Gewinn für Firmen und Mitarbeiter. In: Argumente zu Unternehmerfragen aus dem Institut der deutschen Wirtschaft, Nr. 9. Köln: IW-Medien

IW – Institut der deutschen Wirtschaft Köln e. V. (2014): IW-Trends, Vierteljahresschrift zur empirischen Wirtschaftsforschung, 41. Jahrgang, Nr. 3. Köln: IW-Medien

IW – Institut der deutschen Wirtschaft Köln e. V. (Hrsg.) (2012): Wirtschaftswachstum?! – Warum wir wachsen sollten und warum wir wachsen können. Köln: IW-Medien

IW – Institut der deutschen Wirtschaft Köln e. V.: Lebensphasenorientierte Personalpolitik: Weitsicht zahlt sich laut IW aus, M+E-Newsletter vom 23.07.2014. Köln: IW-Medien

Kirchner, J. H. (1972): Arbeitswissenschaftlicher Beitrag zur Automatisierung – Analyse und Synthese von Arbeitssystemen. In: Schriftenreihe Arbeitswissenschaft und Praxis, Berlin u. a.: Beuth-Vertrieb

Klauser, M. / Löw, A. (2005): Produktivitätssteigerung: Mit den richtigen Methoden zum Erfolg – Erkenntnisse einer Befragung von über 1.000 Führungs- und Fachkräften. St. Gallen: Malik Managementzentrum

Klevers, T. (2013): Wertstrommanagement – Mehr Leistung und Flexibilität für Unternehmen. Frankfurt am Main, New York: Campus Verlag

Köster, H. / Kruse, C. (2012): Systemkompetentes Handeln im Unternehmen: Entwicklung eines Konzeptes zur Förderung der Systemkompetenz von Führungskräften. Bochum: Universitätsverlag Dr. N. Brockmeyer

Krüger, K. (1984): Rückblick auf die Vor- und Frühgeschichte des Seminars für Industrial Engineering. In: Industrial Engineering in Deutschland: ausgewählte Fachbeiträge, REFA, AKIE (Arbeitskreis Industrial Engineering), S. 404-409. München, Wien: Carl Hanser Verlag

Kühn, R. (1991): Methodische Überlegungen zum Umgang mit der Kundenorientierung im Marketing-Management. In: Marketing ZFP, Nr. 13 2, S.97-10

Lang, R. W. (2000): Schlüsselqualifikationen – Handlungs- Methodenkompetenz, Personale und Soziale Kompetenz. München: Beck-Wirtschaftsberater

Lennings, F. (1997): Fallstudie I, Großunternehmen. In: BPK – Möglichkeiten der gegenseitigen Beteiligung an Produktion und Konstruktion, Lorscheider, B.; Unger, H. / Henning, K. (Hrsg.). Aachen: Verlag der Augustinus Buchhandlung

Lennings, F. (2008): Abläufe verbessern – Betriebserfolge garantieren. Institut für angewandte Arbeitswissenschaften e. V. (Hrsg.). Köln: Wirtschaftsverlag Bachem

Lewin, K. (1947): Frontiers in group dynamics, Human Relations, 1, S. 5-41; deutsche Übersetzung unter dem Titel "Gleichgewichte und Veränderungen in der Gruppendynamik". In Lewin, K. (1963): Feldtheorie in den Sozialwissenschaften, S. 223-270. Bern: Verlag Hans Huber

Magenheimer, K. A. (2014): Lean Management in indirekten Unternehmensbereichen: Modellierung, Analyse und Bewertung von Verschwendung. Dissertation an der Fakultät für Betriebswissenschaften und Montagetechnik der TU München, München

Mair, M., FH Wien der WKW, Kompetenzatlas, http://kompetenzatlas.fh-wien.ac.at/?page_id=346, 2011, aufgerufen am 13.01.2015

Malik, F.: Die sechs Schlüsselgrößen des Unternehmenserfolgs, http://www.manager-magazin.de/unternehmen/karriere/a-336518-4.html, aufgerufen am 25.11.2014

maschinenmarkt (2014): Wertewandel bei Arbeitnehmern zieht sich durch alle Generationen, http://www.maschinenmarkt.vogel.de/themenkanaele/managementundit/personalwesen/articles/465673/, aufgerufen am 05.08.2015

Maynard, H. B. (Hrsg.) (1956): Industrial Engineering Handbook. 2. Auflage. New York: McGraw-Hill

Merkle, F. (1928): Produktivität und Rentabilität. Dissertation. Stuttgart

Metzler, C.; Zibrowius, M. (2015): (K)eine Generation wie jede andere – Generation Y im Vergleich. In: Personalführung 1/2015, S. 60-65

Monitor Arbeitsqualität und wirtschaftlicher Erfolg, http://www.inqa.de/SharedDocs/PDFs/DE/Publikationen/arbeitsqualitaet-und-wirtschaftlicher-erfolg.pdf?__blob=publicationFile, aufgerufen am 10.03.2015

Müller, J. (1984): Industrial Engineering im Schrifttum. In: Industrial Engineering in Deutschland: ausgewählte Fachbeiträge, REFA, AKIE (Arbeitskreis Industrial Engineering) S. 421-424. München, Wien: Carl Hanser Verlag

Naisbitt, J. (1982): Megatrends. Bayreuth: Hestia-Verlag

Naisbitt, J. (1990): Megatrends 2000. Bayreuth: Hestia-Verlag

Nebl, T. (2002): Produktivitätsmanagement - Theoretische Grundlagen, methodische Instrumentarien, Analyseergebnisse und Praxiserfahrungen zur Produktivitätssteigerung in produzierenden Unternehmen. München: Carl Hanser Verlag

Nebl, T. / Dikow, A. (2004): Produktivitätsmanagement - Theoretische Grundlagen, methodische Instrumentarien, Analyseergebnisse und Praxiserfahrungen zur Produktivitätssteigerung in produzierenden Unternehmen. München: Carl Hanser Verlag

Nübel, H. / Wette, O. (2008): 5.2. Infineon Technologies AG. In: Abläufe verbessern – Betriebserfolge garantieren, Lennings, F. (Hrsg.), Düsseldorf: ifaa

Nullmeier, E. (2011): Arbeitswissenschaft – Einführung und Geschichte, Studienbrief 2-050-2301. Brandenburg: Service-Agentur des Hochschulverbundes Distance Learning

Nyhuis, P. u. a. (2008): Wandlungsfähige Produktionssysteme: Theoretischer Hintergrund zur Wandlungsfähigkeit von Produktionssystemen. In: wt Werkstattstechnik online 98, Nr. 1/2, S. 85-91

Nyhuis, P. u. a. (2009): Wandlungsfähige Produktionssysteme: Heute die Industrie von morgen gestalten, Abschlussbericht Bundesministerium für Bildung und Forschung, Vorstudie „Wandlungsfähige Produktionssysteme", http://www.ifa.uni-hannover .de/fileadmin/IFA/02_Forschung/WPS/Buch_WPS.pdf, aufgerufen am 16.09.2015

Oeltjenbruns, H. (2000): Organisation der Produktion nach dem Vorbild Toyotas - Analyse, Vorteile und detaillierte Voraussetzungen sowie die Vorgehensweise zur erfolgreichen Einführung am Beispiel eines globales Automobilkonzerns. Dissertation an der Technischen Universität Clausthal. Aachen: Shaker Verlag

Ohno, T. (1993): Das Toyota-Produktionssystem. Frankfurt, New York: Campus Verlag

Pahl, G. / Beitz, W. (2006): Konstruktionslehre: Grundlagen erfolgreicher Produktentwicklung. Methoden und Anwendung. Berlin, Heidelberg: Springer-Verlag

Peters, T. J. / Waterman, R. H. (1982): Auf der Suche nach Spitzenleistungen. München: MVG Verlag

Pittrof, M. (2011): Die Bedeutung der Unternehmenskultur als Erfolgsfaktor für Hidden Champions. Heidelberg: Gabler Research

PricewaterhouseCoopers (2010): Mit strategischer Planung zum Unternehmenserfolg – Ergebnisse einer Umfrage unter Führungskräften deutscher Unternehmen, Düsseldorf, http://www.pwc.de/de/risiko-management/assets/studie_strateg_pla nung.pdf, aufgerufen am 17.09.2015

Pult, K. (2008): Die Rolle des Meisters bei der Umsetzung eines ganzheitlichen Produktionssystems – am Beispiel eines Unternehmens der Automobilindustrie. In: Institut für Arbeitswissenschaften (Hrsg.): Bochumer Beiträge zur Arbeitswissenschaft, Nr.22

qualifikation.kenline.de , http://qualifikation.kenline.de/qualifikation/fachkompetenz.htm, aufgerufen am 05.05.2015

REFA – Reichsausschuss für Arbeitsstudien (1939): Zweites REFA-Buch – Erweiterte Einfüh-rung in die Arbeitszeitermittlung. Berlin: Beuth-Vertrieb

REFA Bundesverband e. V. (2002): Ausgewählte Methoden zur prozessorientierten Arbeitsorganisation. Darmstadt: REFA

REFA Bundesverband e. V. (2004): Seminar Industrial Engineering – Der Schlüssel zur Produktivität. Darmstadt: REFA

REFA Bundesverband e. V. (2011): REFA-Lexikon, Industrial Engineering und Arbeitsorganisation. München: Carl Hanser Verlag

REFA Bundesverband e. V. (2012a): REFA Grundausbildung 2.0, Lehrunterlagen zu Teil 1. Darmstadt: REFA

REFA Bundesverband e. V. (2012b): Industrial Engineering - Standardmethoden zur Produktivitätssteigerung und Prozessoptimierung. München: Carl Hanser Verlag

REFA Nordwest e. V.: Die Lean-Philosophie seit 90 Jahren, http://www.refa-nordwest.de/regionen-und-bezirke/nordrhein-westfalen/rv-ostwestfalen-lippe/aktuelle-seminare-owl/administration-office-spezial/die-lean-philosophie-seit-90-jahren.html, aufgerufen am 23.09.2015

Richter, R. / Deuse, J. (2011): Industrial Engineering im modernen Produktionsbetrieb – Voraussetzung für einen erfolgreichen Verbesserungsprozess. In: Betriebspraxis & Arbeitsforschung, Institut für angewandte Arbeitswissenschaft (Hrsg.), Nr. 207, S.6-13

RKW (Hrsg.) (2012): Produktivität für kleine und mittelständische Unternehmen Teil I: Handlungsleitfaden für den industriellen Mittelstand. Eschborn: RKW

Rohmert, W. (1983): Formen menschlicher Arbeit. In: Rohmert u. a.: Praktische Arbeitsphysiologie. Stuttgart, New York: Georg Thieme Verlag

Roppel, K. (2010): Unternehmenskultur als Erfolgsfaktor für kleinere und mittlere Unternehmen, www.christian-mehler.de/unternehmenskultur-als-erfolgsfaktor-fuer-kleinere-und-mittlere-unternehmen-gastartikel/747, aufgerufen am 10.12.2014

Rosenstiel, L. v. (2001): Die Bedeutung von Arbeit. In: Lehrbuch der Personalpsychologie, Schuler, H. (Hrsg.), S. 25-57. Göttingen: Hogrefe Verlag

Rossa, H.: Die Geschichte der Olympia Werke AG, http://suite101.de/article/olympia-werke-ag-a46918#.VHXt98mDpjc, aufgerufen am 26.11.2014

Rump, J. u. a. (2011): Strategie für die Zukunft – Ein Leitfaden für Unternehmen zur Bindung und Gewinnung von Mitarbeiterinnen und Mitarbeitern, Lebensphasenorientierte Personalpolitik 2.0. Mainz: Ministerium für Wirtschaft, Klimaschutz, Energie und Landesplanung Rheinland-Pfalz

Schlick, C. u. a. (2010): Arbeitswissenschaft. Heidelberg: Springer Verlag

Schumacher, J. u. a. (2003): Diagnostische Verfahren zu Lebensqualität und Wohlbefinden. Göttingen: Hogrefe Verlag

Seiter, C. / Ochs, S. (2014): Megatrends verstehen und systematisch analysieren – Ein Framework zur Identifikation von Wachstumsmärkten. In markeZin, Nr. 5/2014

Simon, H. (2007): Hidden Champions des 21. Jahrhunderts – Die Erfolgsstrategien unbekannter Weltmarktführer. Frankfurt am Main, New York: Campus-Verlag

Slack, N. / Chambers, S. / Johnston, R (2009): Operations Management, Essex: Prentice Hall

Solme Deutschland GmbH (2015): Videoanalyse-Softwaretool AviX4, http://www.it-prod uction.com/index.php?seite=einzel_artikel_ansicht&id=50684, aufgerufen am 28.08.2015

Statista GmbH, Innovationsintensität nach Wirtschaftsbranchen in Deutschland in den Jahren 2011 bis 2013, http://de.statista.com/statistik/daten/studie/253952/ umfrage/innovationsintensitaet-des-maschinenbaus-in-deutschland/, aufgerufen am 24.02.2015

Statista GmbH: Umfrage unter jungen Erwachsenen zu Berufswünschen nach Geschlecht 2013, http://de.statista.com/statistik/daten/studie/321979/umfrage/umfrage-unter-jungen-erwachsenen-zu-berufswuenschen-nach-geschlecht/, aufgerufen am 20.3.2015

Statistisches Bundesamt (2013): Väter beziehen immer häufiger, aber auch immer kürzer Elterngeld, Pressemitteilung vom 6. Dezember 2013–411/13, https://www.dest atis.de/DE/PresseService/Presse/Pressemitteilungen/2013/12/PD13_411_22 922pdf.pdf?__blob=publicationFile, aufgerufen 24.09.2015

Steinberg, U. (2013): Die Leitmerkmalmethode Manuelle Arbeitsprozesse – LMM MA. In: Pieper, R. / Lang, K.-H.: Sicherheitswissenschaftliches Kolloquium 2011 – 2012, Schriftenreihe des Instituts für Arbeitsmedizin, Sicherheitstechnik und Ergonomie e. V. (ASER). Wuppertal: Institut ASER e.V.

Stowasser, S. (2009): Produktivität und Industrial Engineering. In: Produktivität im Betrieb, Landau, K. (Hrsg.), S. 201-211. Stuttgart: GfA ergonomia

Stowasser, S. (2010a): Produktivität und Industrial Engineering; in: Methodisches Produk tivitätsmanagement – Umsetzung und Perspektiven. In: angewandte Arbeitswis senschaft, Institut für angewandte Arbeitswissenschaft (Hrsg.), Nr. 204, S.7-20

Stowasser, S. (2010b): Die Verankerung des Industrial Engineerings in gegenwärtigen Or ganisationskonzepten. In: Arbeitsorganisation im Zeichen wirtschaftlicher und de mographischer Veränderungen: Beiträge im Rahmen des Kolloquiums zum 25-jährigen Bestehen des ifab am 2. Juli 2010 in Karlsruhe. Aachen: Shaker Verlag

Stowasser, S. (2012): Anforderungen an das Industrial Engineering heute. Unveröffentlich ter Vortrag, gehalten in Düsseldorf am 14.12.2012

Stowasser, S. (2014a): Arbeitswissenschaft als Unterstützer der Unternehmen im Wandel der Arbeitswelt. In: Zeitschrift für Arbeitswissenschaft, 68, Nr. 4, S. 234-235

Stowasser, S. (2014b): Herausforderungen moderner Arbeitsweltgestaltung – Themen für eine innovative Arbeitsforschung. In Zeitschrift für Arbeitswissenschaft, 68, Nr. 3, S. 190

Stowasser, S. (2014c): Industrial Engineering - Unternehmerischer Kompetenzaufbau durch Aus- und Weiterbildung. In: Grundlagen der Weiterbildung Praxishilfen (GdW-Ph), Grundlagen der Weiterbildung e. V. (Hrsg.), Nr. 117, S. 1-17

Stowasser, S. (2014d): Perspektiven der Ergonomie-Normung. In: Zeitschrift für Arbeitswissenschaft, Nr. 4, S. 236-239

Stowasser, S. (2014e): Wie Produktionsarbeit in Deutschland halten? Unveröffentlichter Vortrag zur 4. Fachtagung Arbeitsplanung und Prävention, Leistung und Gesundheit, gehalten in Mainz am 18.12.2014

Striening, H.-D. (1991): Rationalisierungsanalysen und -maßnahmen im Gemeinkostenbereich. In: Aktivitätscontrolling und Prozesskostenmanagement, Witt, J. (Hrsg.), S. 131-150. Stuttgart: Poeschel Verlag

Taylor, F. W. (2006): The principals of scientific management. New York: Cosimo (Nachdruck der Ausgabe: London: Harper & Brothers, 1911). Deutsch: Die Grundsätze wissenschaftlicher Betriebsführung. Paderborn: Salzwasser Verlag

Tempel, J. / Ilmarinen, J. (2013): Arbeitsleben 2025 – Das Haus der Arbeitsfähigkeit im Unternehmen bauen. Hamburg: VSA-Verlag

udldigital (2012): Das Handy als Schubladenschatz, http://www.udldigital.de/wp-content/uploads/2012/10/Unbenannt2.png, aufgerufen am 21.04.2015

Ulich, E. (2005): Arbeitspsychologie. Zürich, Stuttgart: Schäffer-Poeschel Verlag

VDI (1987): VDI 2235: Wirtschaftliche Entscheidungen beim Konstruieren; Methoden und Hilfen. Berlin: Beuth Verlag

VDI (2008): VDI 4499 Blatt 1: Digitale Fabrik. Berlin: Beuth Verlag

VDMA (2007): VDMA-Kennzahlen Personalstruktur 2006. Frankfurt am Main: VDMA

VDMA u. a. (2007): Effizient, schnell und erfolgreich – Strategien im Maschinen- und Anlagenbau. Frankfurt am Main: VDMA

Vollerthun, C. A. (2012): Mitarbeiterengagement und Unternehmenserfolg - Evaluation eines motivationsorientierten Kulturwandelprogramms. Aachen: Shaker Verlag

Wagner, C. u. a. (2010): Fit for Change – Der Mensch als Wandlungsbefähiger. In: wt Werkstattstechnik online, Jahrgang 100, Heft 9, S. 724

Walter, N. u. a. (2013): Die Zukunft der Arbeitswelt – Auf dem Weg ins Jahr 2030, Robert Bosch Stiftung GmbH (Hrsg.). Stuttgart: Robert Bosch Stiftung

Wittenstein, A.-K. u. a. (2006): Lean Office 2006: Zusammenfassung. Stuttgart: Fraunhofer-Institut für Produktionstechnik und Automatisierung

Wittig-Goetz, U. (2006): Menschengerechte Arbeitsgestaltung oder Merkmale guter Arbeit, Hans-Böckler Stiftung (Hrsg.), http://www.boeckler.de/pdf/mbf_as_arbeitsgestaltung_2006.pdf, aufgerufen am 15.12.2014

Womack, J. u. a. (1990): "The Machine that Changed the World". New York: Rawson Associates. Deutsche Ausgabe: Die zweite Revolution in der Automobilindustrie (1991). Frankfurt am Main, New York: Campus-Verlag

Z_Punkt; Bundesverband der Deutschen Industrie (Hrsg.) o.J.: Deutschland 2030 - Zukunftsperspektiven der Wertschöpfung, http://www.bdi.eu/download_content/ Marketing/Deutschland_2030.pdf, aufgerufen am 07.08.2015

A Verzeichnis der verwendeten Veröffentlichungen und Studien

Die folgenden Veröffentlichungen und Studien wurden zur Selektion der in dieser Veröffentlichung verwendeten Trends (siehe Kapitel 4) herangezogen.

Robert Bosch Stiftung GmbH (Hrsg.) (2013): Die Zukunft der Arbeitswelt - Auf dem Weg ins Jahr 2030. Stuttgart: Robert Bosch Stiftung

Abele, E. (2011): Zukunft der Produktion: Herausforderungen, Forschungsfelder, Chancen. München: Carl Hanser Verlag

Bauer, W.: Die wichtigsten Megatrends aus Sicht Kernteam. Fraunhofer IAO, Vortrag IG Metall Bezirkskonferenz in Köln, gehalten am 25.08.2012

BDI – Bundesverband der Deutschen Industrie e. V. (Hrsg.) (2011): Deutschland 2030 – Zukunftsperspektiven der Wertschöpfung. Berlin: VDI

Boston Consulting Group (2010): Harte Hülle, weicher Kern: Die Organisation der Zukunft ist divisional. Pressemitteilung vom 18.01.2010, http://www.collaboratory.de/images/2/2c/BCGOrganisation2015.pdf, aufgerufen am 17.09.2015

Braun, A. u. a. (2011): Technologiestandort Deutschland 2020 – Status quo und Entwicklungsperspektiven für Ingenieure. Zukünftige Technologien Consulting der VDI Technologiezentrum GmbH (Hrsg.). Düsseldorf: VDI-Technologiezentrum Physikalische Technologien

Bundesministerium für Wirtschaft und Energie (BMWI) (2014): Aufruf zur Gründung Bündnis Zukunft der Industrie, http://www.bmwi.de/BMWi/Redaktion/PDF/A/aufruf-zur-gruendung-buendnis-zukunft-der-industrie,property=pdf,bereich=bmwi2012,sprache=de,rwb=true.pdf, aufgerufen am 07.05.2015

Gatterer, H. (2012): Megatrends, https://www.zukunftsinstitut.de/artikel/megatrend-dokumentation/, aufgerufen am 07.05.2015

Gregosz, D. (2012): Wirtschaftspolitische Megatrends bis 2030. In: Analysen & Argumente, Konrad-Adenauer-Stiftung (Hrsg.), Nr. 106

Horx, Matthias (2007): Die Macht der Megatrends, http://www.horx.com/Reden/Macht-der-Megatrends.aspx, aufgerufen am 07.05.2015

Hüther, M. (2011): Globale Megatrends – Chancen und Risiken für die deutsche Wirtschaft. IW – Institut der deutschen Wirtschaft Hrsg.), Vortrag in Schwäbisch Hall, gehalten am 26.01.2011

ohne Autor: Historischer Abriss der Managementideen, https://www.yumpu.com/de/document/view/28202843/historischer-abriss-der-managementideen-management-fur-kleine-, aufgerufen am 07.05.2015

Rothe, I. / Morschhäuser, M. (2014): Psychische Belastungen im Wandel der Arbeit. In: Psychische Gesundheit in der Arbeitswelt, Klein-Heßling, J. (Hrsg.). Berlin: Psychotherapeutenverlag

Rump, J. / Walter, N. (Hrsg.) (2011): Arbeitswelt 2030 – Trends, Prognosen, Gestaltungsmöglichkeiten. Stuttgart: Schäffer-Poeschel Verlag

Rump, J. u. a. (2011): Strategie für die Zukunft – Ein Leitfaden für Unternehmen zur Bindung und Gewinnung von Mitarbeiterinnen und Mitarbeitern, Lebensphasenorientierte Personalpolitik 2.0. Mainz: Ministerium für Wirtschaft, Klimaschutz, Energie und Landesplanung Rheinland-Pfalz

Z_Punkt GmbH (2014): Megatrends, http://www.z-punkt.de/fileadmin/be_user/D_Publikationen/D_Giveaways/Megatrends_Update_DE.pdf, aufgerufen am 07.05.2015

Zukunftsinstitut (2012): Qualität beginnt da, wo der Standard aufhört, http://www.absatzwirtschaft.de/qualitaet-beginnt-da-wo-der-standard-aufhoert-15403/, aufgerufen am 07.05.2015

B   Verfügbare REFA-Standardprogramme

- Ablaufanalyse

- Arbeitsbewertung

- Arbeitsdatenermittlung

- Arbeitssystemgestaltung

- Aufgabengestaltung

- Betriebsmittelmanagement

- Montagesystemgestaltung

- Multimomentaufnahme

- PEP und montagegerechte Produktgestaltung

- Planungssystematik

- Planzeitbausteine

- Prozessoptimierung

- Rüstzeitminimierung

- Vergleichen und Schätzen

- Verteilzeitaufnahme

- Wertstrommethode

- Zeitstudie, eingeschlossen die REFA-Standardprogramme (Leistungsgradbeurteilung, Auswertung von Zeitstudien, statistische Auswertung von Zeitstudien)

Tabellenverzeichnis

Abbildungsverzeichnis